绿色供应链

管理与可持续绩效

高铁林 党笑寒 ◎ 著

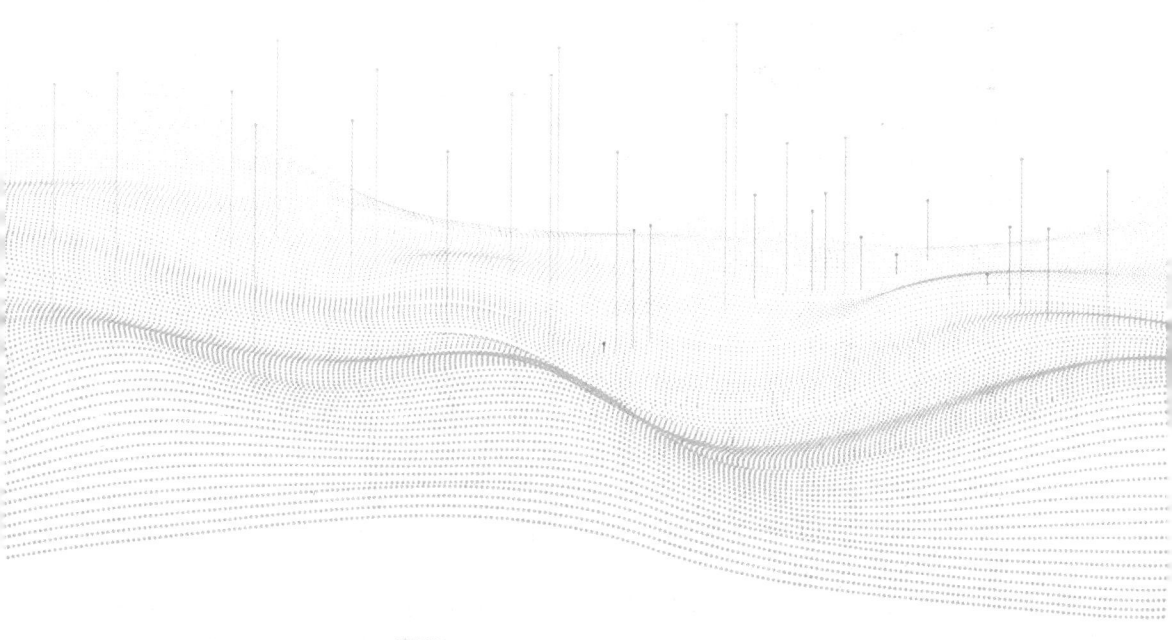

企业管理出版社

图书在版编目（CIP）数据

绿色供应链管理与可持续绩效 / 高铁林，党笑寒著.

北京：企业管理出版社，2024. 8. -- ISBN 978-7-5164-3112-2

Ⅰ．F259.22

中国国家版本馆CIP数据核字第2024JF8841号

书　　名	绿色供应链管理与可持续绩效
书　　号	ISBN 978-7-5164-3112-2
作　　者	高铁林　党笑寒
责任编辑	解智龙　宋可力
出版发行	企业管理出版社
经　　销	新华书店
地　　址	北京市海淀区紫竹院南路17号　　邮　　编：100048
网　　址	http://www.emph.cn　　电子信箱：emph001@163.com
电　　话	编辑部（010）68701638　　发行部（010）68414644
印　　刷	北京亿友数字印刷有限公司
版　　次	2024年8月第1版
印　　次	2025年6月第2次印刷
开　　本	710mm×1000mm　1/16
印　　张	18.25
字　　数	258千字
定　　价	78.00元

版权所有　翻印必究　·　印装有误　负责调换

前 言
PREFACE

21世纪初，全球经济的迅猛发展得益于科技进步和全球化的推动，特别是在制造业领域，其不仅带来了经济的繁荣，也提升了人们的生活质量。然而，工业化进程的加速伴随着自然资源的消耗和环境破坏，引发了人们对可持续发展的关注。全球化带来的环境问题主要表现在资源过度消耗和污染，威胁生态系统和人类健康。面对这些挑战，我国制定了一系列相关政策，旨在减少环境污染、优化能源结构、提高资源利用效率。这些政策的实施标志着我国在全球环保和可持续发展上的重要一步，并为实现高质量发展奠定了基础。

绿色供应链管理（Green Supply Chain Management，GSCM）和可持续发展已成为全球经济发展的重要方向。通过低碳政策和推广 GSCM，人们不仅能应对环境挑战，还能促进经济健康发展。未来，随着技术进步和全球合作的深入，绿色增长将在全球范围内得到更广泛的应用和推广，为实现经济发展与环境保护的双赢提供持续动力。

企业社会责任（Corporate Social Responsibility，CSR）在绿色供应链管理中扮演着重要角色。CSR 被定义为将社会和环保问题融入商业运作中，企业履行这些责任能带来一定的效益，并惠及更广泛的社会群体。为了有效履行 CSR，企业需确保供应链各环节都遵循相同原则，确保供应商也具备社会责任感。

尽管过去 CSR 和 GSCM 多被分开研究，但两者间的关系越来越紧密。在可持续发展的背景下，供应链管理的重要性日益凸显，CSR 和

GSCM 的融合已成为企业发展的重要战略。企业通过 GSCM 和 CSR，提升品牌形象和市场竞争力，吸引投资者和消费者的关注和支持。技术创新是推动企业发展的关键驱动力。企业的利润来自产品和服务的持续创新。创新是企业生存和发展的动力源泉，特别是在不断变化的市场环境中，创新成为企业的核心策略。

企业的绿色供应链管理水平逐渐成为其获得长期竞争优势的关键。通过 GSCM，企业不仅关注经济效益，还重视环境保护和资源可持续利用，提升环境绩效和社会责任形象。CSR 与技术创新的结合，已成为提升企业竞争力的重要方式。研究表明，积极履行企业社会责任的企业更容易实现创新，并取得出色的业绩。

尽管绿色供应链管理需要投入大量资源，但其长期效益不可忽视。企业需在提升经济效益和实施绿色供应链管理之间找到平衡，关注社会绩效和环境绩效，以回应社会对可持续发展的期待。总之，绿色供应链管理、企业社会责任和技术创新是当代企业在全球市场中取得成功的关键因素。企业通过履行企业社会责任和技术创新，不仅能提高市场竞争力，还能推动社会和环境的可持续发展。面对全球竞争，企业必须采取创新策略，确保长期成功和可持续发展。

本书的研究成果不仅能为 GSCM 的实施提供指导，还能提升整个供应链的环保水平，增强企业市场竞争力，为实现经济、社会与环境目标的协调发展提供参考。本书的结构安排如下：第一章介绍了研究背景和研究目的、研究方法；第二章回顾了相关的文献；第三章介绍了研究模型、变量设定等；第四章介绍了实证分析；第五章进行了相关案例分析；第六章阐述了研究结论，同时提出了研究的局限性与未来的研究方向。本书由河北师范大学商学院高铁林和河北地质大学管理学院党笑寒共同编著。具体分工如下：高铁林撰写了第一至第四章，以及第五章的第一节、第二节，党笑寒撰写了第五章的第三节至第五节，以及第六章。

本书受到以下项目的资助：河北省教育厅人文社科项目——青年基金项目"技术创新视角下绿色供应链管理对企业可持续绩效的影响研究"

（SQ2024141）；河北师范大学学术著作出版基金项目"绿色供应链管理对中国制造业的可持续绩效的影响研究"（L2024C08）；河北师范大学校级社会科学基金项目"社会责任视角下绿色供应链管理对企业可持续绩效的影响研究"（S2020B027）；河北师范大学师生研学专项项目"国家物流枢纽建设对区域经济一体化的影响"（S21YX020）。

CONTENTS
目　　录

第一章　绪　　论 001
　　第一节　研究背景和研究目的 001
　　第二节　研究方法 008

第二章　文献回顾 009
　　第一节　绿色供应链管理 009
　　第二节　企业社会责任 028
　　第三节　技术创新 038
　　第四节　可持续发展绩效 045

第三章　研究模型 057
　　第一节　研究模型及变量设定 057
　　第二节　确立假设 065
　　第三节　数据收集与分析方法 069

第四章　实证分析 070
　　第一节　样本特征 070

第二节　测量项目的评定 …………………………………… 072

　　第三节　研究模型分析与假设研究 ………………………… 082

第五章　案例分析 …………………………………………………… 095

　　第一节　华为的绿色供应链管理与可持续发展绩效 ……… 095

　　第二节　阿里巴巴的绿色金融与可持续发展绩效 ………… 130

　　第三节　宁德时代的绿色电池生产与可持续发展绩效 …… 177

　　第四节　上汽集团的新能源汽车和可持续发展绩效 ……… 202

　　第五节　云南白药的绿色制药与可持续发展绩效 ………… 234

第六章　结　　论 …………………………………………………… 259

　　第一节　研究成果总结 ……………………………………… 259

　　第二节　研究意义 …………………………………………… 261

　　第三节　研究的局限性与未来的研究方向 ………………… 262

参考文献 ……………………………………………………………… 263

第一章 绪　　论

第一节　研究背景和研究目的

一、研究背景

21世纪初，全球经济迎来了科技与产业的跨越式发展，这主要得益于科学技术的进步和全球化的加速。工业化和城市化的进程显著加速，特别是在制造业领域，其作为经济增长的重要驱动力，不仅为全球经济繁荣做出了巨大贡献，还极大地满足了人们对物质生活的需求。然而，这一发展过程对自然资源的大量消耗和对环境的潜在破坏，引起了全球范围内对可持续发展的关注和讨论。

随着经济全球化的深入发展，制造业在推动经济增长的同时，也带来了严重的环境问题。大量的工业活动不仅消耗了宝贵的自然资源，还产生了大量的废物并造成了严重的污染，这些都对生态系统和人类健康构成了威胁。Guang等（2012）指出，传统的制造业模式在追求经济效益的同时，往往忽视了环境保护和资源的可持续利用。

20世纪90年代初，《21世纪议程》的通过在全球范围内促进了可持续发展理念的传播，成为国际社会在经济发展过程中必须遵守的基本准则。该议程明确了环境保护和经济发展之间的关系，强调了环境保护的重要性及资源的合理利用，为全球环境治理提供了行动指南和政策框架。

我国在环境保护方面采取了更加严格的法律法规体现了我国在治理环境问题上的决心，通过提高违法成本，增强了企业的环保责任。这些措施有助于推动企业采用更加环保的生产方式减少工业活动对环境的影响。

随着环保意识的提高，越来越多的消费者开始关注产品的环保属性。全球领先的食品加工和包装解决方案供应商利乐发布的《2011环境调查报告》显示，超过一半的消费者倾向于购买对环境影响较小的绿色产品。这种消费行为的转变不仅推动了绿色产品市场的发展，也促使企业在生产过程中采取更加环保的措施（Yu，2015）。

绿色供应链管理作为应对环境挑战的有效工具，已经成为全球供应链管理的重要组成部分。绿色供应链管理不仅关注供应链中的经济效益，更加重视环境保护和资源的可持续利用。这种管理模式通过优化产品设计、改进生产工艺、提高物流效率等措施，减少了生产过程中的能耗和废物排放，提升了企业的环境绩效和社会责任形象。随着越来越多的企业和国家认识到绿色供应链管理的重要性，对这一领域的研究和应用也在不断深入（Zhu等，2012）

在加入世界贸易组织后，面对国际市场的绿色壁垒，我国企业开始逐渐认识到绿色供应链管理的重要性。通过改进供应链管理、提高产品的环保标准，我国企业不仅成功应对了国际市场的挑战，还提升了自身的国际竞争力。这一转变不仅有助于企业的可持续发展，也促进了整个产业的绿色转型（Zhu和Sarkis，2004）。

绿色增长和可持续发展已经成为全球经济和社会发展的重要方向。通过实施低碳政策和推广绿色供应链管理，不仅可以有效应对环境挑战，还可以促进经济的健康发展。未来，随着技术的进步和全球合作的加深，绿色增长将在全球范围内得到更广泛的应用和推广，为实现经济发展与环境保护的双赢提供持续动力。

在当今企业发展中，绿色供应链管理与企业社会责任的关系越发紧密。企业社会责任可以被定义为"企业积极将社会和环保问题融入其商业运作及与各方的关系中"（Ciliberti 等，2008）。

虽然学术界过去常将企业社会责任与绿色供应链管理分开研究，企业社会责任更多侧重于社会议题，而绿色供应链管理则专注于解决环境问题（Carbone 等，2012）。但近年来，随着可持续供应链概念的兴起，社会和环境议题逐渐融合，表明两者之间存在显著的关联性（Seuring 和 Müller，2008）。如今，履行企业社会责任已成为绿色供应链管理中不可或缺的一部分。

具有社会责任感的企业希望其供应商也具备同样的责任感，以确保在整个供应链中履行企业社会责任（Maloni 和 Brown，2006）。这些企业负责关注其所有供应商的福利、生产力和绩效，履行社会责任行为因此可以沿着供应链传递。这不仅会影响其他利益相关者的行为决策，还为社会和环境原则提供了明确的基本标准（Hofmann 等，2014）。

近年来，随着可持续发展的重要性日益凸显，供应链管理在全球化经济中发挥着越来越重要的作用。它与企业社会责任的三个维度——经济、社会和环境紧密相关，通常从三重底线（经济底线、环境底线、社会底线）角度出发，研究主要集中在绿色发展等环境问题上（Ahi 和 Searcy，2013）。然而，社会和经济的重要性同样不可忽视。

在全球化的大背景下，供应链关系至关重要。为了利用低廉的劳动力成本，越来越多的企业选择将业务外包至发展中国家（Seuring 和 Muller，2008）。采纳绿色供应链管理原则的企业需要对其供应链中产生的社会和环境影响负责，这迫使它们将生态和社会因素放在一起考虑。特别是当供应链关系涉及发展中国家时，这些企业也必须对那里的小型生产商的福利和绩效负责（Jia 等，2018）。

实现有效的绿色供应链管理和企业社会责任整合面临多重挑战。一是不同地区的法律和文化背景差异可能影响企业社会责任的履行。二是供应链的复杂性增加了监管难度，尤其是跨国公司在全球范围内对供应链管理的难度。此外，虽然消费者倾向于支持负责任的品牌，但他们通常不愿为此支付额外费用。

尽管如此，绿色供应链管理和企业社会责任的融合也为企业带来了机遇。这种整合不仅可以提升企业的品牌形象和市场竞争力，还能吸引更多的投资者关注，并提高员工的满意度和忠诚度。通过实践绿色供应链管理和履行企业社会责任，企业能够在市场上树立起负责任的企业形象，吸引那些与企业价值观念相符的消费者和合作伙伴。

绿色供应链管理和企业社会责任在当今企业的可持续发展战略中至关重要。通过确保供应链的环境友好和社会责任，企业不仅能够提升市场竞争力，还能在全球范围内对社会和环境产生广泛的正面影响。面向未来，企业需要在取得商业成功的同时，不断探索和采用更高效、更负责任的供应链管理策略，以面对不断变化的全球市场和日益严峻的环境挑战。

在当今的商业环境中，技术创新已成为推动企业发展的关键驱动力，而绿色供应链管理已被认为是企业取得持续成功的必要条件。随着企业面对的市场竞争和经济环境日益复杂，技术创新显得越来越重要。

第一，技术创新在提高企业竞争力中扮演着至关重要的角色。Collins（2008）指出，在高端制造业中，企业的利润并非来自生产规模的扩大，而是源于产品和服务的持续创新。这一观点揭示了技术创新能够使企业突破增长瓶颈，通过及时更新产品和服务满足市场需求。

在知识经济时代，企业更需要通过提高效率、质量和灵活性保持市场竞争优势。Kim（2013）强调，创新是企业生存和发展的动力源泉，特别是在不断变化和充满不确定性的市场环境中，创新成为企业的核心生存策略。

第二，企业的绿色供应链管理水平逐渐成为其获得长期竞争优势的关键因素。Lou（2009）的研究表明，从供应链角度来看，最终产品的市场竞争实际上是各个供应链之间的竞争。这种观点已经成为许多管理者的共识，即企业的盈利能力越来越依赖于其供应链的整体竞争力。

将企业社会责任与技术创新联系起来，已成为学术界和企业界的常见做法。Bernal等（2017）提到，企业社会责任是促进创新的重要因素。企业社会责任能够渗透到每个创新组织中，成为企业战胜竞争对手的核心因素。Flammer（2015）也强调，企业社会责任与技术创新之间存在着显著的协同效应，两者都是提升企业竞争力的关键战略因素。

研究表明，积极履行企业社会责任的企业更容易实现创新，并且更有可能取得出色的经营业绩、展现出优秀的市场表现和强大的全球竞争力（Maloni和Brown，2006）。Rexhepi等（2013）确认了企业社会责任的履行可以激发创新，从而推动企业在市场上取得成功。

然而，企业的首要任务依然是提升经济效益，尤其是20世纪60年代以来，企业绩效成为社会广泛关注的话题。Lee和Kang（2013）指出，尽管绿色供应链管理需要大量的资源投入，其在短期内对企业绩效的影响并不显著，这可能导致有些人对绿色供应链管理实践十分犹豫。因此，如何在提升经济效益和实施绿色供应链管理之间找到平衡，成为学术界和企业界亟待解决的问题。

随着社会对环境和社会效益认识的提高，企业越来越需要关注社会绩效和环境绩效。Rexhepi等（2013）强调，企业在发展过程中应不断加深对社会绩效和环境绩效指标的关注，以满足社会对可持续发展的期待。

技术创新和绿色供应链管理是当代企业在全球市场中取得成功的关键因素。通过整合企业社会责任和技术创新，企业不仅能够提高市场竞争力，还能在社会责任和环境可持续性方面树立典范。未来，企业需要在增强技术创新和完善绿色供应链管理之间找到最佳平衡点，从而在提升经济效益的同时，也能够实现社会与环境目标的和谐共赢。

本书旨在研究此背景下制造企业绿色供应链管理、企业社会责任、技术创新与可持续发展绩效之间的关系，推动绿色供应链管理领域的理论和实践发展，助力企业将其环保活动从被动应对转变为主动实施战略，从而实现真正的可持续发展。

二、研究目的

绿色供应链管理作为一种新兴的企业战略管理模式，越来越受到企业界和学术界的重视。许多知名跨国公司在各个部门、流程和环节引入绿色供应链管理，实现了经济效益和环境效益的协调发展。随着供应链中环保活动的兴起，企业意识到它们面临的一些环境威胁正是通过供应商传递的。

供应商的环境绩效将直接影响企业的环境绩效。因此，为了保证绿色供应链的整体绩效，供应商、企业和客户已经在各个方面进行了合作。实际上，现阶段关于绿色供应链基础理论的研究已经相当深入，然而其绩效考评始终是企业面临的难点，如绿色供应链中的供应商、核心企业、客户等，具体有哪些环保活动？这些活动之间存在怎样的联系？它们对公司业绩又具有哪些影响？

在学术界，企业社会责任和绿色供应链管理经常被分开研究。然而，在企业的发展中，绿色供应链管理与企业社会责任息息相关。近年来，在可持续发展的大背景下，绿色供应链管理的相关主题日益受到关注。它与企业社会责任的三个典型维度（经济、社会和环境）相关，从三重底线的角度来看，环境问题一直占据着研究的主导地位（Ahi 和 Searcy，2013）。然而，不能忽视社会和经济层面的重要性。绿色供应链管理这一视角深入剖析了生产过程中的各种联系，对相关利益主体（供应商和客户）产生了一定的影响。

随着知识经济时代的到来，技术创新已成为企业发展的关键驱动力，绿色供应链管理已成为企业成功的必要前提。在高端制造企业中，利润不是来自规模，而是来自产品和服务的及时更新。产品和服务创新的基础是蕴含在这些产品和服务中的技术创新（Collins，2008）。

因此，本书从制造企业绿色供应链管理的角度出发，将企业社会责任与技术创新有机结合，深入剖析绿色供应链管理如何影响企业的可持续发展。具体而言,本书的研究目的有以下五个。

第一,探讨绿色供应链管理的发展历程,全面研究绿色供应链的内外环境及其潜在影响因素,进而使企业能更有效地掌控绿色供应链管理。

第二,通过高效的绩效评估机制,揭示在绿色供应链管理实践中存在的问题,以降低绿色供应链的运营成本、提高管理效率;同时,通过实证数据直观地展示了实践与绩效的关系,使企业的绿色供应链管理从有压力变为有动力。

第三,通过引入影响绿色供应链管理的因素,探讨绿色供应链管理对企业社会责任和技术创新的影响,验证企业社会责任与技术创新的关系。

第四,构建了实证验证概念模型,探讨企业社会责任与技术创新在绿色供应链管理与可持续发展绩效关系中的中介效应。

第五,通过比较不同类型、性质、规模的企业数据,探究绿色供应链管理绩效的差异,并对绩效进行区分,以指导中国制造企业提升企业形象和国际竞争力。

三、研究的创新性

本书基于相关理论背景,通过实证验证概念模型,为绿色供应链管理领域做出了重要贡献。

本书在技术创新理论和企业社会责任理论的基础上考察了概念模型,该模型尚未在同一框架中考察过。值得注意的是,在绿色供应链管理领域考察企业社会责任和技术创新还处于起步阶段(Lee,2015)。

关于模型的最终因变量——企业绩效,本书考虑了经济绩效和社会绩效,而不仅仅是环境绩效,以便管理层真正认识到绿色供应链管理能够带来的绿色绩效以外的效果和益处。这有助于解决以往实证研究中关于环境与企业绩效权衡结果不一的争论(Corbett 和 Klassen,2006)。

通过对绿色供应链管理绩效的研究,本书既能引导和推动企业响应生态文明建设的号召，又能满足客户对绿色消费的要求，实现可持续发展，还可以明确供应链节点之间的环境因素，帮助企业识别能够显著提高绩效的行为，从而更有针对性地对绿色供应链中的企业进行监督，最终实现供应链整体效率与环境保护的协调统一。

因此，本书的研究成果不仅能为绿色供应链的实施提供有力指导，还能全面提升整个供应链的环境保护水平，进而增强企业的市场竞争力。

第二节 研究方法

本书旨在通过实证研究验证本书的理论框架，为中国制造企业提供管理建议。为此，本书采用理论研究与实证研究并行的研究方法。理论研究主要以国内外文献为基础，实证研究采用问卷调查方式进行。本书对中国的制造企业进行了调查，并对收集到的企业数据进行了分析。此外，本书使用了 SPSS 23.0 和 AMOS 23.0 统计程序进行分析，并采用了探索性因子分析、信度分析、确认性因子分析、判别效度分析、中介分析和多组比较分析。

一是对样本的特征进行了频数分析。二是通过信度分析和确认因素分析，测量了问卷项目与问卷有效性之间的信度。通过结构方程分析，验证了绿色供应链管理、企业社会责任、技术创新与可持续发展绩效之间的关系，验证了企业社会责任与技术创新在绿色供应链管理与可持续发展绩效关系中的中介效应。同时，以企业类型和规模作为调节变量，验证了在不同类型、性质和规模的企业中，绿色供应链管理对可持续发展绩效的影响。

第二章
文献回顾

第一节 绿色供应链管理

随着经济全球化的快速发展和工业化进程的加速，人类社会在创造巨大财富的同时，也引发了一系列严重的环境问题。这些问题引起了社会公众对环境保护和绿色管理的高度关注，并对其提出了更高的要求。在这样的背景下，企业不得不通过绿色实践来满足日益增长的环境保护需求（Sarkis 等，2011）。长久以来，实施绿色制造一直是学术界和企业界讨论的热点，而今绿色实践的重要性已经超越了单个企业的层面，成为整个供应链中不可或缺的一部分（Wong 等，2015）。

中国作为一个制造业大国，对绿色供应链管理相关问题的关注日益增强。最近的研究表明，在未来的几十年里，全球大部分的制造业将集中在亚洲（US-AEP，1999）。这不仅给中国带来了发展机遇，同时也带来了巨大的环境压力（Rao，2002）。

正确的全球供应链管理的理念和实践，不仅可以减轻产品生产和处理过程中对环境造成的负担，也可以改善这些国家的经济状况。绿色供应链管理的核心在于将环保理念整合到供应链管理中，通过环境友好的设计、制造、分销和回收等环节，以减少对环境的影响。

一、文献综述

随着组织机构和研究人员逐渐意识到环境计划和运营管理并非仅限于组织边界内部，全球供应链管理相关的研究文献也随之日益增多。近年来，企业环境管理及其运营关系相关的研究持续增长，众多学者对此进行了系统概述（Angell 和 Klassen，1999；Geyer 和 Jackson，2004；Melnyk 等，2002），并指出了需要进一步研究的领域。

Zhu 等（2005）讨论了绿色供应链管理是企业追求环境可持续性的关键途径。由于政府监管、市场竞争、市场压力及市场驱动因素的影响，中国企业的环保意识正在逐步增强。尽管如此，这种环保意识还未完全转化为强有力的绿色供应链管理实践。研究者预计，随着环保意识的增强，某些领域的业绩将会得到提升。Vachon 和 Klassen（2006）进一步通过研究供应链上下游的整体影响，扩大了绿色供应链管理实践的讨论范围。Hitchcock（2012）通过分析客户市场规模不断增长的国家，如美国和中国，认为供应商的重要性日益突出。在这些国家，低碳和绿色供应链的法律驱动因素（如确立供应商与客户之间的契约一致性的标准）及商业压力（如消费者对绿色产品的需求）是可持续发展面临的主要挑战。

Hall（2000）指出，环境保护的压力源自法律、消费者、股东、客户和环保团体。Zhu 和 Sarkis（2007）认为，影响绿色供应链的因素包括规范因素、市场因素、供应商因素和内部因素。Govindan 等（2014）使用层次分析法（AHP）探讨了印度在绿色供应链管理实践中的障碍，包括外包、技术、知识、金融、参与和支持等方面，并对这些障碍进行了层次讨论及分析。

Walker 和 Jones（2012）采用半结构化访谈法对英国的七家公司进行了案例研究，结合 Carter 的可持续供应链模型，提出了绿色供应链运营的外部能力（包括组织因素、法律法规、消费者、供应商、竞争对手和社会群体）和内部能力（如管理人员的一致性、战略视角下的资源成本、绩效评估和组织规模，以及功能性采购职能、采购合作、结构和流程合作）。另外，他们还探讨了绿色供应链运营的固有和外部壁垒（如成本增加、供应商不合作、社会监管缺乏、行业专用性、政府监管、竞争对手压力、客户对价格的预期、绿色环保要求及具有不同监管优势的行业等），实证研究表明，绿色供应链运营的动态因素比障碍因素更为显著。

在中国，绿色供应链管理起步较早，许多学者对中国制造企业的绿色供应链管理实践进行了定性和定量分析（马祖军，2002；叶飞、张杰，2010；朱庆华，2009；朱庆华、窦义杰，2011；朱庆华、曲英，2005；沈玲，2015）。其中，马祖军（2002）分析了绿色供应链管理的整合特征并建立了其体系结构；朱庆华和曲英（2005）结合国内外实践介绍了绿色供应链管理的发展现状，并对中国制造企业的实践进行了统计分析，找出了企业在实施绿色供应链管理中的难点和不足，为企业的绿色实践提供了重要参考。

李明生和李炳秀（2009）以循环经济及其模式下的绿色供应链特点为出发点，构建了一套循环经济模式下的绿色供应链可持续发展能力评价指标体系。该体系涵盖经济效益、社会效益和环境效益三大方面，并将各个具体指标纳入一个两级指标体系中进行评估。张玉红（2009）从企业资源基础视角出发，分析了绿色供应链的核心竞争力资源。刘梅（2011）对绿色供应链的研究现状进行了分析，并通过解释结构模型法阐述了影响绿色供应链实施的各种因素之间的层次关系，同时提出了实施绿色供应链的对策和措施。

梁凤霞（2009）综合了绿色设计、绿色机械制造工艺、绿色评价方法和决策技术，强调了这些方法对提高产品的国际竞争力、保护环境和实施可持续发展战略的重要性，并指出了制约我国绿色供应链管理体系发展的主要因素。曹翠珍（2009）基于可持续发展理论，探讨了绿色物流的内涵，并提出了构建绿色物流体系的总体思路与实施措施。颜雁（2010）运用SWOT分析法将可持续发展理念与绿色供应链管理结合起来，探讨了如何优化整体环境效益,以促进企业及其供应链的可持续发展。

国际上关于绿色供应链的研究较多。这些研究主要基于供应链管理理论、企业绩效理论、环境管理理论、生命周期理论和企业竞争优势理论等,大多采用实证研究与理论研究相结合的方法,涵盖了大量的问卷调查和统计分析。对供应链绩效评价的研究较多,但主要关注的是绿色供应链绩效研究。相比之下,国内学者的研究大多是关于绿色供应链的描述性研究,对供应链绿色实践的实证研究相对较少,目前还缺乏关于绿色实践对绩效影响的深入研究。

二、绿色供应链管理的定义

本书在以往研究成果的基础上定义绿色供应链管理,表2-1介绍了一些文献中给出的定义。

表2-1 绿色供应链管理的定义

参考文献	定义
Narasimhan 和 Carter（1998）	绿色供应链管理是一种基于两个观点的采购基本原理：一是再利用；二是材料的循环利用
Godfrey（1998）	绿色供应链管理是一种帮助企业监控供应链网络中的环境因素并持续提升供应链绩效的实践
Beamon（1999）	绿色供应链管理是由核心企业在供应链合作伙伴之间采取的合作计划,以支持核心企业的生态管理知识的构建和清洁制造技术的发展
Gilbert（2001）	绿色供应链管理是通过重新制定采购政策和让供应商参与整个采购过程,将环境标准与传统供应链网络相结合
Sarkis（2003）	绿色供应链管理被定义为环保公司的活动和逆向物流的结合,并强调了后者的重要性
Vachon 和 Klassen（2006）	绿色供应链管理被定义为一种有助于减少供应链网络损耗的策略

续表

参考文献	定义
Carter 和 Rogers（2008）	绿色供应链管理被定义为环境层面与传统供应链网络的结合
Seuring 和 Müller（2008）	绿色供应链管理被定义为对物流、信息流和资金流的管理，以及供应链上各公司之间的合作
Ageron 等（2012）	绿色供应链管理被定义为是一种降低环境风险的理念

资料来源：Dubey R，Gunasekaran A，Papadopoulos T. Sustainable Supply Chain Management: Framework and Further Research Directions [J]. Benchmarking: An International Journal，2017，24（1）：184-218.

绿色供应链管理的概念源自有关环境管理和供应链管理的文献。Srivastava（2007）将绿色供应链管理定义为，将环境思维整合到供应链管理中，包括产品设计、材料采购和选择、制造过程、将最终产品交付给消费者，以及产品生命周期结束后的废弃物管理。Lee 等（2012）认可并扩展了 Srivastava 对绿色供应链管理的概念，指出绿色供应链管理不仅强调对整个供应链环境的关注，还要求供应链成员之间进行长期的战略合作。绿色供应链管理涉及从产品的制造、消费到生命周期结束的整个管理过程。

绿色供应链管理关注供应链中每个环节的环境因素，不仅存在于单个组织中，还涉及其相关的其他组织。它将供应商和客户的各个产品整合到整个产品的生命周期中，包括物料采购、产品设计、制造、交付给客户及产品回收。因此，积极制订环境规划或开展环境污染防治活动的公司（如减少空气排放和水污染）会吸引关心环保的客户，从而培养客户的品牌忠诚度。这些企业在获得客户额外的关注时，更有可能持续获得竞争优势，提高绩效（Hart，1995）。许多研究表明，绿色供应链管理实践可以提升环境绩效（Rao，2002；Zhu 等，2005；Green 等，2012）。

绿色供应链管理被认为是一种有前景的供应链概念，因为它在管理供应链时考虑了环境因素。从更广泛的角度来看，绿色供应链管理通过采用涵盖产品设计、材料选择、产品制造、最终销售和回收的生命周期方法，努力实现整个流程的环境改善（Giovanni，2012）。之前的定义揭示了供应链上的许多环保理念，包括生态设计、绿色采购、全面质量环境管理、绿色包装和运输，以及以减少、再利用、再制造和再循环为重点的产品废弃物处理（Hervani 等，2005）。因此，绿色供应链管理被视为一种将环境问题融入供应链管理的活动，旨在确保企业符合环保要求并提升整个供应链的环保能力（Lee，2015）。成功的绿色供应链管理应体现在环境、社会和经济产出中，以确保可持续发展和良好绩效（Veleva 和 Ellenbecker，2001）。

综上所述，可以将绿色供应链管理定义为：绿色供应链管理＝生态设计＋绿色采购＋绿色制造＋绿色物流。

三、绿色供应链管理的类型

绿色供应链管理因行业类型、公司规模和国家的差异而存在多种类型，其抑制因素和推动因素在发达国家和发展中国家之间也存在差异，这也影响了不同国家研究人员的研究方法。Wu 等（2011）认为，GSCM 包括清洁生产、专利、生态设计、绿色采购、内部服务质量和绿色创新等实践。Shi 等（2012）将绿色供应链管理分为基于自然资源的实践和组织内主动的环保实践，包括环境政策和标准的实施，如 ISO 14001 环境管理体系标准，以及包括绿色分销、生态设计和绿色采购在内的组织间的环境实践。Laosirihongthong 等（2013）将绿色供应链管理分为主动实践（如绿色采购、生态设计和逆向物流）和被动实践（法律法规）。Ninlawan 等（2010）认为绿色供应链管理包括内部环境管理、绿色采购、生态设计、投资回收和客户合作。Villanueva 等（2013）将绿色供应链管理实践分为绿色采购、绿色设计、绿色配送、绿色制造和逆向物流。Alshura 和 Awawdeh（2016）研究了包含绿色供应商选择、绿色生产、绿色设计、绿色采购、绿色配送和逆向物流在内的实践。

本书采用生态设计（Ecological Design，ED）、绿色采购（Green Procurement，GP）、绿色制造（Green Manufacturing，GM）和绿色物流（Green Logistics，GL）四种绿色供应链管理实践，选择这些实践的原因如下。首先，这些实践被认为是绿色供应链管理中的关键实践，在组织的供应链流程中具有能"减少项目的直接和间接环境影响的潜力"（Darnall 等，2008）。其次，这些实践是现有文献中被引用最多的实践（Green 等，2012；Zhu 等，2012；Diab 等，2015；Kirchoff 等，2016）。再次，这些实践涵盖了内部和外部的环境实践（Rha，2010）。最后，发达国家和发展中国家的制造商都可以进行这些实践。下面是对这些实践的简要讨论。

（一）生态设计

生态设计是指在产品开发的各个阶段考虑环境因素，旨在将产品从原材料采购、制造、使用，直至最终处理的整个生命周期对环境的影响降到最小。根据 Younis 等（2016）的研究，生态设计涉及的不仅是选择环保材料和技术，而且还包括在产品设计阶段就考虑如何减少对环境的负面影响。Hu 和 Hsu（2010）指出生态设计应在产品开发过程的每一个阶段都融入环境保护的理念，确保将产品整个生命周期造成的环境影响降至最低。

Zhu 和 Sarkis（2004）强调，产品是否会对环境造成污染，以及会造成何种程度的污染，实际上在选择材料和设计工艺的阶段就已经决定了。Gonzalez-Benito（2008）十分关注新产品的生态责任设计，发现生态责任设计或生态设计是实现绿色供应链管理实践目标的关键环节，包括使用更环保的材料来取代有毒和有害物质，减少资源消耗。

在绿色供应链管理策略中，绿色设计是核心部分。Shi 等（2012）指出，在产品设计阶段考虑生态设计，可以有效地降低产品对环境的影响。Green 等（2012）也强调，生态设计的目标是在不牺牲其他设计标准（如成本和功能）的前提下，减少产品对环境的影响。

生态设计是一种全面考虑环境影响的产品设计方法，旨在将产品整个生命周期中对环境的负面影响降到最小。实施生态设计需要采取一系列策略，从材料选择到最终产品的处置，每个阶段都应注重环保。以下是生态设计的五大核心。

1. 材料选择

选择合适的材料是生态设计中最基本也是最关键的步骤。企业应优先选择对环境影响小的材料，包括以下几种材料。①可回收材料。使用易于回收的材料可以减少垃圾填埋和焚烧的需求，如使用回收塑料、金属或玻璃。②可再生资源。采用竹子、天然橡胶等速生可再生资源，可以减少对原始森林的依赖。③少用有害物质材料。避免使用重金属、有害化学品等有毒物质，减少产品使用和废弃时对环境和人体健康的潜在危害。通过选择这些材料，产品在生产、使用乃至废弃阶段对环境造成的影响将大为减少。

2. 设计可持续性

设计可持续性要求在产品设计时就考虑以下两点。①易于拆解。在设计产品时应考虑产品的拆解，使其各个部件能够便于分解和维修。②方便回收和再利用。在设计产品时，要使用统一的、标准化的部件和材料，简化回收过程，提高材料的再利用率。这种设计思路不仅减少了废弃物的产生，还提高了资源的循环利用率，延长了材料的生命周期。

3. 能源效率

提高能源效率是生态设计中不可或缺的一部分，包括两点。①生产过程的能源优化。在制造过程中使用高效的机械和技术，减少能源消耗。②产品设计应优化能源使用。如电器产品应符合国际能效标准，减少在使用过程中的能耗。这不仅有助于减少全球能源消耗，也能为消费者节省电费，提高产品的市场竞争力。

4. 长寿命设计

设计长寿命的产品可以减少产品的更换频率，从而减少资源消耗，包括以下两点。①耐用性。选择高耐用性材料，提高产品的整体耐用度，降低损坏和更换的概率。②模块化设计。通过模块化设计，当某个部件出现问题时，可以单独更换，无需更换整个产品。长寿命设计不仅延长了产品的使用周期，还减少了制造新产品所需的资源和能源。

5. 污染预防

污染预防是生态设计的重要内容，包括以下两个方面。①减少废水和废气的产生。采用清洁生产技术，减少生产过程中的废水、废气排放。②废弃物管理。在设计产品时应注意减少废料产生，提高材料的利用率，并确保生产的剩余物可以得到安全处理或回收。通过实施这些污染预防措施，企业不仅可以减少对环境的负面影响，也能符合越来越严格的环保法规。

生态设计不仅是一种产品设计策略，更是企业对可持续发展承诺的体现。通过实施上述策略，企业不仅可以减少对环境的负面影响，还可以在绿色市场中获得竞争优势，吸引环境意识较强的消费者，提高品牌形象和市场份额。随着全球对环境保护要求的增加，生态设计将成为企业发展中越来越重要的一环。

虽然生态设计具有显著的环保优势，但在实际操作中也面临诸多挑战。第一，初始成本往往较高，因为环保材料和技术成本较高。第二，市场对于生态设计产品的接受度也是一个变数，消费者可能需要时间来理解这些产品的长期价值。尽管存在挑战，生态设计的未来前景仍然乐观。随着人们环保意识的提高和相关环保法规的实施，越来越多的企业开始将生态设计作为企业战略的一部分。此外，随着技术的进步和生态材料成本的降低，生态设计将继续作为企业可持续发展战略的核心部分得到推广。技术的进步和成本效益的提升将使生态设计更加普及，同时，对环保产品的需求也将持续增长，为企业带来新的增长点。通过实施生态设计，企业不仅能减少对环境的负担，还能在绿色市场中占据有利地位，实现环境与经济的双赢。

（二）绿色采购

绿色采购是绿色供应链管理的核心组成部分，涉及将环保标准纳入采购决策中，不仅包括直接供应商，也扩展到供应链的更多层级。Zhu和Sarkis（2004）强调，有效的绿色采购不仅要对直接供应商进行环境评估，还要评估这些供应商的供应商，即二级供应商的环保措施，这种链式监督确保了整个供应链的环保标准得到执行。

绿色采购的实施原则包括环保标准的制定与执行，如Lamming和Hampson（1996）所述，采购公司应设置明确的环保标准，并在采购过程中严格执行，以此激励供应商遵循这些标准，并采取环保措施。采购公司要对供应商的环保措施和设施进行定期审计，评估它们在环保方面的表现（Hu和Hsu，2010），包括考察供应商的资源使用效率、废物管理和污染控制措施。

绿色采购旨在最大程度地减少采购活动对环境的负面影响，促进资源的高效利用和废物的最小化。具体目标包括推广可回收和可再利用的物品：①选择可循环再用的材料和产品，如再生塑料、可回收包装等，从而减少对原生资源的需求和废物的产生；②提高产品性能，确保采购的环保产品在满足环保标准的同时，其性能和质量不受影响，以满足企业的操作需求（Younis等，2016）；③在采购策略中考虑环保因素，将环保作为采购因素的一部分，涵盖采购策略、计划和过程（Balasubramanian和Shukla，2017）。

实施绿色采购的四个主要措施如下。

1. 供应商的环保表现评估

绿色采购的首要步骤是建立一套详细的评估标准，对供应商的环保表现进行定期审查和评估。这些评估标准应涵盖以下方面：①资源使用效率，评估供应商在使用水、能源和原材料方面的效率；②废物管理，检查供应商的废物处理方式，包括废水、废气和固体废物的处理措施；③污染控制措施，评估供应商实施的污染控制技术和方法，确保其符合相关环保法规；④产品的环保设计，评估供应商在产品设计中是否采用了可持续材料和技术，以及产品的可回收性和可降解性。通过这些详细的评估标准，企业不仅可以确保供应商达到环保标准，还能推动供应商持续提高产品环保设计水平。

2. 与供应商合作，实现环保目标

为了有效进行绿色采购，企业需要与供应商建立合作关系，共同努力实现环保目标。这种合作可以包括技术支持和培训，具体如下：①提供必要的技术支持和培训，帮助供应商了解和采用最新的环保技术和管理措施；②共同研发，与供应商合作开发新的环保产品或改进现有产品的环保特性；③信息共享，建立信息共享机制，定期交流最佳环保实践和技术方法，提高供应链各方在环保方面的能力。通过这种紧密的合作，企业和供应商可以共同解决环保问题，提高整个供应链的环保水平。

3. 环保监督和合作

对供应商进行环保监督是确保绿色采购成功实施的关键。监督措施包括定期的环保审核：①定期对供应商进行环保审核，检查其遵守环保法规和企业环保政策的情况；②绩效反馈和提升，向供应商提供定期的环保绩效反馈，指出需改进的地方，并协助供应商制定改进方案；③奖励和惩罚机制，根据供应商的环保表现实施奖励和惩罚机制，激励供应商持续改进其环保方法。

通过这样的监督和合作，企业可以确保供应商严格执行环保标准，同时帮助它们在遇到环保挑战时找到解决方案。

4. 环保要求的设计标准

向供应商提供明确的环保设计标准是推动绿色采购的又一个重要措施。这些标准包括以下内容：①环保材料的使用，要求供应商在产品设计和制造过程中使用环保材料；②产品全生命周期的环保考量，设计标准应考虑产品的整个生命周期，包括生产、使用和废弃阶段的环保性能；③创新和持续改进，鼓励供应商不断探索新的环保技术和方法，持续提高产品的环保设计水平。通过实施这些设计标准，企业可以从源头上减少在产品设计和制造过程中对环境造成的影响，促进提高整个供应链的环保水平。

绿色采购不仅是一个策略，更是企业社会责任的重要体现。通过实施上述措施，企业不仅能够减轻对环境的负面影响，还能在全球市场中塑造绿色品牌形象，吸引更多的消费者和合作伙伴。随着环保标准的全球统一和消费者环保意识的提升，绿色采购将成为企业竞争力的重要体现之一，是推动全球环境可持续发展的关键力量。

绿色采购不仅有助于减少企业活动对环境的影响，还能提升企业形象，增强消费者和合作伙伴的信任。随着全球环保意识的提升和绿色消费的趋势日益明显，企业的绿色采购实践能够吸引那些高度关注可持续发展的客户，从而提高市场竞争力。此外，通过绿色采购，企业可以在遵守日益严格的环保法规中取得先机，避免因环保问题造成的经济损失。

绿色采购作为企业可持续战略的重要组成部分，其成功实施不仅有助于保护环境，还可以带来经济效益和社会效益。通过与符合环保标准的供应商建立稳定的合作关系，企业可以确保供应链的每一环都致力于环保，共同推动全社会的可持续发展。

（三）绿色制造

绿色制造是指在生产过程中将对环境的影响降到最小，通过使用环保的材料和技术，提高资源利用效率，减少废物和污染的生成。Atlas 和 Florida（1998）指出，绿色制造不仅能降低原材料成本，提高生产效率，还可以减少环保和职业安全方面的费用，从而提升企业形象。绿色制造被视为一种集成的、无害的生产过程，其目的是为消费者、员工和整个社会创造一个无污染的环境。

Pal（2002）强调，绿色制造不是选择，而是人类在当前竞争激烈的环境中保持健康和生存的必需品。Deif（2011）认为，通过采用适当的材料和创新的环保技术，绿色制造旨在减轻环境负担，降低原材料成本，提高生产效率，并减少环境费用，从而提升公众印象。

作为可持续发展战略的关键部分，绿色制造旨在通过环保的生产过程降低对自然环境的负面影响。企业在追求经济利益的同时，也越来越注重环境保护和资源的合理利用。以下详细介绍实现绿色制造的五大核心实践。

1. 减少有害物质的使用

在传统的制造过程中，重金属、有机溶剂等有害物质被广泛使用，这些物质不仅会对环境造成严重污染，也威胁到工人的健康安全。绿色制造要求企业在生产过程中尽可能地避免或减少使用这些有害物质，使用更环保的替代品。例如，使用水性涂料代替传统的油性涂料，使用生物降解的润滑油替代石油基润滑油等。通过这种方式，不仅可以减少对环境的污染，也可以提升产品的环保标准，满足国际市场的绿色需求。

2. 提高能源效率

提高能源效率意味着用更少的能源完成更多的生产活动，这不仅可以减少能源费用，还能显著减少温室气体排放和其他环境污染物的生成。改进照明、供暖和制冷系统的能源效率，采用先进的能源管理系统，如智能温控系统和LED照明技术，都是实现这一目标的有效方法。此外，引入可再生能源技术，如太阳能和风能，也是提高能源效率的重要策略。

3. 实施3R原则

3R原则（Reduce、Reuse、Recycle）是绿色制造中的一个基本指导思想，即减少（Reduce）、重复使用（Reuse）、回收（Recycle）。首先，企业应减少原材料和能源的使用；其次，通过改进设计，使产品和材料能够在生命周期结束后易于重复使用或维修；最后，通过建立有效的回收系统，确保废物资源得到再利用。例如，废旧金属、塑料和电子组件的回收不仅减少了资源的消耗，也减少了对环境的污染。

4. 减少生产过程中的浪费

优化生产流程，减少生产过程中的浪费，是提高生产效率的重要环节。通过精益生产技术和持续的过程改进，可以显著减少物料浪费和非效率作业。此外，实施全面质量管理（TQM）和六西格玛管理策略，不仅能提高产品质量，还能减少因质量问题而产生的返工和废品，从而减少资源的浪费。

5. 使产品易于维修、再利用或回收

在产品和工艺的设计阶段引入环保概念，是实现绿色制造的关键。这意味着在设计产品时就要考虑到产品的整个生命周期，包括原材料采购、生产过程、产品使用乃至废弃对环境的影响。通过使用模块化设计、易拆卸结构等设计原则，可以使产品在使用后更容易进行维修、再利用或回收。同时，开发新的生产工艺，如采用无污染或低污染的技术，使用环境友好型材料和工艺，都是推动生产过程绿色化的重要措施。

绿色制造不仅对企业具有战略意义，还对社会和环境具有深远的影响。一是通过实施绿色制造策略，企业能够增强竞争优势，在市场上塑造绿色环保的品牌形象，吸引更多关注可持续发展的消费者。二是降低运营成本，通过提高能效和材料效率，减少能源和原材料的使用成本。三是符合法规要求，遵守日益严格的环保法规，避免因违反环境法规而带来的法律风险和财务损失。四是提高员工满意度和安全感，为员工创造更健康、更安全的工作环境，有助于提高员工的工作满意度和生产效率。

Zhu 等（2005）、Green 等（2012）和 Lee 等（2012）研究发现，企业在设计产品时采取措施绿色制造策略，可促进产品零部件和材料的再利用、再循环和回收，在生产过程中可减少材料和能源的消耗。这些研究强调了在改进设计和制造过程中有效利用资源的重要性。

随着全球环保意识的提升和绿色技术的发展，绿色制造将继续向更高水平发展。未来的绿色制造可能会包括更先进的自动化和数字化技术，如使用人工智能和大数据优化能源和材料使用方式，实现更高效、更可持续的生产过程。绿色制造是实现可持续发展战略的关键环节，对企业、社会和环境都带来了积极的影响。通过不断优化和创新生产过程，企业不仅能够减少对环境的负面影响，还能在激烈的市场竞争中占据有利地位，实现环境效益和经济效益的双赢。

（四）绿色物流

绿色物流是现代供应链管理中不可或缺的一部分，旨在通过环保的方法优化整个物流和分销过程，从而减少对环境的影响。根据 Rao 和 Holt（2005）的研究，绿色物流包括绿色配送和逆向物流两个主要组成部分。

绿色配送是实现绿色物流目标的核心环节，旨在通过环保的包装、运输和物流活动，减少对环境的影响。本书详细探讨了绿色配送的两大主要实践：绿色包装和绿色运输与物流。

1. 绿色包装

绿色包装不仅关注使用环保材料，更注重包装设计的整体可持续性，包括环保材料的使用、包装设计的优化、包装的再利用和回收。

（1）环保材料的使用。

一是生物基塑料和生物降解材料。随着技术的进步，生物基塑料和生物降解材料越来越受欢迎。这些材料来自可再生资源，如玉米淀粉和甘蔗，并且在自然条件下可以完全分解，减少了对垃圾填埋场的依赖。

二是回收材料的利用。使用回收纸张、塑料和金属等材料进行包装，能显著减少生产过程中的能源消耗和废物产生。

（2）包装设计的优化。

一是减材设计。通过设计创新，减少所需的包装材料，同时不降低包装的保护性和功能性。例如，采用薄膜技术或是改变包装结构，可以减少整体材料的用量。

二是模块化和标准化。使用模块和标准化的包装，可以优化运输和仓储效率。模块化的设计还可以使包装在多种产品中通用，进一步减少对材料的使用和浪费。

（3）包装的再利用和回收。

一是多功能包装。开发可多次使用的包装系统，如可重复使用的运输箱和容器，这些包装设计强调耐用性和长期使用。

二是易拆解设计。确保包装的拆解过程简单方便，便于材料的分类回收。设计时应考虑包装的全生命周期，使其在使用后容易进行回收处理。

2.绿色运输与物流

绿色运输和物流关注的是如何在运输过程中减少能源消耗和排放，以及如何通过高效的物流管理减少对环境的影响。

（1）订单整合。

一是共同配送。整合来自不同供应商的货物，进行统一配送。这种方法可以减少运输过程中的空载率，提高运输效率，从而减少碳排放。

二是库存管理优化。通过改进库存管理系统，确保提高物流效率，减少因库存过剩或不足导致的额外运输。

（2）路线优化。

一是智能路线规划。利用先进的GPS和路线规划软件，实时更新最佳行驶路径，减少不必要的行驶距离和时间。

二是优化运输模式。如结合公路运输与铁路或水路运输，利用各种运输方式的环保优势，减少整体碳足迹。

（3）使用环保交通工具。

一是电动和混合动力车辆。推广使用电动卡车和混合动力车辆，这些车辆在减少排放方面具有显著优势。

二是替代燃料。探索使用生物燃料、天然气等替代燃料的车辆，这些燃料的使用可以显著降低对石油的依赖及减少对环境的影响。

通过实施绿色包装和绿色运输与物流的策略，企业不仅可以降低对环境的影响，还可以提高运营效率、降低成本。随着全球对环保的需求日益增长，绿色物流在供应链管理中越来越重要。这需要企业不断创新和改进其物流和包装方法，以符合环境标准和满足市场需求。

逆向物流作为绿色物流体系中的重要组成部分，涉及将消费后的产品和材料从终端用户回收至原始制造商或专门的处理中心，以便进行再利用、再加工或彻底的回收处理。有效管理逆向物流不仅可以提高资源的循环利用率，减少环境污染，还可以为企业带来经济上的回报，如成本节约和增加收入的可能性。下面详细讨论逆向物流的相关实践和未来的发展趋势。

3. 收集

收集是逆向物流中的首要步骤，关键在于高效地从消费者处收回产品。这一过程需要仔细规划和执行。

一是建立回收网络。企业应在多个地点，特别是在人口密集的城市区域，设置便捷的回收点。这些回收点可以是独立设施，也可以与现有的零售点或服务中心合作设置。通过提供方便的回收服务，可以大大提高消费者的参与度和产品的回收率。

二是物流协同。有效的物流协同可以显著降低逆向物流的成本。企业可以利用正向配送的空返车辆收集回收物品，或者与其他公司合作，共享物流资源。例如，两家非竞争性企业可以共享回收服务，减少各自的物流成本，同时提高运输效率。

4. 再制造

再制造是指将收集回来的产品经过必要的清洁、修复和检验后，恢复其原有的功能或提高其性能。

一是检验和分类。所有回收的物品首先需要经过严格的检验和分类。基于物品的状况和质量，决定是直接重新使用、进行修复还是拆解回收材料。这一步骤对优化资源的使用极为关键。

二是清洁和修复。对于经检验后确定可以重新使用的产品，进行必要的清洁和修复工作是必须的。这不仅确保产品符合再次销售的质量标准，还延长了产品的使用寿命。

三是拆解和重组。对于无法直接再利用的产品，应进行拆解，以回收有价值的材料或部件。这些材料或部件可以用于制造新产品或作为修复其他产品的替代部件。

四是再包装和回收。经过处理后的产品需要再包装，以确保在重新进入市场时符合消费者的期望。对于那些不再适合使用的材料，应送到专业部门进行回收处理，如转化为原料再利用或能源回收。

随着全球对可持续发展的日益重视，绿色物流，特别是逆向物流，正在成为企业运营的一个重要方向。未来的逆向物流将更多地依靠技术创新来提高效率，如利用物联网（IoT）技术实时跟踪回收物品的流向，以及使用大数据分析来优化收集和处理流程。企业不仅可以通过有效的逆向物流操作减少对环境的影响，还可以通过履行社会责任来吸引更多的消费者。

通过不断优化和创新逆向物流实践，企业不仅能减轻对环境的压力，而且能在市场中获得竞争优势，实现经济效益与环境效益的双赢。随着技术的进步和全球供应链的日益紧密，逆向物流将继续发展，成为实现全球环保目标的关键力量。

绿色供应链管理实践及其优点如表 2-2 所示。

表 2-2　绿色供应链管理实践及其优点

	绿色供应链管理实践	优点	参考文献
ED	产品设计 减少材料和能源消耗 3R 原则（减量、再利用、再循环） 避免使用有害物质	增加了再利用、回收和再制造的机会 进入绿色市场 产生更高的生态效率	Zhu 等（2007）、Linton 等（2007）、Ageron 等（2012）
GP	生态供应商的选择 与供应商的环境协作 3R 原则	降低环境成本 树立良好的"绿色"形象	Min 和 Galle（1997）、Zhu 等（2008）、Salam（2008）
GM	3R 原则 先进的环境技术	通过减少浪费和成本提高可持续发展绩效	Pal（2002）、Deif（2011）
GL	绿色包装 绿色运输 收集 再制造	降低包装成本 降低燃油消耗 减少噪声、污染、	Rao 和 Holt（2005）、Ageron 等（2012）、Pochampally 等（2009）、Azevedo 等（2011）

资料来源：Kafa N, Hani Y, El Mhamedi. Sustainability Performance Measurement for Green Supply Chain Management [J]. IFAC, 2013, 46（24）: 71-78.

四、绿色供应链管理在我国的发展现状

自 1978 年改革开放以来，我国的制造业产生了巨大的飞跃。在过去的几十年中，我国经济的快速增长使其成为全球主要的商品生产与消费大国。然而，快速的经济发展也带来了严重的环境污染问题。研究显示，日益恶化的空气质量是导致人类过早死亡的主要原因之一（Laumer 等，2010）。此外，酸雨影响了超过半数的城市，工业生产导致的水体污染也日益严重（Shi，2005）。据估计，每年约有 130 万人死于与空气污染相关的慢性阻塞性肺病（Nordqvist 和 Melin，2010）。

中国对环境问题十分重视，并推出了一系列绿色政策。例如，实施绿色信贷政策、限制高耗能和高污染企业的贷款、要求企业在资本市场披露环境信息等。同时，跨国企业也在中国的环保制造领域取得了显著成就。

中国加入世界贸易组织（WTO）后，企业供应链变得更为复杂多样，增加了环境压力。中国制造商不仅是国际客户供应链的一部分，还必须符合严格的环保要求。例如，全球 500 强企业如 IBM 和施乐要求中国供应商执行 ISO 14001 环境管理体系，而福特、通用汽车和丰田要求他们的中国供应商有 ISO 14001 认证（GEMI，2001）。这促使越来越多的中国企业优化供应链，以降低成本、提高生产效率，同时提升环保形象。

尽管许多大企业已在进行全球供应链管理（GSCM）方面取得了进展，中小企业在这方面的研究却相对较少。这些企业在考虑生产过程中的环境问题时面临诸多挑战，如资源、时间、资金和技能的限制（Crals 和 Vereeck，2005）。尽管全球经济一体化、产业链发展和行业整合为中小企业带来了市场竞争优势，但这也要求它们响应客户的环保要求。

许多跨国企业已在中国有效实施绿色供应链管理，其中不乏世界 500 强企业；中小企业作为供应链的一部分，正在或将来可能成为业务的重要环节。因此，对这些企业进行调查，找出其发展绿色供应链管理的问题和制约因素，并为其提供改进建议显得尤为重要。

第二节 企业社会责任

近年来,企业社会责任已经成为企业界和学术界关注的焦点。许多企业开始将企业社会责任视为一个战略工具,旨在通过此举促进和改善其公众形象(Duetal,2010;Galbreath,2009;Morsing 和 Schultz,2006),同时,其他企业则认为加强社会监督是推动它们履行企业社会责任的主要动力(Dawkins 和 Lewis,2003;Li Weisi,2006;Ogrizek,2002)。尽管企业社会责任已经成为一个热门概念,且许多企业已经提出相关的倡议,但它仍然是一个有争议的问题,缺乏一个被人们普遍接受的定义(Cramer、van der Heijden 和 Jonker,2006;Lantos,2001)。实际上,对于企业社会责任的确切定义,学术界仍未形成一致的共识(Aras & Crowther,2009;Dahlsrud,2008;Pedersen,2006)。

一、文献综述

自中国加入世界贸易组织以来,对企业社会责任的研究逐步深入。Li 和 Xiao(2008)提出,企业社会责任涵盖企业在遵守法律、社会规范和商业道德的同时,注重其运营对利益相关者和环境的影响,以及使经济、社会和环境价值最大化,进而实现企业与社会的可持续发展。Wu 等(2012)也强调,实施企业社会责任的主要目的是推动企业可持续发展。根据 Carroll(1999)的金字塔模型,企业社会责任可被分为三个层次:法律责任、经济责任和道德责任及自愿的慈善责任。尽管 Zheng Haidong(2007)对这一模型有稍微不同的解释,但他同样强调了法律责任和经济责任的必要性,以及道德责任和自愿履行慈善义务的重要性。在这一时期,对企业社会责任概念及其各个维度的探讨也逐渐增多。因此,在中国,企业社会责任已成为一个日益重要的管理议题,研究重点也从伦理问题转向了社会和环境问题(Moon 和 Shen,2010)。

此外，随着行业对企业社会责任的日益重视，对企业社会责任实践的研究也开始增多。Tian 等（2011）的研究显示，当中国消费者了解到企业的企业社会责任活动时，会对这些企业表现出更积极的态度和更高的购买意愿。Yin 和 Zhang（2012）的研究揭示了中国企业社会责任实践的独特维度，通过对 16 家企业进行分析，深入了解了中国的企业社会责任理念和实践动态。中国企业在履行企业社会责任时表现出较高的道德导向性、政府依赖性和文化传统性。

Lipton 等（2004）指出，随着越来越多的企业参与到集成供应链等商业网络中，这些网络代表了一个垂直协调的企业集群，从事与企业产品的生产及向最终客户的分销相关的各种活动。随着企业成为优秀企业法人的压力日益增大，协调和整合供应链中的社会责任网络变得越发复杂。Amaeshi 等（2008）指出，不可靠的实践可能使跨国公司承受为供应商的行为承担责任的压力，以保护自己的品牌形象。供应链中的责任与协调问题至关重要，如何迫使供应链中的其他合作伙伴在其运营中承担企业社会责任是一个重大挑战。

Davis 和 Blomstrom（1975）指出，企业社会责任是决策者的义务，企业应采取行动，保护和改善社会福利及其利益。Boyd（2004）观察到，越来越多的组织正在扩大它们的责任范围，包括重视供应链内合作伙伴的企业社会责任。Kolk 和 Tudder（2002）提出，企业对其他公司的企业社会责任活动的关注往往是对管理风险的反应。

Feldman 等（1997）强调，在企业社会责任风险管理方面，企业可能被认为对污染、不遵守规则、危险操作、使用危险原材料、生产危险废物及健康和安全问题负有责任。这些风险可能导致品牌形象受损、销售损失及难以获得金融投资等问题。

近年来，关于企业社会责任报告的研究也在增多。Noronha 等（2013）对中国企业社会责任报告的概述显示，尽管企业社会责任报告处于初级阶段，但中国企业已经开始采用全球报告倡议组织（GRI）提出的

G3 指南。GRI 是一个推动可持续发展的领先组织。尽管中国的企业社会责任实践还处于起步阶段，但中国政府和公众不仅开始关注企业在创造经济效益方面的作用，也越来越关注企业在构建和谐社会中的贡献（Wang 和 Chaudhri，2009）。

随着中国经济的全球一体化，企业社会责任成了一个在国内外引起广泛关注的话题，促进了中外学者之间的合作和交流，这些都反映在对中国背景下企业社会责任文献的深入分析中。

二、企业社会责任的定义

企业社会责任是一个在商界不断获得认可的概念，其研究和理论构建从多个学术领域出发，形成了一个多维度的讨论框架。其中，社会绩效理论探讨了企业如何通过企业社会责任活动提升社会价值（Carroll，1999；Swanson，1995）。企业伦理则关注企业在其决策过程中应遵循的伦理标准（Solomon，1993）。公司治理理论讨论了企业在履行企业社会责任时如何通过管理结构确保责任层层落实到位和透明度（Freeman 和 Evans，1990）。社会契约理论则认为，企业应当遵守其与社会成员间的隐性契约，以维护正义与诚信（Donaldson 和 Dunfee，2002）。这些理论共同构成了企业社会责任的理论体系。

企业社会责任的理论框架多样且碎片化，这些理论并没有形成一个统一的视角（Windsor，2001）。按照欧盟委员会（2002）的定义，企业社会责任可以被理解为企业自愿将社会和环境问题融入其日常运营及与利益相关者的互动之中。这个定义不仅易于理解，还强调了企业自主性在推动社会和环境责任中的重要性。

在实际操作中，企业社会责任已经成为现代组织成功的关键因素。企业的社会责任表现不仅影响其自身的业绩，还对员工、社会和商业环境产生深远的影响。企业需要通过明确的目标、价值观和高层管理的文化，履行其社会责任（Rosi 等，2013）。这种有助于构建一个对所有利益相关者负责的企业形象。

企业社会责任的实践不限于单个企业，也可扩展至整个供应链。根据 Ciliberti 等（2008）的定义，企业社会责任应该是企业在其商业操作及与利益相关者关系中自愿解决社会问题和环境问题的表现。企业不仅要在自身操作中履行社会责任，还需要确保其供应链中的合作伙伴也遵循相应的社会责任标准。由此可见，企业社会责任的成功实施依赖于所有供应链成员的共同努力和责任担当。

总体来说，企业社会责任是一个多维度、跨学科的领域，涉及伦理、治理、法律和社会影响等多个方面。企业在履行企业社会责任时，不仅需要考虑内部的伦理和管理标准，还需关注外部的社会影响和环境责任。由此，企业不仅能提升自身的市场竞争力，还能在全球范围内推动更广泛的社会和环境正向变化。

三、企业社会责任的类型

1923 年，英国学者 Owen Shelton 提出了企业社会责任的概念。他认为，企业社会责任不应仅仅以追求经济利润为目标，还应在生产和获利的同时体现道德因素。企业经营应有利于加强社会服务和提高社会利益，而社会利益作为衡量标准应远远高于企业利益。

Davis（1960）也是企业社会责任领域的杰出研究代表。他与 Sheldon 和 Bowen 的观点一致，认为企业社会责任包含经济和非经济两个方面，企业既有经济目标，也有非经济目标。他围绕企业社会责任的定义，提出了所谓的"责任铁律"，认为企业社会责任与企业权力密切相关，企业社会责任不能与社会权力分开，责任和权力应该是平衡的，如果企业逃避责任，就会失去社会权力。

Carol（1979）提出了企业社会责任的四个组成部分，认为完整的企业社会责任是企业的经济责任、法律责任、伦理责任和自愿责任的总和。Lozano（2015）提出道德责任和自愿责任是有区别的，认为道德责任是企业遵守社会规范、标准和价值观的责任，自愿责任是指企业应该承担道德责任，但社会并没有明确要求企业履行的责任。自愿责任的实施取决于企业的主动性，而不是强制性。

1997年，英国学者John Elkington提出了著名的三重底线理论（TBL），认为企业应考虑经济责任、社会责任和环境责任的三重底线，企业在承担社会责任时既要考虑传统的经济责任，又要考虑环境保护等环境责任和其他社会利益相关者的责任。三重底线理论摒弃了法律责任的概念，它认为法律责任是企业必须履行的，违反法律和不承担责任的后果是不同的，因此不能当作一种责任。同时，三重底线理论强调当时被广泛关注的环境问题，并将其纳入企业社会责任。三重底线理论被提出后，逐渐成为理解企业社会责任概念的标准依据。本书以三重底线理论为基础，从企业社会责任的经济责任和环境责任两个方面对制造企业进行研究。

（一）经济责任

1. 经济责任的定义与重要性

企业的经济责任是指企业在经营过程中，通过合法合规的运营活动创造经济价值，并为各利益相关方提供合理回报的核心义务。其本质在于以可持续的商业模式实现盈利，同时平衡股东、员工、客户、供应链伙伴及社会等多方利益。具体而言，企业需通过技术创新、资源优化和高效管理提升自身竞争力，保障股东的投资收益与信息透明度；为员工提供公平薪酬与职业发展支持；向客户交付优质产品与服务；与供应商、经销商建立诚信合作，维护市场公平竞争；履行依法纳税、控制财务风险、应对经济波动等责任。经济责任并非孤立存在，而是企业社会责任的基础，需与环境保护、社会公益等目标协同，最终实现企业自身与社会的长期共赢发展。

在经济全球化的今天，企业的经济活动常常跨越国界，它们在不同地区的经济责任成为评估其全球战略的重要维度。例如，跨国公司不仅需要关注其总部所在地的经济发展，还需要考虑到在其他国家和地区的经济活动对当地社会的影响。因此，原始的三重底线理论不能简单地解释为传统的企业会计利润加上社会和环境影响，除非将其他实体的利润包括在社会效益中。

2. 经济责任的具体履行

履行经济责任的过程中，企业需要采取多种策略和措施。

第一，企业需要确保其核心业务的盈利能力。这不仅仅是为了企业自身的可持续发展，更是为了确保企业能够在承担社会责任时有足够的资源。例如，通过提高产品和服务的质量，企业不仅可以增加自身的竞争力，还可以通过提供高质量的商品和服务来提升社会福祉。

第二，企业应当关注其经济活动对环境的影响。这包括采用环保的生产技术和方法，减少生产过程中的废弃物和污染，以及优化供应链管理，减少资源和能源的消耗。例如，采用循环经济的模式，不仅可以减少对环境产生的负担，还可以为企业节约成本。

第三，企业应该通过公平的就业机会、良好的劳动条件及积极的社区参与来提升所在地区的经济状况。企业可以通过设立培训项目提升当地居民的职业技能，创造更多的就业机会，从而带动地区经济的发展。

3. 经济责任与社会责任、环境责任的交集

在三重底线理论的框架中，经济责任与社会责任和环境责任是相辅相成的。经济活动的增加应当伴随着对社会公正和环境保护的考虑。例如，企业在扩大业务的同时，应当确保其活动不会导致当地社区的生活质量下降，或对环境造成不可逆的破坏。

通过采取可持续发展战略，企业不仅能够提升自身的品牌形象和市场竞争力，还能够为社会和环境的持续发展做出贡献。这种从经济责任、社会责任和环境责任三个维度出发的全面考量，是企业社会责任的核心。

（二）环境责任

1. 环境责任的定义与范围

环境责任指的是企业在其运营过程中采取可持续的环境实践，力求最大程度地保护自然环境，至少做到对环境不造成进一步破坏。在三重底线理论中，环境责任是企业社会责任的核心组成部分，要求企业在追求经济效益的同时，积极采取措施减少对环境的负面影响。这包括有效管理能源消耗，减少工业废物，确保在处置废物前将其毒性降至最低并合法、安全地处理。企业通过降低其能源消耗，减少工业废物，并在处置废物之前安全合法地降低废物的毒性，以此来努力减少其生态足迹（Maloni 等，2006）。"从摇篮到坟墓"是三重底线理论制造企业的首要思想，它们通常对产品进行生命周期评估，以确定从原材料的生产、制造、分销到最终处置的实际环境成本。在三重底线理论中，产品在生产和销售中会产生浪费问题的企业应承担其最终处置的部分成本（Elkington，2013；Batool 等，2016）。

2. 环保实践的具体措施

在履行环境责任时，企业应采取以下具体措施。

一是能源管理。企业应通过使用更高效的设备和技术，优化能源使用结构，如采用可再生能源（如太阳能、风能）替代传统能源，从而减少能源消耗和碳排放。

二是废物管理。加强废物的源头减量和回收利用，对产生的废物进行分类，促进循环利用，减少废物的产出。同时，对难以避免的废物进行科学的处理，以减少对环境的污染。

三是生命周期评估。对产品从生产到废弃的全过程进行环境影响评估，包括原材料的采购、生产过程、产品使用和最终的废弃处理。通过评估，企业可以识别和改进那些对环境影响较大的环节。

四是绿色供应链。选择环保意识强的供应商和合作伙伴，推动整个供应链向环保标准看齐，如要求供应商采用可持续的材料和生产方法。

3.企业履行环境责任对社会的影响

环境责任的履行不仅有助于减少企业对环境的负面影响，还能带来诸多社会效益。例如，减少污染可以提高居民的生活质量。此外，实施环保措施可以提高企业的社会形象，树立企业的绿色品牌，吸引更多关注环境保护的消费者和投资者。

4.面对的挑战与未来方向

尽管环境责任的重要性日益被广泛认识，但在实践中仍面临许多挑战。例如，在初期环保技术和设备往往需要较大的投资，而回报周期较长。此外，全球供应链的复杂性也使监管和实施环保标准具有一定难度。

面向未来，企业需要通过创新和技术进步，不断探索降低成本和提高效率的新方法。政策制定者也应提供相应的激励和支持政策，如减免税收、补贴等，以鼓励更多企业投入环保活动中。同时，提高公众的环保意识和参与度也是推动企业履行环境责任的重要方面。

四、企业社会责任在中国的发展现状

企业社会责任在中国已从一个较为模糊的概念发展成为企业界和学术界广泛关注的重点问题。随着中国经济的快速发展和国际化进程的加快，中国企业面临着越来越大的国内外压力，被要求在促进经济增长的同时，更加关注社会和环境的可持续发展。

（一）政策和法规的推动

随着国际社会对可持续发展和社会责任的要求不断升级，中国相继出台了多项相关政策和法规，以加强对企业社会责任的管理和指导。例如，《绿色投资指引》明确了上市公司在环保领域的要求，提高了资本市场对环境保护的响应能力；《社会责任报告编写指南》则要求企业在履行社会责任时的透明化，这不仅能提高企业的透明度，也让公众和投资者能更全面地评估企业的社会责任表现。

（二）企业实践与挑战

在全球化深入发展的背景下，我国企业不仅需要应对国内市场的激烈竞争，还必须面对国际市场上的各种挑战。为了提升自身的品牌形象和国际竞争力，许多中国企业开始将企业社会责任作为其战略的一部分。例如，许多企业已经把企业社会责任纳入企业的核心战略中，通过提高产品的环保性能、改善员工福利和积极参与社会慈善活动来展示其社会责任。

例如，华为通过建立全球领先的电子废物回收系统和优化其产品的结构提升环保性能。联想则通过实施全球合作伙伴责任计划，确保其供应链遵守社会和环境标准。这些措施不仅提升了企业在全球市场中的形象，也帮助它们获得了竞争优势。

尽管如此，我国企业在履行企业社会责任的过程中也面临着许多挑战。缺乏系统的企业社会责任知识和经验是许多企业面临的主要问题。由于企业社会责任在我国起步较晚，许多企业在如何有效地规划和履行企业社会责任方面仍然缺乏足够的了解和专业技能。

更复杂的是，企业社会责任活动与企业经济效益之间可能存在着矛盾。一些企业认为，投资企业社会责任项目可能会在短期内影响企业的财务表现，特别是在经济下行期间，这种观点更为常见。然而，长期来看，积极的企业社会责任实践有助于企业塑造良好的公众形象，增强消费者信任，从而带来更持久的经济收益。

（三）社会影响与公众意识

在当今社会，环境保护和社会责任意识的提升正在深刻地影响消费者行为和企业决策。随着公众对企业行为的关注日益增多，消费者倾向于支持积极履行社会责任、注重可持续发展的品牌。

社会公众的监督和媒体的曝光已经成为推动企业改进社会责任实践的重要力量。例如，当媒体曝光某企业存在污染环境的行为时，通常会引起公众的强烈反响，迫使企业采取措施改进其操作。在这种监督下，企业不仅需要应对即时的公关危机，更需要在长远中改善企业社会责任战略和执行措施。

此外，随着互联网和社交媒体的普及，信息的透明度显著提高，传播速度越来越快。公众可以实时获取有关企业社会责任活动的信息，企业的不当行为也可以在短时间内被广泛传播，从而对企业的品牌形象和业务产生深远的影响。在这种环境下，企业更加重视在线声誉管理，并且越来越多地通过社交媒体平台展示其企业社会责任活动和成就，以建立与维护企业与消费者之间的信任并提高忠诚度。

（四）供应链管理

在经济全球化的大背景下，供应链管理已经成为中国企业履行企业社会责任的一个重要方面。随着全球市场对环境保护和社会责任的要求不断提高，中国企业越来越意识到一个负责任的供应链对于维护企业形象、提高市场竞争力的重要性。

许多大型企业，特别是跨国公司，已经开始要求其供应商遵守严格的社会和环境标准。这些企业通过建立严格的供应商选择和评估标准，确保其供应链不仅遵守本地法律法规，还符合国际社会责任的期望。例如，阿里巴巴通过制订可持续发展计划，监控供应商的环境保护和社会责任表现。这种做法不仅提高了整个供应链的企业社会责任水平，还有助于企业在国际市场上提升其品牌的可信度和吸引力。此外，通过推动供应链的可持续发展，企业也能够更有效地管理风险，避免潜在的法律风险和声誉风险。

（五）国际合作与交流

国际合作在推动中国企业的企业社会责任实践中发挥了至关重要的作用。中国企业通过与国际组织合作，不仅可以引进国际先进的企业社会责任理念和实践，还可以提升其在全球市场中的竞争力和声誉。

加入联合国全球契约组织等国际组织，为中国企业提供了一个展示其承诺和成就的平台，同时也让它们能够接触到全球的资源。在这种国际框架下的合作有助于企业在实践中学习如何处理复杂的社会和环境问题，同时也能够在国际社会中树立负责任的企业形象。

此外,通过参与国际会议和项目,中国企业有机会与来自不同文化和市场环境的全球伙伴交流经验,共同探索在不同环境下履行企业社会责任的策略和方法。这种交流不仅有助于中国企业更好地履行企业社会责任,还有助于促进全球企业社会责任标准的统一和提高。

通过不断完善供应链管理,积极参与国际合作,并利用新兴技术提高透明度和响应速度,中国企业正在全面提升企业社会责任实践的效果。这有助于中国企业在全球市场上建立和维护良好的企业形象。

综上所述,企业社会责任在中国正逐渐从政策推动转向深入企业文化和操作实践的阶段。尽管存在挑战,但越来越多的中国企业已经认识到履行有效的企业社会责任活动是企业可持续发展战略的重要组成部分。未来,随着国内外环境的不断变化和企业自身责任意识的增强,企业社会责任在中国的发展将呈现多样化和成熟化的趋势。

第三节 技术创新

一、文献综述

随着社会发展越来越依赖技术,组织也需要依赖更尖端的技术和创新。因此,对有效管理和技术创新的清晰理解将使一个组织获得竞争优势。技术会对组织的发展和生产力做出重大贡献。

根据 Burgelman 等（2001）的观点,技术创新和技术变革已经成为影响组织绩效最重要的驱动因素之一。然而,Sharif（1995）指出,大多数个人和组织不知道如何提高技术,也不知道如何准确地评估技术。然而,技术创新不仅被视为 Jie（1988）所描述的经济增长的核心,在世界大部分地区,技术创新也是社会和文化变革的推动因素之一。此外,Bell

（1973）、Hamel 和 Prahalad（1994）、Porter（1990）等普遍认为，技术创新在提高组织生产力方面发挥着重要作用。

随着技术的不断发展，企业之间的竞争最终是供应链的竞争。因此，关于如何将技术创新融入供应链的研究变得越来越重要。

二、创新的定义

不同的学者从不同的角度对创新进行了定义。Damanpour 和 Gopalakrishnan（2001）将创新定义为接受与产品、服务、系统、设备、政策或程序相关的任何想法或行为。Thompson（1965）将创新定义为新思想、新产品、新流程或新服务的产生、接受和实施。Amabile 等（1996）给创新一个简短的定义，即在一个组织内成功地实施创造性的想法。简而言之，创新的核心是一种想法的新颖性，从而提高组织绩效（Camison-Zornoza 等，2004）。这一定义为本书提供了借鉴，因为本书重点考察不同类型的创新与组织绩效不同维度之间的关系。所有的创新活动并不是以相同的方式影响绩效，因此研究人员对它们进行了分类（Damanpour，1991）。

Damanpour 和 Evan（1984）认为，创新一般包括产品创新、过程创新和管理创新。Henderson 和 Clark（1990）提出，创新包括渐进式创新、建筑式创新或突破性创新。在这项研究中，OECD Oslo 手册（2005）是收集和解释技术创新数据的国际指导方针的基础，该手册已被当作描述和划分创新类型的主要参考。

三、技术创新的定义

经济合作与发展组织（2005）定义的技术创新包括新产品和新工艺，以及现有产品和工艺中的重大技术变化。如果在市场上实现了创新（产品创新），或者在生产过程中应用了创新（工艺创新），那么就实现了创新。这两种创新的实现或完成涉及从生产到消费的各个方面。虽然创新包括科学、技术、组织、金融、商业在内的各方面的创新，但很多学者并未对其进行深入分析。

美国经济学家 Mansfield 和 Reinhard（2003）认为，一项发明在首次应用时可以被称为技术创新，这是一种新产品或新工艺首次引入市场或被社会使用的过程。产品创新是 Mansfield 的主要研究方向，他视产品创新为一种探索性的活动，始于新产品的构思，结束于新产品的销售和交付。

Wickham（2002）认为，在经济意义上，创新只有在涉及第一次商业应用时才能被称为创新，包括新产品、新工艺、新系统或新安装。Wickham 进一步将创新定义为包括与销售新产品（或改进的产品）、新工艺（或改进的工艺）有关的技术，即新设备、新设计、新制造、新的管理和经营活动的首次商业应用。Fu Jiaxuan（2010）认为，技术创新可以概括为，技术成为商品并在市场上销售以实现其价值从而获得经济效益的行为和过程。

Lin Yifu（2009）指出，经济学中的科学创新是指生产者在下一阶段生产中所使用的技术。在科学领域，人们习惯将创新等同于发明，但新技术不一定是最新的发明。发明是从无到有的，是对认识世界、改变世界的现有知识存量的增量贡献，但在经济学中，发明与创新是分离的，创新侧重于将已经发明的技术在生产过程中的实际应用，它是与一个生产者现在使用的技术进行比较，而不是与世界整体的技术水平进行比较。在技术创新概念的各种表述中，不难理解发生在核心技术层的技术创新所引起的关注。

技术创新是创新的组成部分，它明确区分了引进新产品和引进新工艺。然而，许多技术创新的定义过于强调技术发明的首次应用，这很快导致了对发生在核心技术层之外的技术创新过程的忽视，人们很容易忽视作为企业的持续行为的创新，直到忽视持续技术创新的品牌效应（Berchicc，2013）。

四、技术创新的类型

创新可以理解为产生和发展新的想法和行为,包括与组织有关的新计划或方案、新的组织结构和管理系统、新产品或服务、新的生产工艺技术（kim，2012）。

技术创新涉及整体创新的概念,这意味着技术创新是一个广义的概念（Damanpour 和 Evans，1984）。此外,技术创新影响组织的技术体系,从组织的技术必要性出发,可以通过采用与新产品或服务有关的技术,或在生产过程和服务操作中引入新元素（Subramaninam 和 Youndt，2005）。如今,技术创新具有复杂性和多元性的特征,并按照创新的节奏分为突破式创新、渐进式创新、基础式创新和分步式创新（Ahn，2013）。在现代的技术创新理论中,破坏性创新理论和大爆炸创新理论是最流行的。这一理论因 IT 行业的快速发展而备受关注,企业之间的激烈竞争日益激烈。随着对技术创新研究的日益深入,技术创新的类型也越来越多,如表 2-3 所示。这表明,在不同的研究中,技术创新的类型是不同的。但可以看出,普适性技术创新包括产品创新和工艺创新。

表 2-3 技术创新的类型

创新的类型	参考文献
产品创新 流程创新	OECD（2005）、Schumpeter（1961）、Barney 和 Griffin（1992）、Arundel 和 Hollanders（2005）、Lassen 等（2006）、Cho Sang-Joo（2015）、Kim 和 Hwang（2016）
产品创新 流程创新 服务创新	Yoo Tae-Wook（2010）、Kim Si-Yeong（2012）、Lee Joong-Gyoo（2007）
产品创新 工艺创新 突破性创新	Ahn（2013）

产品创新意味着引入新产品或服务，或对现有产品或服务进行重大改进（Polder等，2010）。对于产品创新，该产品必须是一种新产品，或在功能、预期用途、软件、用户友好或组件和材料方面进行了显著改进。设计上的改变，在产品的预期用途或特性上带来显著的改变，也被认为是产品创新（OECD，2005）。产品创新有很多维度：第一，从顾客的角度来看，产品对顾客来说是新的；第二，从企业的角度来看，产品对企业来说是新的；第三，产品修改是指在企业现有产品的基础上改变产品（Atuahene-Gima，1996）。企业通过产品创新提高经营效率（Polder等，2010）。

在当今竞争激烈的社会环境中，企业必须根据客户的需求开发新产品（Olson等，1995）。产品创新的目的是吸引新客户，企业根据客户的需求推出新产品或改变现有产品（Adner和Levinthal，2001）。较短的产品生命周期迫使企业进行产品创新（Duranton和Puga，2001）。在竞争环境中，企业通过产品创新在市场上进行竞争。因为产品创新在引入时面临较低的竞争压力，所以它可以赚取高额利润（Roberts，1999）。

工艺创新意味着显著改进生产和物流方式，或在采购、会计、维护和计算等活动能带来明显改进（Polder等，2010）。OECD（2005）将工艺创新定义为实施新的或显著改进的生产或交付方式。

新方法至少对于该组织而言是新的，即该组织以前从未使用过它。企业既可以独自开发新工艺，也可以在另一家企业的协助下开发新工艺（Polder等，2010）。企业通过流程创新来生产创新产品，并且在生产新产品的过程中也对原本的流程进行修正（Adner和Levinthal，2001）。为了降低生产成本，企业会引入工艺创新。工艺创新体现在产品的成本上（Olson等，1995）。工艺创新能对企业的生产力产生重大影响，尤其是在制造业中。许多案例表明，在生产方法中引入自动化可以提高组织的效率和生产力（Ettlie和Reza，1992）。

五、技术创新在我国的发展现状

随着全球科技进步的加速和我国经济的持续增长，技术创新在我国的经济发展水平中的作用越来越重要。我国已经意识到技术创新对于提升国家竞争力和经济发展水平的关键作用，因此出台了一系列政策，以促进技术创新在各个领域的实施和落地。

（一）政府引导与支持

一直以来，我国致力于推动技术创新，为此制定了一系列政策和计划，明确表明了加强技术创新的重要性，并为此提供了政策支持和财政投入。这些政策旨在营造良好的创新环境，激发企业和研究机构的创新活力，推动技术成果的转化和产业升级。

2016年，中共中央、国务院发布的《国家创新驱动发展战略纲要》，明确了未来科技创新的方向和目标。为了落实技术创新战略，政府设立了各类创新基金和科技园区，为企业和研究机构提供资金和场地支持。这些基金和园区为创新企业提供了孵化、加速和融资等服务，促进了技术创新的快速发展。

此外，我国还实施了税收优惠政策，鼓励企业增加研发投入。通过减免企业所得税、提供研发费用加计扣除等方式，降低了企业的研发成本，激励企业加大研发投入。这些政策的实施有助于提升企业的创新活力，推动技术创新取得更多的突破。

另外，我国还建立了技术转移中心和知识产权保护机制，促进技术成果的转化和保护。技术转移中心为企业提供了技术咨询、技术对接和技术转让等服务，帮助企业将科研成果转化为生产力。知识产权保护机制为创新企业提供了法律保障，保护了创新成果的合法权益，激发了企业的创新积极性。

（二）产业创新与升级

我国在信息技术领域展现出了强大的创新能力和潜力。我国已成为全球最大的互联网用户和移动支付市场，在5G技术、人工智能和大数据等领域取得了显著进展。我国的互联网企业如腾讯、阿里巴巴等在全球范围内具有重要影响力，推动了数字经济的发展和创新。

在制造业方面，我国企业在智能制造、物联网技术和工业机器人等领域处于领先地位。中国制造业正在从"制造大国"向"制造强国"迈进，通过技术创新实现产业升级和转型发展。

随着我国经济的转型升级，服务业成为重要的创新领域。我国的互联网金融、共享经济、文化创意等新兴产业蓬勃发展，为经济发展注入了新的动力。我国的创新企业如美团、大众点评等在全球范围内具有重要影响力，推动了服务业的创新和发展。

（三）科研成果与人才培养

我国的科研机构和高校在技术创新方面也取得了令人瞩目的成就，涌现出一批具有国际影响力的科学家和工程师，推动着我国在基础科学研究、新材料、生物技术等前沿领域的突破。我国的科研机构不断加强与国际合作，吸引了一大批海外顶尖科学家和研究团队来华合作研究，促进了国内科研水平的提升。

同时，中国政府高度重视人才培养工作，建立了一系列科研人才培养计划和科技创新人才评价体系。通过采取设立奖学金、科研项目资助、海外留学派遣等措施，鼓励和支持青年科技人才的成长和发展。此外，我国还大力推进高校与企业的产学研合作，加强科研成果的转化和应用，培养更多符合市场需求的高层次人才。

（四）企业创新与合作

我国的企业在技术创新方面也展现出了强大的创造力和活力。不少企业积极响应国家创新政策，加大了研发投入和技术创新力度。一些知名企业在自主研发方面取得了突破性进展，推动了一大批具有自主知识产权的核心技术的产生，助力了中国经济的转型升级。

同时，我国企业也积极开展国际合作，吸引了全球顶尖科技企业和研究机构与之合作。这种合作不仅促进了技术创新的跨国交流和合作，还提升了中国企业的技术水平，以及中国在国际科技创新领域的地位和影响力。

（五）面临的挑战和未来展望

尽管我国在技术创新方面取得了显著成就，但仍然面临着一些挑战。例如，基础研究水平相对滞后，核心技术依赖进口的情况仍然存在。创新环境和法律法规仍需要进一步完善，企业在创新投入和风险承担等方面仍存在不足。

未来，我国应继续加大对技术创新的支持力度，加强基础研究和人才培养。同时，构建更加完善的创新生态系统，进一步激发企业和科研机构的创新活力，加快科技成果的转化和应用，为推动经济发展、提升国际竞争力做出更大贡献。

第四节　可持续发展绩效

一、文献综述

可持续发展绩效（Sustainable Development Performance，SDP）是全球研究和企业实践中的一个重要领域，特别是在绿色供应链管理中被广泛认为是提高竞争力、符合环境法规、减轻来自利益相关者压力的有效途径。Hervani 等（2005）指出，绿色供应链管理能够帮助企业在实现经济目标的同时减少对环境的负面影响，并满足利益相关者对环境责任的要求。

Chardine-Baumann（2011）提出，供应链管理中的可持续性绩效指标应被明确定义，以管理公司在各个层面实现可持续发展的措施。这些指标不仅要反映企业内部的环境绩效，还要涵盖供应链上下游合作伙伴的环境表现。Olugu 等（2011）引用的可持续性绩效测量法具有稳定绿色供应链管理过程和识别系统内需要改进内容的优势，这种测量法对确保整个供应链的绿色实践有至关重要的作用。

Beamon（1999）强调，评估整个供应链的整体表现对有效的绿色供应链管理有至关重要的作用。她提出，传统的供应链绩效评估方法过于注重经济指标，而忽略了环境和社会绩效的衡量。因此，她建议在供应链绩效衡量体系中引入更多的环境和社会绩效指标，以全面评估绿色供应链管理的效果。

Yang 等（2013）发现，内部实践对绿色绩效和企业整体竞争力具有显著的正向影响。通过实施内部环境管理和生态设计，企业不仅可以提升其环境绩效，还能提升市场竞争力。Jabbour 等（2015）通过案例研究发现，在巴西，与提升环境绩效最相关的绿色供应链管理实践是内部环境管理和生态设计。尽管生态设计对环境绩效有积极影响，但 Green 等（2012）指出，它对经济绩效可能有负面影响。

Geng 等（2017）对绿色实践及其对绩效影响的分析显示，最影响经济绩效的是组织内的环境实践，而生态设计实践对环境绩效的影响最大。这表明，不同类型的绿色实践对企业的经济和环境绩效具有不同的影响，需要在实际操作中加以区分和优化。

GSCM 意味着设计可重复利用的产品，通过产品回收和减少能源或材料消耗来更好地利用资源，通过减少产品制造中的浪费来提高可持续性绩效（Green 等，2012；Jabbour 等，2015）。此外，绿色供应链管理是一项基于客户对生态产品需求的战略，通过设计和操作产品的生产过程提高环境的可持续性（Green 等，2012）。

高级管理人员应支持跨职能合作，制定环境改善、环境合规和审计方案，通过建立依赖于环境管理体系的程序和制定相关政策，采取清洁生产行动（Zhu 等，2010；Kim 和 Min，2011；Jabbour 等，2015）。这种跨职能的合作可以确保企业在实现环境目标的同时，不断提升其整体绩效和市场竞争力。

二、可持续发展绩效的定义

如今，工业绩效指标正从以经济为中心的绩效指标转向可持续性绩效指标（Elkington，1998；Spangenberg，2004；Jovane 等，2008）。"可持续性"一词是由 Elkington（1994）提出的，包括环境友好、社会公平和经济可行三个方面，如图 2-1 所示。

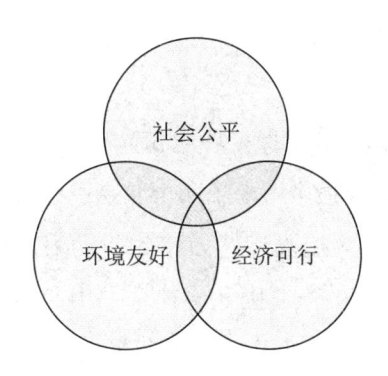

图 2-1　可持续发展的三个方面

目前，越来越多的企业通过将环保措施纳入经营活动来追求可持续发展目标（Teixeira 等，2012；Maxwell 等，2006）。然而，目前在评估行业中实施的可持续实践对可持续发展绩效的影响时，仍缺乏考虑三重底线维度（经济、环境和社会）的研究。根据 Elkington（1998）的说法，为了推动企业实现可持续发展绩效，需要改变企业对上述三重底线维度的关注度。因此，了解生产实践如何影响可持续性绩效至关重要。

总之，企业在评估其可持续发展绩效时，需要综合考虑经济、环境和社会三个方面的因素。通过全面的绩效评估，企业可以识别其在可持续发展中的优势和不足，从而制定更有效的改进措施，实现经济可行、环境友好与社会公平的协调发展。

三、可持续发展绩效的类型

Paulraj（2011）和 Green 等（2012）将经济绩效、环境绩效和社会绩效作为基本绩效指标。必须注意的是，在本书中，由于在单一研究中包含整个绿色供应链管理实践和可持续性绩效的约束，所提出的模型可能不包括一套完整的测量尺度。绿色供应链管理可以将组织团结在一起，实现可持续发展绩效（Lee 等，2012）。

（一）经济绩效

经济绩效的衡量标准是在保护环境和提高生活质量的同时实现经济增长。本书在经济绩效的评估中考虑了两个要素：经营成果和经济成果。

可持续制造可以作为提高运营效率的驱动力，将提高潜在的长期盈利能力（Rothenberg，2007）。因此，在本书中，由于经营成果是体现可持续性的一个重要指标，因此是需要重要考虑的方面。这也与 Hansen 等（2009）的研究结果相似。Hansen 等（2009）的研究集中在提高运营效率和实施可持续发展举措上，以创造新的商业机会，让企业可以获得更多的市场份额。

经济成果能反映整个组织的财务效益，这些成果主要与工业成本的降低有关（Eltayeb 等，2011）。注重通过减少不良产出（CO_2 排放、污染物和废物）来改善环境绩效的公司，在制造过程中确实会提高它们的经济成果（Wagner 和 Leydesdorff，2005）。此外，已有研究表明，市场份额的提高与经济产出有关（Klassen 和 Mclaughlin，1996；Rao 和 Holt，2005）。市场份额越高，经济成果越高，这些将提高公司的形象和市场地位（Smith 等，2005；Rao 和 Holt，2005）。

（二）环境绩效

环境绩效是指企业在运营过程中对环境的影响和改善情况。环境绩效高度依赖于使用高效、清洁的可持续能源资源。企业应确保在生产过程中使用的资源是可再生的，并且排放最少的 CO_2 至关重要。此外，对于制造商来说，防止资源的过度使用也至关重要（Goodland，1995；Bracho，2000；Yusuf 等，2013）。

1. 能源利用和排放控制

CO_2 对环境有害（全球变暖、天气模式的变化、酸雨和空气污染的形成），影响人类健康，破坏生态系统的自然平衡，因此减少 CO_2 的排放量至关重要。Sachs（2006）和 Sarkis（2001）强调，在制造过程中应该实施废物最小化和能源的有效利用。根据 Yusuf 等（2013）的研究成果，能源消耗的减少可以降低制造成本。

Yange 等（2011）发现，反映能源利用效率的环境绩效对财务绩效有积极影响。通过采用高效能源技术和减少能源消耗，企业不仅可以降低运营成本，还可以减少对环境的负面影响，提高其环境绩效。

2. 控制有害物质和材料的使用

Veleva 等（2001）强调，应持续消除对人类健康和环境有害的化学物质、物理因素和条件。因此，在制造过程中有害物质的使用量可作为衡量环境绩效的指标。根据 Jeswit 和 Kara（2008）的研究成果，在制造过程中材料的使用量也是环境指标之一。通过减少有害物质的使用和提高材料利用率，企业可以有效提升其环境绩效。King 和 Lenox（2001）发现企业环境绩效的高低在于企业对环境标准的遵守程度。通过严格遵守环境法规和标准，企业可以确保其生产过程符合环保要求，从而提高其环境绩效。

（三）社会绩效

社会绩效是指企业在不忽视环境因素的情况下改善和维持生活质量的实际效果（Yusuf 等，2013）。社会可持续性不仅确保行业获利，还确保行业活动不会造成社会退化（Tsai 等，2009）。社会绩效包括两个方面：管理承诺和客户满意度。

1. 管理承诺

管理承诺是指企业管理层在推动绿色供应链和可持续发展方面所做出的努力和决策。管理者负责选择供应商和对生产操作进行决策。几乎所有的调查研究都证明了管理承诺在衡量供应链绩效方面的重要性,该措施包括不同的指标,如激励员工和供应商采用绿色实践的努力程度、控制系统和环境评估的可用性、环境管理举措的数量,以及提高消费者对可持续发展重要性的认识程度。

2.客户满意度

客户满意度是指客户对绿色供应链和绿色产品的满意程度,它被认为是影响绿色供应链绩效的一个至关重要的因素。根据Zhu等(2007)的研究成果,衡量绩效必须围绕客户满意度进行。通过提高客户满意度,企业可以提高市场竞争力,吸引更多的客户,从而提升其社会绩效。此外,客户满意度的提升还可以促进企业不断改进绿色产品和服务,推动企业可持续发展。

四、可持续发展绩效在我国的发展现状

(一)政府引导与支持

我国政府在推动可持续发展方面发挥了重要作用,通过制定一系列政策和措施,积极引导和支持企业实现可持续发展目标。我国政府提出了建设创新型国家和建成科技强国的战略目标,加大了对科技创新的支持力度。通过制定《国家创新驱动发展战略纲要》等文件,明确提出了加强技术创新的重要性,并为此提供了政策和财政支持。

我国设立了各类创新基金和科技园区,为企业和研究机构提供资金和场地支持,促进了技术创新的快速发展。例如,通过实施税收优惠政策,鼓励企业增加研发投入,降低企业的研发成本,激励企业加大对技术创新的投入力度。同时,还建立了技术转移中心和知识产权保护机制,促进技术成果的转化和保护,推动技术创新在各个领域的应用。

在可持续发展方面,坚持"绿水青山就是金山银山"理念,积极推动生态文明建设和环境保护工作。我国加大了对环境保护的监管力度,实施

了一系列严格的环境保护政策和措施,增加了对环境污染治理和生态环境修复的投入。同时,我国在清洁能源和节能减排等领域取得了积极进展,大力发展新能源产业,推动能源结构调整和绿色发展。

我国在可持续发展绩效方面的现状表明,通过政府的引导和支持、产业的创新与升级、科研成果与人才培养及企业的创新与合作,我国在经济、环境和社会三个方面取得了显著的进展。然而,面对未来的挑战,我国需要进一步优化创新环境,提升基础研究水平,加强国际合作,推动可持续发展绩效的全面提升。只有这样,我国才能在全球可持续发展进程中发挥更加重要的作用,实现经济、环境和社会的协调发展。

(二)可持续发展绩效案例

为了更好地理解我国在可持续发展绩效方面的成就和面临的挑战,我们通过具体案例来深入探讨这一主题。以下是一些在我国可持续发展领域具有代表性的企业和项目案例。

1. 华为的绿色供应链管理

华为技术有限公司(以下简称华为)作为全球领先的通信设备和智能手机制造商,一直以来都非常重视绿色供应链管理。在其供应链管理实践中,华为致力于减少碳排放、提高能源效率和推动可持续发展。华为通过与供应商合作,实施了一系列环保措施,如减少有害物质的使用、优化物流运输、提高产品的可回收性等。

华为还制定了严格的供应商环境管理标准,要求所有供应商在生产过程中遵守环境法规和标准。华为每年对供应商进行环境绩效评估,并根据评估结果制定改进措施。这种绿色供应链管理不仅帮助华为提升了自身的环境绩效,也推动了整个供应链的可持续发展。

2. 阿里巴巴的绿色金融

阿里巴巴集团控股有限公司(以下简称阿里巴巴)作为我国最大的电子商务平台,不仅在数字经济领域取得了巨大成功,还积极推动绿色金融的发展。阿里巴巴旗下的蚂蚁集团通过其绿色金融产品和服务,鼓励消费者和企业采取环保措施,推动绿色消费和绿色投资。

例如,蚂蚁集团推出了"蚂蚁森林"项目,用户通过使用支付宝进行绿色消费(如无纸化账单、共享单车骑行等)可以积累能量,并在虚拟的蚂蚁森林中种植树木。蚂蚁集团与公益组织合作,将这些虚拟树木转化为真实的植树活动,减少了碳排放,提高了公众的环保意识。

3. 上汽集团的新能源汽车制造产业

上海汽车集团股份有限公司(以下简称上汽集团)是中国最大的汽车制造商之一,在推动绿色交通和减少碳排放方面发挥了重要作用。作为行业的领导者,上汽集团通过技术创新和战略布局,不断促进新能源汽车的发展,致力于实现可持续发展的交通运输体系。

上汽集团积极发展电动汽车和混合动力汽车,推出了多款环保车型,满足了市场对绿色出行的需求。例如,上汽集团旗下的荣威和名爵品牌推出了一系列高性能电动汽车,这些车型不仅在续航里程和充电速度上表现优异,还在能耗和排放方面达到了严格的环保标准。此外,上汽集团在新能源汽车的核心技术领域,如在电池、电机和电控系统进行了大量的研发投入,取得了显著的技术突破。

上汽集团不仅专注于乘用车领域的电动化,还在商用车领域大力推广新能源技术。上汽集团推出了多款电动公交车和电动物流车,将其广泛应用于城市公共交通和物流配送。通过与地方政府和公共交通运营商的合作,上汽集团的新能源公交车已在全国多个城市投入运营,有效降低了城市交通的碳排放和空气污染,提升了城市公共交通的环保水平。

为进一步推动新能源汽车的普及,上汽集团建设了完善的充电基础设施,在全国范围内布局了大量的充电站和充电桩,解决了用户的充电难题,提升了新能源汽车的使用便利性。上汽集团还通过智能互联技术,提供智能充电和车联网服务,实现了车辆与充电设施的高效互动和管理。

在推动新能源汽车发展的同时,上汽集团致力于构建绿色供应链。上汽集团与供应链上下游企业密切合作,共同推进绿色生产和资源循环利用。上汽集团通过实施严格的环保标准和管理体系，确保生产过程中的环境影响降至最低。上汽集团还积极探索废旧电池的回收和再利用，提高资源利用效率，推动循环经济的发展。

4. 宁德时代的绿色电池生产

宁德时代新能源科技股份有限公司（以下简称宁德时代）是全球领先的锂离子电池制造商，其在绿色电池生产和可再生能源存储领域取得了显著成就。宁德时代通过技术创新，提高了电池的能量密度和循环寿命，减少了在电池生产和使用过程中的环境影响。

另外，宁德时代还致力于推动电池回收和再利用，减少废弃电池对环境的污染。宁德时代构建了完善的电池回收体系，与汽车制造商和回收企业合作，确保废弃电池能够得到安全的处理。

5. 云南白药的绿色医药生产

云南白药集团股份有限公司（以下简称云南白药）作为我国知名的中药企业，在绿色医药生产和可持续发展方面做出了重要贡献。通过自主研发和技术创新，云南白药在中药生产的各个环节实现了绿色化，减少了对环境的负面影响，推动了中药产业的可持续发展。

云南白药在原材料的选择和种植上严格遵循绿色原则。通过与地方政府和农业合作社合作，云南白药建立了多个中药材种植基地，推行采用有机种植和生态种植方法。这些种植基地严格控制农药和化肥的使用，采用自然农法，保护土壤和水资源，确保中药材的天然品质和生态友好性。

在生产工艺方面，云南白药积极采用绿色制造技术，减少在生产过程中的资源消耗和污染排放。例如，云南白药引入了先进的中药提取和分离技术，通过高效的物理和生物技术手段，减少了有害溶剂的使用，提高了中药成分的提取率和纯度。此外，云南白药还投资建设了现代化的生产设施，配备节能设备和废水废气处理系统，确保生产过程中的废物和排放物达到环保标准。

云南白药还在产品包装上进行了绿色创新。云南白药采用可降解和可回收的包装材料,减少一次性塑料的使用,降低对环境的影响。通过优化包装设计,提高包装材料的利用率,云南白药不仅减少了废弃物的产生,还提升了包装的环保性能。

在废弃物处理和资源循环利用方面,云南白药建立了完善的管理体系,确保生产过程中的废弃物得到有效处理和再利用。云南白药通过引入先进的废物处理设备和技术,将生产过程中产生的中药渣、废液等进行无害化处理和资源化利用。例如,中药渣可以作为有机肥料返回农田,实现资源的循环利用。

云南白药还积极推动绿色供应链的建设,通过与供应链上下游企业的合作,提升整个供应链的环保水平。云南白药制定了严格的供应商评估和管理标准,确保原材料供应商和包装材料供应商符合环保要求。通过信息共享和协同管理,云南白药与供应链合作伙伴共同推动绿色供应链的建设,实现整体绿色绩效的提升。

(三)政策与法规的完善

我国在推动可持续发展方面制定了多项政策和法规,但仍需进一步完善和落实。以下是一些关键领域的政策建议。

1. 加强基础研究支持

尽管我国在技术创新方面取得了显著进展,但基础研究仍然是一个薄弱环节。应进一步加大对基础研究的支持力度,提供更多的资金和资源,鼓励科研机构和高校进行前沿技术的探索和研究。

2. 优化创新环境

创新环境的优化是推动可持续发展绩效提升的重要因素。政府应进一步完善知识产权保护机制,确保企业和科研机构的创新成果能够得到有效保护。此外,政府还应简化创新项目的审批流程,减少行政壁垒,激发企业的创新活力。

3. 推动国际合作

国际合作是提升中国可持续发展绩效的重要途径。政府应积极参与国际环境治理和可持续发展合作，借鉴国际先进经验，提升国内的环境管理和技术水平。同时，通过与国际组织和外国企业的合作，推动国内企业在国际市场上的可持续发展。

4. 完善环境法规

尽管我国已经制定了多项环境保护法规，但在执行和监督方面仍存在不足。应加强环境法规的执行力度，确保企业严格遵守环境标准和要求。同时，还应建立健全的环境监测和评估体系，及时发现和解决环境问题。

（四）未来展望

随着全球对可持续发展的关注不断增加，我国在这一领域的探索和实践也将不断深入。未来，我国应在以下几个方面继续努力。

1. 推动绿色经济转型

绿色经济转型是实现可持续发展的重要途径。我国将继续推动传统产业的绿色经济转型升级，减少对环境的负面影响。同时，通过发展新能源、新材料和绿色制造等新兴产业，推动经济结构的优化和升级。

2. 提升公众环保意识

提升公众的环保意识是推动可持续发展的关键。政府和企业应通过各种形式的宣传和教育，提升公众对环保和可持续发展的认识，鼓励更多的人参与环保行动。

3. 加强科技创新

科技创新是实现可持续发展的重要动力。我国将继续加大对科技创新的投入力度，支持企业和科研机构在绿色技术和可再生能源等领域的研发及应用。同时，通过加强产学研合作，推动科技成果的转化和产业化。

4. 完善政策体系

完善的政策体系是推动可持续发展的重要保障。政府将继续完善和优化相关政策和法规，提供更加有力的支持和保障。同时，通过建立健全的监测和评估机制，确保各项政策能够得到有效落实和执行。

可持续发展绩效在我国的发展现状表明，通过政府的引导和支持、产业的创新与升级、科研成果与人才培养及企业的创新与合作，我国在经济、环境和社会三个方面取得了显著进展。然而，面对未来的挑战，我国需要进一步优化创新环境，提升基础研究水平，加强国际合作，推动可持续发展绩效的全面提升。

第三章 研究模型

第一节 研究模型及变量设定

一、研究模型

关于企业社会责任和绿色供应链管理的研究工作在文献中一般是分开的：企业社会责任主要关注社会问题，而绿色供应链管理研究关注环境问题（Carbone 等，2012）。目前社会和环境问题与可持续供应链定义之间有了明确的联系（Seuring 和 Müller，2008）。在绿色供应链管理中，企业社会责任尤其重要，全球不同的参与者都可以管理产品的生命周期。供应链通常是高度分散分布的（Gulati 等，2013），这就涉及了生产者责任的问题。

近年来，在可持续发展背景下，供应链管理的主题变得越来越重要。其与企业社会责任的三个典型维度（经济、社会和环境）相关，并遵循三重底线的观点，目前，绿色或环境问题一直是研究热点（Ahi 和 Searcy，2013）。有学者从连锁管理视角分析了生产过程中的不同环节，以及对相关利益群体（供应商和客户）的影响。

将企业社会责任的研究与企业的创新联系起来是很常见的，因为创新本身就是一种企业社会责任。企业社会责任与技术创新之间存在协同作用，因为两者都是企业竞争力的战略要素（Flammer，2015）。文献表明，具有企业社会责任的企业更倾向于创新，同时也更有可能获得更好的绩效、更大的竞争优势（Maloni 和 Brown，2006）。Rexhepi 等（2013）肯定了全球对企业社会责任的关注会促进创新。

本书运用 SPSS 23.0 和 AMOS 23.0 两个统计软件，以中国制造业为研究对象，通过中介变量（企业社会责任和技术创新）的作用，实证研究了绿色供应链管理对可持续发展绩效的影响。本书的理论模型如图 3-1 所示。

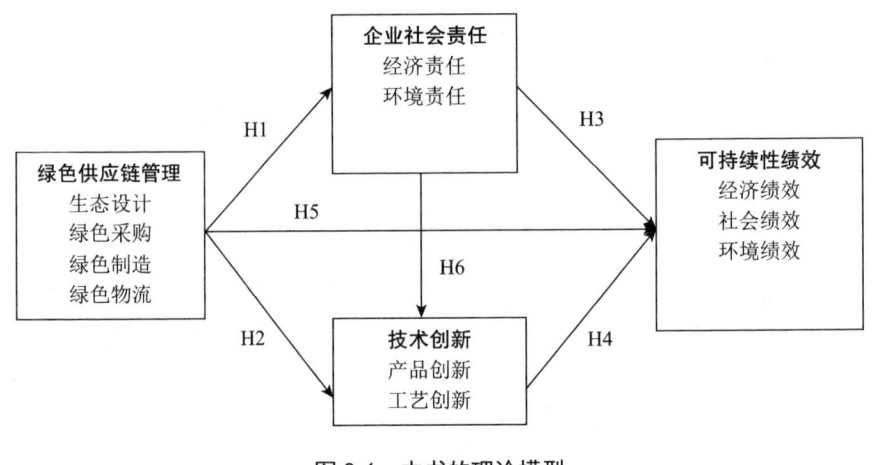

图 3-1　本书的理论模型

二、变量的操作性定义和测量

为了检验实证假设，对 11 个变量的概念进行了总结。在研究中将选定概念的定义称为操作性定义。生态设计、绿色采购、绿色制造、绿色物流是自变量；经济责任、环境责任、产品创新和工艺创新是中介变量；经济绩效、环境绩效、社会绩效为因变量。

（一）生态设计

生态设计是指在产品开发阶段所采取的行动，旨在减少产品在其整个生命周期内对环境的影响，从购买原材料开始到制造，再到使用，最后到产品的最终处理（Younis 等，2016）。Zhu 和 Sarkis（2004）强调，无论产品是否会产生污染或某些化学物质是何种危险水平，产品的命运是在"选择材料和工艺的设计阶段"决定的。

问卷项目采用 Likert 5 点量表进行测量，共 4 个问题。生态设计的概念及测量项目如表 3-1 所示。

表 3-1　生态设计的概念及测量项目

概念	项目	参考文献
生态设计	在设计产品时，积极遵循生态设计系统的原则	Lee（2015）、Zhu 等（2010）、Younis 等（2016）、Zhu 和 Sarkis（2006）
	在设计产品时，多考虑绿色包装	
	在设计产品时，考虑减少材料或能源的使用	
	在设计产品时，考虑减少或避免使用对环境有害的材料和制造过程	

（二）绿色采购

绿色采购是一种具有生态意识的实践，即最大限度地减少废物来源，促进所购买物品和产品的回收和再利用，并且不会对这些产品的性能要求产生不利影响（Younis 等，2016）。绿色采购将环境因素考虑到采购策略、计划和过程中（Balasubramanian 和 Shukla，2017）。把绿色概念纳入采购将使企业向供应商提供设计标准，其中包括绿色采购项目的环保要求。

问卷项目采用 Likert 5 点量表进行测量，包括 4 个问题。绿色采购的概念及测量项目如表 3-2 所示。

表 3-2　绿色采购的概念及测量项目

概念	项目	参考文献
绿色采购	积极开展供应商内部管理的环境审核	Lee（2015）、Younis 等（2016）、Zhu 等（2012）、Balasubramanian 和 Shukla（2017）
	积极评估二级供应商的环保实践	
	严格审核供应商的 ISO 9001 认证	
	主动向供应商提供采购和供应说明	

（三）绿色制造

绿色制造是一个综合考虑环境影响和资源效益的现代化制造模式。绿色制造可以降低原材料成本，提高生产效率，减少环境污染，改善企业形象（Atlas 和 Florida，1998）。绿色制造是通过减少有害物质、提高照明和供暖的能源效率、尽量减少浪费、积极设计和重新设计绿色工艺，将投入转化为产出的生产过程（Ninlawan 等，2010）。

问卷项目采用 Likert 5 点量表进行测量，共包含 4 个问题。绿色制造的概念及测量项目如表 3-3 所示。

表 3-3 绿色制造的概念及测量项目

概念	项目	参考文献
绿色制造	在生产过程中遵循全面的环境质量管理原则	Ninlawan 等（2010）、Lee（2015）、Younis 等（2016）、Zhu 等（2012）、Atlas 和 Florida（1998）
	在生产过程中通过了 ISO 14001 认证	
	在生产中实施全面质量管理计划	
	在生产过程中遵守环境法规或环境设计规划	

（四）绿色物流

在本书中，绿色物流结合了绿色配送和逆向物流。绿色配送过程被定义为将环境问题融入包装、运输和物流活动（Rao 和 Holt，2005）。逆向物流是将使用过的产品从消费点回收到原产地，以便进行再利用、再循环和再制造的过程（Azevedo 等，2011）。逆向物流实践包括收集、组合、检验、选择、清洁、分拣、回收、恢复、再分配和处理。

问卷项目采用 Likert 5 点量表进行测量，共 4 个问题。绿色物流的概念和测量项目如表 3-4 所示。

表 3-4　绿色物流的概念和测量项目

概念	项目	参考文献
绿色物流	采用物流实时系统（JIS）	Rao 和 Holt（2005）、Azevedo 等（2011）、Zhu 等（2007）、Ageron 等（2012）、Pochampally 等（2009）
	回收多余的库存或材料	
	企业回收利用废旧产品，进行二次利用	
	在配电过程中，采用新能源和新技术，降低能耗和噪声污染	

（五）经济责任

经济责任是指企业在经济活动中应承担的社会责任，包括企业的税务合规、社会保障缴纳、环境保护和质量监管等方面。企业经济责任的履行对促进公平竞争和社会经济发展具有重要意义。

问卷项目采用 Likert 5 点量表进行测量，共包含 5 个问题。经济责任的概念和测量项目如 3-5 所示。

表 3-5　经济责任的概念和测量项目

概念	项目	参考文献
经济责任	经济责任是企业通过创造产业利润实现的	Ciliberti 等（2008）、Elkington（2013）、Wu 等（2012）、Zheng Haidong（2007）
	合理确定企业利润率	
	企业通过比较生产成本和消费者成本来考虑消费者	
	企业妥善管理其品牌	
	企业注重产品安全和研发	

（六）环境责任

企业应不损害环境和减少对环境的影响，通过仔细管理其能源消耗，减少工业废物，并在处置废物之前安全合法地降低废物的毒性，以此来减少其生态足迹。

问卷项目采用 Likert 5 点量表进行测量，包括 5 个问题。环境责任的概念和测量项目如表 3-6 所示。

表 3-6 环境责任的概念和测量项目

概念	项目	参考文献
环保责任	企业排放的废物符合环保标准	Maloni 等（2006）、Moon and Shen（2010）、Wu 等（2012）、Zheng Haidong（2007）、Tian 等（2011）
	企业进行检查以减少环境污染，并开展生态文明建设	
	在产品生产中大量使用环保材料	
	企业提供单片机燃料和能源消耗数据	
	企业有具体的措施来节约能源，如水和电	

（七）产品创新

产品创新是指在原始特点或技术规格、安装的软件、用户友好性和用途等方面具有新的或显著改进的产品或服务，包括使用新技术提高产品的质量，或扩大产品使用范围（Polder 等，2010）。此外，与服务生产相关的创新包括以软件为中心的服务，如在金融行业创建新的金融服务、在游戏行业开发新的游戏，以及使用 IT 融合技术提供服务的新商业模式（Kim 等，2009）。产品创新是指引入新产品或对现有产品进行重大改进（Polder 等，2010）。

问卷项目采用 Likert 5 点量表进行测量，共包含 5 个问题。产品创新的概念和测量项目如表 3-7 所示。

表 3-7 产品创新的概念和测量项目

概念	项目	参考文献
产品创新	企业可以不断开发新产品	Polder 等（2010）、Kim 等（2012）、Berchicc（2013）、Ahn（2013）、Cho Sang-Joo（2015）
	企业开发有特殊需求的产品	
	企业的产品质量高于竞争对手	
	企业的产品具有较高的附加值	
	企业比竞争对手更致力于质量创新	

（八）工艺创新

工艺创新是指在现有产品的生产、分销和提供服务等业务流程中进行新的变化，旨在提高质量和服务水平（Lee，2007）。工艺创新包括生产技术、生产自动化设施，或关于在生产过程中引入集成过程，它通过引入条形码、射频识别（RFID）支持生产，以及通过引入信息技术支持IT产品的分销（Polder等，2010）。

问卷项目采用Likert 5点量表进行测量，共包含5个问题。工艺创新的概念和测量项目如表3-8所示。

表3-8 工艺创新的概念和测量项目

概念	项目	参考文献
工艺创新	新引入或改进的工艺使成本大幅降低	Polder等（2010）、Lassen等（2006）、Cho Sang-Joo（2015）、Kim和Hwang（2016）
	与竞争对手相比，企业正通过积极引进新技术和设备来生产和改进工艺	
	为了在制造和工艺上进行创新，新技术的引进速度比竞争对手要快	
	企业的新流程大大改变了现有的流程	
	企业的产品交付速度远远快于竞争对手	

（九）经济绩效

本书在经济绩效的评估中考虑了经营成果和经济成果两个要素。

问卷项目采用Likert 5点量表进行测量，其中包括5个问题。经济绩效的概念和测量项目如表3-9所示。

表3-9 经济绩效的概念和测量项目

概念	项目	参考文献
经济绩效	销售额显著增长	Green等（2012）、Eltayeb等（2011）、Wagner和Leydesdorff（2005）、Rothenberg（2007）
	销售增长率有所提高	
	产品的成本下降	
	市场份额迅速增长	
	企业创新能力增强	

（十）环境绩效

环境绩效高度依赖于使用高效、清洁的可持续能源资源，确保生产过程中使用的资源是可再生的，重要的是最大限度地减少 CO_2 的排放。此外，对于制造商来说，防止资源的过度使用也至关重要（Goodland，1995；Bracho，2000；Yusuf 等，2013）。Sachs（2006）和 Sarkis（2001）都强调，在制造过程中应该将废物降到最小化和有效利用能源。Veleva 和 Ellenbecker 等（2001）指出，应持续消除对人类健康和环境有害的化学物质、物理因素等。因此，制造过程中有害物质的使用程度可作为衡量环境绩效的指标。

环境绩效被定义为"企业管理其对自然环境影响的战略活动的结果"（Walls 等，2012）。问卷项目采用 Likert 5 点量表进行测量，其中包括 4 个问题。环境绩效的概念和测量项目如表 3-10 所示。

表 3-10 环境绩效的概念和测量项目

概念	项目	参考文献
环境绩效	减少污染物排放（SO_2、NO_2、CO_2 等）	Green 等（2012）、Yusuf 等（2013）、Walls 等（2012）、Chien（2014）
	减少原材料的消耗	
	减少能源消耗，采用新能源	
	回收固体废物，减少固体废物的产生	

（十一）社会绩效

根据 Zhu 等（2007）的供应链研究，衡量绩效必须围绕客户满意度进行。问卷项目采用 Likert 5 点量表进行测量，其中包括 4 个问题。社会绩效的概念及测量项目如表 3-11 所示。

表 3-11 社会绩效的概念及测量项目

概念	项目	参考文献
社会绩效	提高客户对绿色产品的兴趣	Zhu 等（2007）、Green 等（2012）、Yusuf 等（2013）、Tsai 等（2009）
	提高客户对绿色产品的满意度	
	提高客户对可持续发展的意识	
	企业树立了良好的社会形象	

第二节　确立假设

一、绿色供应链管理与企业社会责任

在企业发展过程中，绿色供应链管理与企业社会责任密切相关。企业为了在企业社会责任方面发挥作用，需要其供应链中的所有企业采取对社会负责的经营方式（Enderle，2004；Roberts，2003）。具有社会责任的企业也希望其供应商具有社会责任，从而推动企业社会责任在整个供应链中的履行（Maloni 和 Brown，2006）。Ahn 和 Kim（2015）研究了绿色供应链管理与企业绩效的关系，重点关注企业社会责任的中介作用，结论是假设得到了验证，原因是采用绿色供应链管理被证明对企业社会责任有积极的影响。Bhardwaj（2016）将绿色供应链管理文献分为三大类并进行了分类和回顾，特别强调了对绿色供应链管理实践的采用、传播和结果的调查。研究表明，绿色供应链管理对企业社会责任有正向影响。除此之外，另一个关键的驱动因素是供应商选择中的可持续性标准，该标准被发现可以改变可持续性的结果。Becker 等（2010）发现，绿色供应链管理的实施促进了企业社会责任的提高。以上论述指出，采用绿色供应链管理有利于企业社会责任的履行。基于上述论点，本书提出如下研究假设：

H1：绿色供应链管理对企业社会责任具有正向影响。

二、绿色供应链管理与技术创新

Krajewski 等（2010）发现，绿色供应链管理能够促进生产率的提高和技术创新，它可以通过检查供应链上下的流程促进材料转换，提高能源效率，并寻找将废物转化为有用副产品的方法。他们还发现，由于企业非常小心地确保进入其服务、产品或过程的材料不会对客户构成健康或安全危害，因此风险可以降到最低。Soosay 等（2008）指出，供应链中的协作对创新很重要，因为合作伙伴意识到创新的各种好处，如高质量、低成本、更及时的交付、高效的运营和有效的活动协调。由此，本书提出以下研究假设：

H2：绿色供应链管理对技术创新有正向影响。

三、企业社会责任与可持续发展绩效

Cruz 和 Wakolbinger（2008）发现，企业社会责任可以潜在地减少生产效率低下，降低成本和风险，同时，可以使销售额增加。由于低成本、低风险和销售额增加，企业会获得更多的利益。

Harwood 和 Humby（2008）指出，一些研究表明，企业社会责任活动包括节约成本、降低声誉风险和增加市场渗透的潜在绩效收益都是一些积极成果。Kong（2012）没有发现企业社会责任影响投资者决策。但是，他发现产品召回会影响股价，进而影响投资者的投资决策。Cruz 和 Wakolbinger（2008）观察到，与将企业社会责任视为控制损失或公共关系手段的观念相反，企业越来越意识到企业社会责任活动提供了创造价值的机会。Falck 和 Heblich（2007）指出，企业社会责任的实践是对企业未来的投资，因此，必须具体规划、仔细监督，并定期评估。Kogg 和 Mont（2012）也同意这一观点，指出可持续性问题已经导致企业将重点从自身运营转移到提高供应链的绩效上。由此，本书提出以下研究假设：

H3：企业社会责任对可持续发展绩效具有正向影响。

四、技术创新与可持续发展绩效

Damanpour 等（2009）研究了企业运用技术创新类型的成果，发现创新对企业绩效具有积极影响。因此得出结论，随着时间的推移，技术创新类型的累积运用与企业绩效呈正相关关系。Bowen 等（2010）对技术创新和未来绩效之间的关系进行了检验，认为技术创新与企业绩效之间存在直接且显著的关系。

同样，Subramanian 和 Nikalanta（1996）也提供了一些证据来支持创新对企业绩效的积极影响，他们分析了企业创新、组织特征和组织绩效之间的关系，得出的结论是，正规化和集权化与行政创新直接相关，而行政创新又与组织绩效呈正相关关系。Cingoz 和 Akdogan（2011）提出，预期的绩效结果与技术创新行为呈显著的正相关关系，技术创新行为被认为是导致组织在不断变化的商业环境中取得成功的重要因素。

Sok 和 O'cass（2011）的研究表明，技术创新资源或创新能力互补性与创新绩效之间呈正相关关系。创新绩效不仅是技术创新资源或创新能力发挥正向作用的结果，还是二者互补的结果。因此，本书提出以下研究假设：

H4：技术创新对可持续发展绩效有正向影响。

五、绿色供应链管理和可持续发展绩效

Zhu 和 Sarkis（2004）发现，绿色供应链实践与改善环境和经济绩效之间存在着正相关关系。Geffen 和 Rothenberg（2000）发现，在制造业中环境绩效的提升与供应商建立牢固的关系及密切的合作密不可分。Diabat 和 Govindan（2011）研究了影响绿色供应链实施的各种驱动因素，发现生态设计会影响绿色供应链的绩效。生态设计的目标是减少产品对环境的影响。Rao 和 Holt（2005）论证了绿色供应链管理和经济绩效之间的联系，发现绿色供应链管理可以提高竞争力和经济绩效。绿色供应链管理意

味着可重复利用产品，通过回收产品和减少能源或材料消耗来更好地利用材料，通过减少在产品制造中的浪费来提高可持续性绩效（Green 等，2012；Jabbour 等，2015）。在生态设计的基础上，下一阶段将是购买满足生态设计要求的材料，需要向具有环保资质的供应商购买环保材料和组件。因此，本书提出以下研究假设：

H5：绿色供应链管理对可持续发展绩效有直接的正向影响。

六、企业社会责任与技术创新

目前的研究试图越过企业社会责任对环境的影响，探索其对企业竞争力的潜在影响，特别是对技术创新的影响，这是一个很少受到关注的话题。技术创新是企业能力的一个关键方面，因为它能够使企业满足不断变化的市场需求，是每个企业盈利和长期生存的关键（Hauser 等，2006）。

Martinez 等（2017）对之前关于企业社会责任实践与技术创新之间联系的理论假设提供了实证依据。研究表明，技术创新对企业社会责任与企业绩效的关系具有部分中介作用，因为在模型中加入技术创新后，企业社会责任对企业绩效的影响会缩小，研究结果可能有助于理解企业社会责任如何成为企业创新、高效和有效的重要驱动机制。这一发现也证实了 OECD（2009）关于"创新的新性质"的报告：企业社会责任日益驱动创新（Jenkins，2006；Amato，2007）。Guadamillas 和 Donate（2011）发现，将企业社会责任纳入公司战略会影响技术创新、人力资源开发和其他有价值的无形资产的开发。Indra 认为，将企业社会责任融入经营活动中是促进技术创新的重要因素。

MacGregor 和 Fontrodona（2008）认为，企业社会责任与技术创新的结合存在一条成熟路径。企业社会责任和技术创新在企业中共同发挥作用，能够为企业创造更高的价值。因此，本书提出以下研究假设：

H6：企业社会责任对技术创新具有正向影响。

第三节　数据收集与分析方法

一、数据收集

为了研究我国绿色供应链管理对可持续发展绩效的影响，本书进行了问卷调查。调查内容包括实施绿色供应链管理对可持续发展绩效的影响，以及企业社会责任和技术创新如何影响中国制造企业绿色供应链管理与可持续发展绩效的关系。本次调查时间为2023年6月4日至9月6日，共进行了两次调查。为了提高数据的有效性，通过问卷公司、电话咨询及现场走访的方式进行调查。

调查对象主要集中在汽车制造业、生物制药行业、电子通信制造业。走访北京、上海、保定、石家庄、西安等产业基地，调研企业70家，并填写70份调查问卷。同时，本书通过问卷公司（问卷之星）对上述三类企业进行调查，共发放500份问卷，通过电话咨询方式回收80份问卷，共发放了650份问卷。

二、分析方法

数据分析采用SPSS 23.0和AMOS 23.0统计软件。本书共发放问卷650份，回收问卷534份，重复无效问卷83份，有效问卷451份。

本书通过频数分析来检验样本的特征。接下来，本书利用Cronbach's α系数进行信度分析和探索性因子分析，衡量问卷题项的信度和效度，并进行验证性因子分析。

通过结构方程分析验证绿色供应链管理对可持续发展绩效的影响，并验证企业社会责任与技术创新的中介作用。本书通过多组比较分析，验证了不同行业类型、不同规模的四个变量之间的关系。

第四章
实证分析

第一节　样本特征

为了研究样本特征，本书对2023年6月4日至9月6日调查的451个数据进行了频数分析。样本特征如表4-1所示。

本书的样本行业为电子设备制造业（37.0%）、生物制药业（31.3%）、汽车制造业（31.7%）。本书的企业性质为国有企业（18.2%）、民营企业（35.1%）、合资企业（25.9%）和外资企业（20.8%）。企业规模根据员工人数决定：23.5%的企业员工人数不足100人，21.5%的企业员工人数为100～200人，12.6%的企业员工人数为200～300人，14.4%的企业员工人数为300～500人，27.9%的企业员工人数超过500人。由此可见，大多数中国制造业规模较小。样本中包括负责企业供应链管理和环境政策的中层和高层管理人员，他们对企业的业务流程也非常了解。本书收集了CEO（10.0%）、物流经理（11.3%）、供应链经理（12.2%）、生产经理（22.4%）、采购经理（18.2%）、运营经理（15.3%）、工厂经理（8.9%）和其他职位（1.8%）的数据。

表 4-1　样本特征

类别		频数	比例 /%
公司性质	国有企业	82	18.2
	民营企业	158	35.1
	合资企业	117	25.9
	外资企业	94	20.8
公司规模	100 人以下	106	23.5
	100～200 人	97	21.5
	200～300 人	57	12.6
	300～500 人	65	14.4
	500 人以上	126	27.9
行业类型	电子设备制造	167	37.0
	生物制药	141	31.3
	汽车制造	143	31.7
公司销售额（2017 年）	3000 万元	99	22.0
	3000 万～6000 万元	102	22.6
	6000 万～1.8 亿元	66	14.6
	1.8 亿～3 亿元	75	16.6
	3 亿元以上	109	24.2
职务	首席执行官（CEO）	45	10.0
	物流经理	51	11.3
	供应链经理	55	12.2
	生产经理	101	22.4
	采购经理	82	18.2
	运营经理	69	15.3
	工厂经理	40	8.9
	其他职位	8	1.8

第二节 测量项目的评定

一、探索性因子分析

探索性因子分析（EFA）是一种统计方法，用于揭示一组相对较大变量的潜在结构。作为因子分析中的一种技术，EFA总体目标是确定测量变量之间的潜在关系。

本书采用了主成分分析法和Promax旋转法，研究结构的问题项目被同时输入。模式矩阵揭示了最初预期的11个不同因子。一些项目由于因子载荷小于0.40而被删除。所有保留下来的问题项目都被加载到了各自的因子上，因子载荷均大于0.40。此外，所有11个因子的特征值均大于1（Hair等，2012）。

探索性因子分析研究了11个变量的49个问题。结果表明，因子载荷大于0.6，尺度的KMO值为0.949。Bartlett球形度检验显著（p<0.000），信度均在0.7以上，表明量表具有较好的信度。每个项目分别对应每个因子，表明量表具有较高的收敛效度。通过探索性因子分析，采用主成分分析法，剔除荷载值小于0.6、交叉荷载大于0.4的项目，提取特征值大于1的因子，最终确定本书的度量尺度。探索性因子分析结果如表4-2所示。

表4-2 探索性因子分析结果

变量	项	因子载荷	特征值	解释方差百分比/%	累计/%
绿色采购（GP）	GP4	0.796	3.746	7.644	7.644
	GP2	0.776			
	GP1	0.765			
	GP3	0.739			

续表

变量	项	因子载荷	特征值	解释方差百分比 /%	累计 /%
生态设计（ED）	ED2	0.778	3.551	7.246	14.89
	ED4	0.776			
	ED1	0.748			
	ED3	0.737			
绿色制造（GM）	GM3	0.796	3.528	7.2	22.09
	GM4	0.787			
	GM1	0.783			
	GM2	0.763			
绿色物流（GL）	GL4	0.784	3.411	6.961	29.052
	GL3	0.762			
	GL2	0.756			
	GL1	0.75			
经济责任（ECR）	ECR2	0.761	3.078	6.281	35.333
	ECR3	0.75			
	ECR4	0.742			
	ECR5	0.726			
	ECR1	0.699			
环境责任（ENR）	ENR1	0.758	3.005	6.132	41.465
	ENR4	0.753			
	ENR3	0.747			
	ENR2	0.73			
	ENR5	0.723			

续表

变量	项	因子载荷	特征值	解释方差百分比 /%	累计 /%
产品创新（PDI）	PDI3	0.778	3.004	6.13	47.595
	PDI2	0.773			
	PDI5	0.757			
	PDI4	0.747			
	PDI1	0.737			
流程创新（PCI）	PCI5	0.745	2.877	5.871	53.466
	PCI1	0.739			
	PCI4	0.729			
	PCI3	0.712			
	PCI2	0.708			
环境绩效（ENP）	ENP1	0.75	2.836	5.789	59.255
	ENP3	0.735			
	ENP4	0.73			
	ENP2	0.702			
经济绩效（ECP）	ECP1	0.713	2.781	5.675	64.93
	ECP2	0.709			
	ECP3	0.702			
	ECP5	0.693			
	ECP4	0.683			
社会绩效（SP）	SP4	0.731	2.652	5.412	70.342
	SP3	0.727			
	SP2	0.697			
	SP1	0.68			
KMO=0.949，Bartlett 球形度检验 =13023（df=1176 sig.=0.000），解释的总方差百分比 =70.342%					

二、验证性因子分析

验证性因子分析（CFA）是一种通过 AMOS 和 LISREL 程序分析结构方程模型的技术。验证性因子分析是一种分析技术，用于消除干扰单一维度的项目，以确定每个概念的测量变量是否显示出单因子模型可接受的拟合度（Schreiber 等，2006）。在验证性因素分析中，测量模型的验证在研究方法上更加可靠和合理，对文章的整体有效性有积极的促进作用（Hair 等，2013）。在实证分析过程中通常使用收敛效度和判别效度法。收敛效度是指测量同一概念的不同方法的测量值之间必须存在高度相关性。换句话说，就是要测试测量同一概念的多个项目之间有多少是一致的。判断是否存在收敛效度有几个标准。本书根据构建信度（CR）值进行测试。构造信度的计算公式如下。

$$CR = \frac{(\sum \lambda)^2}{(\sum \lambda)^2 + \sum \theta}$$

λ 为 Standardized Estimate（测量指标的标准化因子载荷），θ 为 Error（测量指标的误差方差）。

本书通过收敛效度进行判别效度分析来确保信度。判别效度是指测量中的不同变量之间必须存在明显的差异。这种明显的差异是以相关系数值为基础的，当一个变量与其他变量之间的相关性足够低时，区分效度就得到了保证。确保判别效度有几个标准，本书采用最严格的评价方法——基于平均方差提取（AVE）的评价方法来进行判别。判别效度的计算公式如下。

$$AVE = \frac{\sum \lambda^2}{n}$$

λ 为 Standardized Estimate（测量指标的标准化因子载荷），n 为测量指标的总数。

在分析结果中，如果构造的信度值大于或等于 0.7，说明存在收敛效度。此外，标准化因子载荷应大于 0.5，统计显著性应大于 1.96，解释力应高于 0.5，平均方差提取（AVE）应大于 0.5。可行性分析进一步提高了测量工具的可靠性。表 4-3 展示了验证性因子分析结果。

表 4-3　验证性因子分析结果

变量	项	标准化估计	S.E.	C.R.	P	CR	AVE
绿色采购（GP）	GP4	0.842	—	—	—	0.892	0.673
	GP3	0.801	0.046	19.666	***		
	GP2	0.803	0.046	19.743	***		
	GP1	0.834	0.048	20.827	***		
生态设计（ED）	ED4	0.783	—	—	—	0.866	0.617
	ED3	0.769	0.062	16.559	***		
	ED2	0.798	0.064	17.24	***		
	ED1	0.791	0.061	17.074	***		
绿色制造（GM）	GM4	0.798	—	—	—	0.883	0.653
	GM3	0.806	0.053	18.265	***		
	GM2	0.807	0.051	18.288	***		
	GM1	0.821	0.05	18.663	***		
绿色物流（GL）	GL4	0.759	—	—	—	0.845	0.576
	GL3	0.76	0.061	15.301	***		
	GL2	0.753	0.066	15.177	***		
	GL1	0.764	0.065	15.383	***		
经济责任（ECR）	ECR1	0.793	—	—	—	0.89	0.617
	ECR2	0.769	0.058	17.338	***		
	ECR3	0.811	0.057	18.511	***		
	ECR4	0.777	0.057	17.564	***		
	ECR5	0.777	0.058	17.548	***		
环境责任（ENR）	ENR1	0.77	—	—	—	0.882	0.599
	ENR2	0.783	0.063	16.948	***		
	ENR3	0.789	0.06	17.093	***		
	ENR4	0.781	0.064	16.903	***		
	ENR5	0.747	0.061	16.084	***		

续表

变量	项	标准化估计	S.E.	C.R.	P	CR	AVE
产品创新（PDI）	PDI4	0.807	—	—	—	0.915	0.683
	PDI3	0.84	0.053	20.426	***		
	PDI2	0.844	0.05	20.567	***		
	PDI1	0.837	0.053	20.336	***		
	PDI5	0.802	0.054	19.171	***		
流程创新（PCI）	PCI4	0.742	—	—	—	0.87	0.573
	PCI3	0.773	0.066	15.836	***		
	PCI2	0.759	0.064	15.547	***		
	PCI1	0.757	0.068	15.506	***		
	PCI5	0.754	0.065	15.45	***		
环境绩效（ENP）	ENP1	0.768	—	—	—	0.854	0.594
	ENP2	0.767	0.06	16.049	***		
	ENP3	0.776	0.061	16.243	***		
	ENP4	0.772	0.058	16.159	***		
经济绩效（ECP）	ECP1	0.747	—	—	—	0.856	0.544
	ECP2	0.766	0.067	15.72	***		
	ECP3	0.734	0.067	15.044	***		
	ECP4	0.71	0.064	14.536	***		
	ECP5	0.73	0.066	14.956	***		
社会绩效（SP）	SP1	0.74	—	—	—	0.825	0.541
	SP2	0.746	0.07	14.557	***		
	SP3	0.721	0.066	14.095	***		
	SP4	0.734	0.066	14.339	***		

注：* 表示 $p<0.05$，** 表示 $p<0.01$，*** 表示 $p<0.001$。

根据 EFA 结果，使用 AMOS 23.0 进行验证性因子分析。在分析过程中，为了提升模型拟合度指数，或者由于项目载荷低于 0.50 的缘故，本书删除了一部分变量，结果表明使用一阶结构的最终模型拟合指数对数据拟合的效果极佳（CMIN/DF=1.093；CFI=0.962；GFI=0.907；IFI=0.962；TLI=0.961；RMSEA=0.014；RMR=0.023），如表4-4所示。

CMIN/DF=1.093，低于建议的最大值3.0（Bollen，1989）。比较拟合指数（CFI）、拟合优度指数（GFI）、增量拟合指数（IFI）和Tucker-Lewis指数（TLI）均大于建议的最小值0.90（Garver和Mentzer，1999）。近似均方根误差（RMSEA）为0.014，均方根残差（RMR）为0.023，均为可接受值（Garver和Mentzer，1999）。这些指数表明单维性和收敛效度达到了令人满意的水平。所有问题项目的标准化系数都高于其标准误差的两倍，为收敛效度提供了更多支持（Hair等，2010）。

此外，所有因子载荷均高于0.50。同样，所有测量量表的平均方差提取值都高于0.50，进一步证明了收敛效度（Fornell和Larcker，1981）。所有量表的综合信度均高于0.70，这进一步证明了量表具有令人满意的信度（Hair等，2010）。

表4-4 验证性因子分析结果模型拟合度

拟合指数		模型合格标准	模型拟合
绝对拟合指数	CMIN	—	1171.570（0.000）
	DF	—	1072.018
	CMIN/DF	<3	1.093
	RMR	<0.05	0.023
	GFI	>0.8	0.907
	AGFI	>0.8	0.894
	RMSEA	<0.06	0.014

续表

拟合指数		模型合格标准	模型拟合
增量拟合指数	NFI	>0.9	0.913
	CFI	>0.9	0.962
	IFI	>0.9	0.962
	TLI	>0.9	0.961
简单拟合指数	PRATIO	>0.5	0.912
	PCFI	>0.5	0.904
	PNFI	>0.5	0.833

三、信度分析

信度分析应从因子分析开始，这是因为信度分析作为一种分析方法，主要用于确认从问卷受访者那里测得的待测变量是否准确一致，就是指对同一概念重复测量时获得相同测量值的可能性。信度分析通过进行因子分析，将其提取为若干子因子，然后检查每个子因子是否由同质变量组成，从而显示测量工具的准确性和精确性。信度分析的结果用 Cronbach's α 值来判断。该系数介于 0 和 1 之间，其值越接近 1，测量工具的信度就越高。在本书中，通过选择 Cronbach's α 值为 0.7 或以上来评估测量工具的可靠性（Al-Ghwayeen 和 Abdallah，2018）。

Hair 等（2006）认为 Cronbach's α 值高于 0.7，显示信度很高。Boudreau 等（2001）提出，只有变量的信度在 0.8 以上才能进行统计分析。如表 4-5 所示，本书中测量项的可靠性在 0.825～0.914，均在 0.8 以上。因此，通过观察 Cronbach's α 值，可以确认本研究具有较高的信度。

表 4-5 可靠性分析结果

变量	项目数	Cronbach's α
绿色采购（GP）	4	0.891
生态设计（ED）	4	0.865
绿色制造（GM）	4	0.882
绿色物流（GL）	4	0.844
经济责任（ECR）	5	0.890
环境责任（ENR）	5	0.882
产品创新（PDI）	5	0.914
流程创新（PCI）	5	0.870
环境绩效（ENP）	4	0.854
经济绩效（ECP）	5	0.856
社会绩效（SP）	4	0.825

四、判别效度分析

基于测量模型的验证性因子分析结果验证了判别效度的有效性。判别的有效性是指组成概念之间是否存在差异（低相关系数），以及它们是否相互独立。为了确保测量模型的判别效度，需要潜变量之间的相关矩阵、标准误差和 AVE 值等信息。如果两个潜变量的 AVE 值严格意义上大于潜变量之间相关系数的平方，则认为判别效度是有效的（Hair 等，2006）。如果 AVE 值大于两个潜在变量之间相关系数的平方，则认为有判别效度。如果 AVE 值小于相关系数的平方，则认为不具有判别效度（Yu Jong-Pil, 2014）。

将每个潜在变量的 AVE 值与相关系数的平方进行比较，将各潜变量的 AVE 平方根与两个潜变量的相关系数进行比较，如果 AVE 值的平方根大于两个潜变量的相关系数,则判断本书的测度模型是有效的。为了检验判别效度,对测量模型进行了确认性因子分析。本书采用 AVE 值计算方法(Hair 等,2006),判别有效性分析的结果如表 4-6 所示。

表 4-6 判别有效性分析的结果

变量	1	2	3	4	5	6	7	8	9	10	11	AVE
绿色采购	0.820											0.673
生态设计	0.382	0.785										0.617
绿色制造	0.417	0.456	0.808									0.653
绿色物流	0.412	0.374	0.408	0.759								0.576
经济责任	0.534	0.525	0.446	0.398	0.786							0.617
环境责任	0.494	0.494	0.409	0.465	0.485	0.774						0.599
产品创新	0.536	0.456	0.440	0.401	0.502	0.561	0.826					0.683
流程创新	0.503	0.523	0.517	0.498	0.530	0.435	0.403	0.757				0.573
环境绩效	0.534	0.437	0.466	0.403	0.533	0.514	0.604	0.423	0.771			0.594
经济绩效	0.536	0.515	0.480	0.502	0.603	0.539	0.584	0.552	0.584	0.738		0.544
社会绩效	0.498	0.471	0.494	0.446	0.528	0.482	0.577	0.539	0.554	0.577	0.735	0.541

注:对角线的值为 AVE 的平方根,对角线以下为相关系数。

表 4-6 中列出了经济绩效与社会绩效之间的最小判别效度和高度相关性。本书用方程 $AVE > \emptyset^2$ 来验证判别的有效性。经济绩效与社会绩效的相关系数为 0.577,相关系数的平方为 $(0.577)^2 = 0.333$。经济绩效 AVE 值为 0.544,社会绩效 AVE 值为 0.541。两个 AVE 值均高于相关系数的平方,因此可以判定判别效度得到了保证。

第三节　研究模型分析与假设研究

一、模型拟合研究

本书研究了制造企业绿色供应链管理、企业社会责任、技术创新与可持续发展绩效之间的关系。为了验证从理论背景中得出的假设，本书进行了结构方程模型分析。换言之，结构方程模型是一种基于理论背景验证因果变量之间关系的方法（Yoon Seol-Min，2010）。CMIN 值为 1804.131（p<0.001），作为替代值的 CMIN/df 值为 1.713，小于 3。此外，GFI 为 0.865，超过了 0.8 的最低标准。其余模型拟合指数（IFI=0.940，CFI=0.939，RMSEA=0.040）也说明了本书测量模型的拟合效果很好。模型拟合结果如表 4-7 所示。

表 4-7　模型拟合结果

拟合指数		模型合格标准	模型拟合
绝对拟合指数	CMIN	-	1804.131（0.000）
	DF	-	1053
	CMIN/df	<3	1.713
	RMR	<0.05	0.044
	GFI	>0.8	0.865
	AGFI	>0.8	0.843
	RMSEA	<0.06	0.040
增量拟合指数	NFI	>0.9	0.906
	CFI	>0.9	0.939
	IFI	>0.9	0.940
	TLI	>0.9	0.932

续表

拟合指数		模型合格标准	模型拟合
简单拟合指数	PRATIO	>0.5	0.895
	PCFI	>0.5	0.841
	PNFI	>0.5	0.776

二、研究假设的验证结果

本书采用结构方程模型（SEM）分析研究模型的路径，并使用 AMOS 23.0 软件进行分析。在研究模型中，验证了关于绿色供应链管理、企业社会责任、技术创新和可持续发展绩效之间关系的假设。

假设检验基于结构间路径系数的 t 值和 95% 置信度下的显著性概率（p 值），基于 5% 的显著性水平，t 值为 1.96（Hair 等，2006）。研究模型的路径分析如图 4-1 所示。

结果表明，影响可持续发展绩效的因素是绿色供应链管理、企业社会责任和技术创新。在分析中，本书将绿色供应链管理作为自变量，将企业社会责任和技术创新作为中介变量，将可持续发展绩效作为因变量。

本书采用 Anderson 和 Gerbino（1988）提出的两步法进行模型拟合。两步法是指研究者通过确认性因子分析验证测量模型的拟合度和有效性，然后在下一步中估计结构模型的方法。本书采用两步法的原因在于，如果使用结构方程模型的研究模型拟合较差，则意味着测量模型或结构模型不合适，或者两者都不合适。在这种情况下，通过测量模型分析阶段的验证，剔除因子载荷值低的观测变量后，再进行下一步分析。

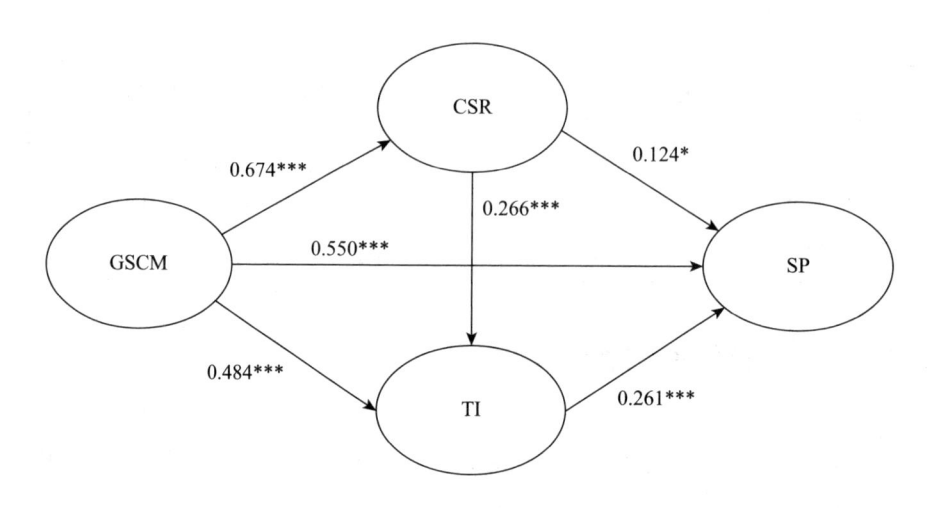

注：① GSCM 为绿色供应链管理，CSR 为企业社会责任，TI 为技术创新，SP 为可持续发展绩效。② * 表示 p<0.05，** 表示 p<0.01，*** 表示 p<0.001。

图 4-1　研究模型的路径分析

本书利用结构方程模型验证了绿色供应链管理对企业社会责任的直接影响，采用 Marsh 等（2013）的方法分析了控制效果，在分析过程中对模型进行了修改，以提高模型的拟合度，在显著性水平（C.R.>1.96，p<0.05）下判断 H1，如表 4-8 所示。

表 4-8　路径分析结果

假设		标准化系数	S.E.	C.R.	p	Adopted/Rejected
H1	GSCM → CSR	0.674	0.119	8.670	***	Adopted
H2	GSCM → TI	0.484	0.144	6.044	***	Adopted
H3	CSR → SP	0.124	0.044	2.052	0.040*	Adopted
H4	TI → SP	0.261	0.037	4.267	***	Adopted
H5	GSCM → SP	0.550	0.105	5.743	***	Adopted
H6	CSR → TI	0.266	0.077	4.056	***	Adopted

注：* 表示 p<0.05，** 表示 p<0.01，*** 表示 p<0.001。

本书通过 AMOS 进行的分析表明，绿色供应链管理对企业社会责任具有重大而积极的影响。因此，在当前注重可持续发展的环境下，实施绿色供应链管理的企业承担了风险、履行了责任，满足了利益相关者的要求，这些都是通过注重改善内部流程和可持续发展实践来实现的。

H2 验证了绿色供应链管理对技术创新的影响，其 p 值显著。因此，绿色供应链管理对技术创新具有积极作用。这些结果表明，将新的业务模式纳入其流程并注重可持续发展的企业能够改进其流程、设计新产品，从而使企业获得更多成果，这些成果将提升企业的可持续发展水平。

从结构方程模型分析，企业社会责任对可持续发展绩效有一定的正向影响。通过分析，可以清楚地看到，企业在环境责任方面的贡献带来了显著的可持续发展绩效。环境责任是企业的基本责任。企业对生产、运输过程的环境监测是实施绿色供应链管理的重要条件。企业遵守环境法规，建立完善的环境管理体系，将减少"三废"的排放，降低环境事故的发生概率，企业的可持续发展绩效将得到显著改善。另外，由于企业在环保方面投入了大量成本，短期内会对经济绩效产生负面影响，但从长远来看，会对企业的可持续发展绩效产生深远而积极的影响。

H4 验证了技术创新对可持续发展绩效的影响，且 p 值显著。由此可见，技术创新对可持续发展绩效具有积极影响。通过分析可见，技术创新带来了显著的可持续发展绩效，其中对环境绩效的影响最为显著，这与 Cingoz 和 Akdogan 的研究结果一致。Cingoz 和 Akdogan（2011）提出了预期绩效与技术创新之间的正向联系，认为技术创新是企业在不断变化的商业环境中实现可持续发展的重要方式。

为了检验 H5 的直接效应，本书利用结构方程模型验证了绿色供应链管理对可持续发展绩效的直接影响。H5 验证了供应链管理对可持续发展绩效的影响，其 p 值显著。

根据之前的研究，绿色供应链管理对可持续发展绩效有直接的积极影响。绿色制造和生态设计是企业在绿色供应链管理中相对基础的工作，企业对产品和生产过程的控制是实施绿色供应链管理的重要条件。因此，企业的内部环境得到了明显改善。这说明，绿色制造和生态设计可以显著提高企业的环境绩效。

绿色采购属于企业外部绿色供应链管理的范畴，绿色供应商认证、直接投资于上下游企业的绿色活动、与供应链成员联合召开绿色改善工作会议等都是企业与供应链成员的绿色合作活动，这些绿色合作活动将对企业环境绩效产生积极的影响。

H6验证了企业社会责任对技术创新的影响，且p值显著，说明企业社会责任对技术创新具有部分正向作用。企业社会责任旨在解决不同利益相关者的利益问题，反映了企业的利益相关者导向，这种导向比市场导向影响更大（Ferrell等，2010）。正如市场导向可激励企业创新一样，本书的研究结果表明，企业社会责任等利益相关者导向也能使企业获取外部知识，从而刺激企业创新。

随着新产品开发（NPD）活动从以内部为重点的过程转变为内外部平衡的过程，这些外部知识对于创新越来越不可或缺（Hauser等，2006；Von Hippel，1988）。本书的研究有助于加深对企业社会责任与技术创新的理解。

三、中介效应的验证

中介变量是指与自变量以相同的方式影响因变量，但在顺序上与自变量存在差异的变量。中介分析基于Baron和Kenny（1986）的方法，如果样本量大于200、观测变量大于2，则最好使用结构方程模型（Bae Byung-ryul，2015）。在检验了直接模型和间接模型的假设后，就可以进行中介效应检验。根据Baron和Kenny（1986）的说法，如果满足以下条件，则说明存在中介效应：①在直接模型中，自变量对因变量有明显影响；②自变量对中介变量有显著影响；③中介变量对因变量具有显著的独特作用；

④自变量对因变量的影响随着中介变量的加入而减弱。

在测算的研究模型中，通过分析企业社会责任和技术创新对可持续发展绩效的影响这一中介变量来衡量中介效应。

第一，本书将分析绿色供应链管理直接影响可持续发展绩效的模型。如图 4-2 所示，GSCM → SP 的标准化系数为 0.922（C.R.=7.025）。其显著性为 0.000，低于显著性水平（$p<0.001$），从而获得绿色供应链管理与可持续发展绩效之间的相关性。

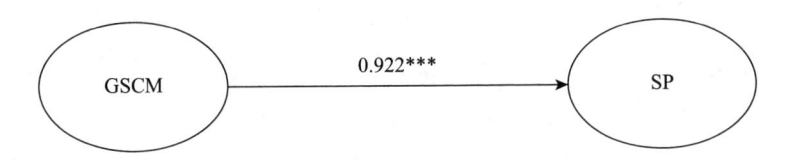

注：*** 表示 $p<0.001$。

图 4-2　直接模型的结果

第二，本书将验证 GSCM 通过企业社会责任和技术创新影响可持续发展绩效的间接效应，以及 GSCM 影响可持续发展绩效的直接效应。间接模型的结果如图 4-3 所示。

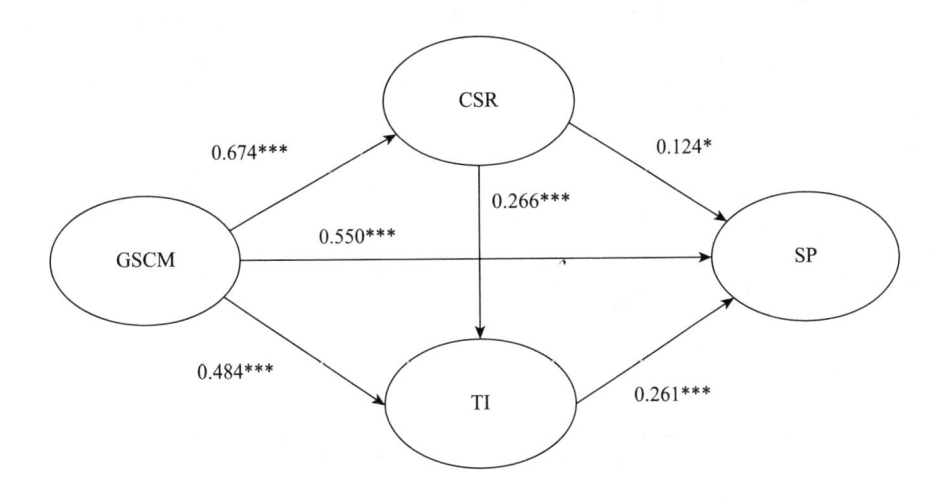

图 4-3　间接模型的结果

087

AMOS 只提供间接效应的测量，但不提供其显著性。例如，GSCM → CSR 路径的直接效应的显著性可以通过表 4-8 中的 C.R. 或 p 值得知，但间接效应（GSCM → CSR → SP）的显著性却没有提供。为了验证间接效应的统计显著性，本书使用了 AMOS 提供的引导法。

为了检验这些标准，本书引入了一系列基于统计的方法。本书采用三个版本的 Sobel 检验（Sobel 检验、Aroian 检验和 Goodman 检验）分析中介效应。测试的目的是确定企业社会责任和技术创新是否对绿色供应链管理的可持续发展绩效产生影响。然而，要通过索贝尔检验来测试中介效应，需要较大的样本量。由于 Sobel 检验是在正态分布下对给定样本进行评估，因此样本量过小可能会出现问题（Baron 和 Kenny，1986）。

为了进行适当的 Sobel 检验，本书采用引导法创建了 2000 个模拟样本。因此，模拟样本完全符合 Sobel 检验的要求（Sobel，1982），中介效应的结果如表 4-9 所示。

表 4-9 中介效应的结果

路径	标准化系数	S.E.	z 值 Sobel Test	z 值 Aroian Test	z 值 Goodman Test
GSCM → CSR → SP（Partial）	0.674/0.124	0.119/0.044	2.523*	2.492*	2.555*
GSCM → TI → SP（Partial）	0.484/0.261	0.144/0.037	3.034**	3.010**	3.059**
GSCM → CSR → TI（Partial）	0.674/0.266	0.119/0.077	2.949**	2.916**	2.983**
CSR → TI → SP（Partial）	0.266/0.261	0.077/0.037	3.102**	3.078**	3.128**

注：* 表示 $p<0.05$，** 表示 $p<0.01$，*** 表示 $p<0.001$。

MacKinnon 等（2002）认为，当绝对 z 值高于 1.96 时，就存在中介效应。根据 Baron 和 Kenny（1986）的说法，在满足上述四个标准的情况下，模型的中介作用可能有两种可能性。

间接效应分为完全中介效应和部分中介效应。完全中介效应是指在模型中自变量对因变量的影响接近于零。部分中介效应是指在添加中介变量的模型中自变量对因变量的影响在统计上显著，小于非参数化模型中的自变量效应，自变量与中介变量之间的关系显著。同时，中介变量与因变量之间的关系也是显著的。

如图 4-2、图 4-3 和表 4-8 所示，GSCM → CSR → SP 的间接效应为 0.084（a×b=0.674×0.124），GSCM → SP 的路径系数为 0.922，GSCM → CSR → SP 的路径系数为 0.550（<0.922）。因此，CSR 在 GSCM 与 SP 的关系中起部分中介效应。GSCM → TI → SP 的间接效应为 0.126（a×b=0.484×0.261），GSCM → SP 的路径系数为 0.922，GSCM → TI → SP 的路径系数为 0.550（<0.922）。因此，TI 在 GSCM 和 SP 的关系中起部分中介效应。

总体而言，企业社会责任对绿色供应链管理与可持续发展绩效的关系具有部分中介作用。技术创新作为中介因素在绿色供应链管理与可持续发展绩效之间的关系中发挥了部分中介效应。换言之，绿色供应链管理对可持续发展绩效有直接影响，企业社会责任和技术创新对绿色供应链管理与可持续发展绩效之间的关系有部分中介作用。

因此，为了不断提高企业的可持续发展绩效，企业必须重视环境责任，积极响应政府的环保政策，严格遵守环境法规，树立良好的社会形象。同时，企业要不断加大科研投入力度，不断引入先进技术和人才，增强企业的市场竞争力。

四、多组比较分析

多组比较分析尤其适用于离散调节变量（如性别、客户身份、利益相关群体）。多组比较分析也用于 CBSEM（基于协方差的结构方程建模）

环境，但也可用于 PLS（Chin，2000；Keil 等，2000）。离散调节变量可以解释为将数据划分为子样本组，然后可以在每个不同的子样本中估计出相同的 PLS（偏最小二乘法）路径模型。

在许多科学领域，特别是在商业和社会科学领域，PLS 路径建模已成为对潜在变量之间复杂关系进行建模的既定方法。很多时候，研究人员面临着观察结果的异质性，即对于不同的群体，有不同的群体参数。例如，发布全国客户满意度指数的机构可能想知道不同行业之间的模型参数是否存在显著差异（Fornell，1992）。通常在多组分析中，假设总体参数 β 为两个群体间的差异，即 β(1) ≠ β(2)。

有学者对 PLS 路径模型中的多组分析提出了三种方法：参数法、调节法和置换法。本书采用的是调节法。

Baron 和 Kenny（1986）将调节变量定义为影响其他两个变量之间关系强度和方向的度量或分类变量。用 Baron 和 Kenny 的术语来说，群体效应就是分类调节变量（分组变量）的调节效应。

Henseler 和 Fassott（2010）主张在 PLS 路径建模中使用 Chin 等（2003）提出的著名的交互方法来检验群体效应。调节法使用引导法检验群体效应假设，不像参数法那样依赖于分布假设。然而，由于在 PLS 路径建模算法中对潜在变量分数进行了标准化（Tenenhaus 等，2005），因此无法确定潜在群体效应的大小。

在不同的行业类型、性质和规模下，关于绿色供应链管理对可持续发展绩效的影响是否不同的实证研究很少。因此，本书研究了不同行业类型、性质和规模下绿色供应链管理对可持续发展绩效的影响。

第一，本书分析了行业类型对绿色供应链管理、企业社会责任、技术创新和可持续发展绩效之间关系的影响。本书分析了电子通信制造业（n=167）、生物制药行业（n=141）和汽车制造业（n=143）三个行业的路径系数，结果如表 4-10 所示。

表 4-10 不同行业类型的对比分析结果

路径	电子通信制造业 标准化系数	p	生物制药行业 标准化系数	p	汽车制造业 标准化系数	p
GSCM → CSR	0.631	***	0.579	***	0.729	***
GSCM → TI	0.465	***	0.422	0.002**	0.536	***
CSR → TI	0.264	0.011*	0.263	0.014*	0.281	0.015*
CSR → SP	0.185	0.070	0.241	0.013*	0.003	0.146
TI → SP	0.302	0.004**	0.321	0.001**	0.180	0.082
GSCM → SP	0.427	0.004**	0.452	0.001**	0.738	***

注：* 表示 $p<0.05$，** 表示 $p<0.01$，*** 表示 $p<0.001$。

经过多组分析，三个行业整体存在较大差异。总体而言，就 GSCM → SP、GSCM → CSR 和 GSCM → TI 的关系而言，汽车制造业优于电子通信制造业和生物制药行业。在企业社会责任和技术创新对可持续发展绩效的影响方面，生物制药行业明显优于汽车制造业和电子通信制造业。

由于汽车制造业在生产过程中比电子通信制造业和生物制药行业需要更多的能源，同时也会产生大量的废气、废水和固体废物，因此，在汽车制造业引入绿色供应链管理，将有利于提升企业的竞争力和可持续发展，促进企业加大技术创新力度，助力企业树立良好的企业形象。

生物制药行业属于高端制造业，对技术创新的要求明显高于汽车制造业和电子通信制造业。同时，生物制药行业还极大地影响着社会和公民的健康并承担着重大的社会责任。

第二，本书分析了行业规模对绿色供应链管理、企业社会责任、技术创新和可持续发展绩效之间关系的影响。本书分析了中小企业（n=260）和大型企业（n=191）中不同规模的路径系数，结果如表 4-11 所示。

表4-11 在不同行业规模下的比较分析结果

路径	中小企业 标准化系数	p	大型企业 标准化系数	p
GSCM → CSR	0.669	***	0.666	***
GSCM → TI	0.388	***	0.459	***
CSR → TI	0.190	0.020*	0.434	***
CSR → SP	0.181	0.022*	0.036	0.070
TI → SP	0.189	0.025*	0.379	***
GSCM → SP	0.458	***	0.549	***

注：* 表示 p<0.05，** 表示 p<0.01，*** 表示 p<0.001。

通过比较分析，大型企业的整体绩效优于中小型企业，特别是在技术创新和可持续发展绩效方面。大型企业在资金和技术方面具有相当大的优势，同时还具有市场优势，因此技术创新会给大型企业带来较高的效益。技术创新需要大量资金支持，短期内很难产生盈利回报。而中小企业相对缺乏资金，不敢进行技术创新，导致技术停滞不前、产品更新缓慢。

考虑到前期实施技术创新的巨大成本和风险，中小企业往往不愿意主动实施技术创新，这就需要决策者提供资金支持，以及税收、补贴等具体的优惠政策。

各级地方政府要因地制宜，制定切实可行的扶持政策，增强高级管理人员的创新意识，鼓励、支持和引导企业通过技术创新实现环境和经济的可持续发展。

各级地方政府还要鼓励金融机构积极支持中小企业进行技术创新。对列入国家、省、自治区、直辖市各类技术创新计划和高新技术产业化示范工程的中小企业技术创新项目，银行要积极给予信贷支持。

各地可通过支持中小企业发展专项资金对中小企业贷款给予一定的利息补贴，对中小企业信用担保机构给予一定的风险补偿。各级中小企业管理部门和知识产权部门要积极向金融机构推荐自主知识产权项目、产学研合作项目、科技成果产业化项目、企业信息化项目、品牌建设项目等，促进银企合作，推动中小企业创新发展。

第三，本书分析了行业性质对绿色供应链管理、企业社会责任、技术创新和可持续发展绩效之间关系的影响。本书分析了国有企业（n=82）、民营企业（n=158）、合资企业（n=117）和外资企业（n=94）4个不同行业性质的路径系数，结果如表4-12所示。

表4-12 在不同行业性质下的比较分析结果

路径	国有企业 标准化系数	p	民营企业 标准化系数	p	合资企业 标准化系数	p	外资企业 标准化系数	p
GSCM → CSR	0.665	0.001**	0.624	***	0.635	***	0.676	***
GSCM → TI	0.401	0.017*	0.596	***	0.371	0.022*	0.424	0.009**
CSR → TI	0.164	0.365	0.177	0.062	0.354	0.016*	0.332	0.016*
CSR → SP	0.160	0.337	0.164	0.055	0.224	0.017*	0.283	0.011*
TI → SP	0.135	0.413	0.107	0.162	0.213	0.024*	0.407	0.002**
GSCM → SP	0.583	0.004**	0.326	0.011*	0.568	0.006**	0.667	***

注：* 表示 $p<0.05$，** 表示 $p<0.01$，*** 表示 $p<0.001$。

通过比较分析可以发现，外资企业的整体绩效优于合资企业、国有企业和民营企业。特别是在企业社会责任、技术创新和可持续发展绩效方面，外资企业的优势更为明显。

在中国的外资企业在选择供应商时仍会优先考虑自己的公司或其他在华外资企业（Zhu和Sarkis，2004）。事实上，绿色供应链管理不仅有助于企业实现经济环保，更是企业实现可持续发展、提升市场竞争力的重要保障。

考虑到GSCM和CSR初期实施具有相当大的成本和风险，民营企业和国有企业往往不愿意积极实施GSCM和CSR，这就需要决策者提供资金支持及税收、补贴等具体优惠政策。同时，政府有必要加大监管力度，制定污染排放标准，加大对违反环保法规企业的处罚力度。

各级地方政府要因地制宜，制定切实可行的扶持政策，增强管理人员的环境意识，鼓励、支持和引导企业实现环境和经济的可持续发展。金融机构应积极支持获得 ISO 14001 认证的企业的 ECO（生态环保）发展。银行也要积极为获得 ISO 14001 认证的企业提供信贷支持。

第五章 案例分析

第一节 华为的绿色供应链管理与可持续发展绩效

一、华为的绿色供应链管理实践

在全球范围内,企业的可持续发展实践正成为推动社会、经济和环境进步的重要力量。华为作为全球领先的信息与通信技术(ICT)解决方案供应商,深刻理解在这一进程中扮演的关键角色和承担的责任。华为通过不断地进行技术创新和社会责任实践,致力于构建一个更加绿色、智能和可持续的未来。

华为的可持续发展实践不仅体现在其核心业务的绿色转型中,还包括其在全球范围内推动的多项社会和环境项目。这些实践涵盖了绿色能源、智能交通、生态保护、教育普及等多个领域,显示了华为在实现企业价值与社会价值两个方面的坚定决心和积极探索。

本章将详细探讨华为在可持续发展领域的具体实践,展示其通过科技创新和全球合作,为应对气候变化、推动低碳经济转型和促进社会公平所做出的努力。华为的可持续发展实践不仅为全球可持续发展提供了有力的支持,也为其他企业树立了榜样,彰显了中国企业在全球可持续发展进程中的重要作用。

（一）华为简介

华为是全球领先的信息与通信技术解决方案供应商，其业务遍及170多个国家和地区。华为致力于通过创新科技，推动世界各地的个人、家庭和组织实现数字化转型，构建一个万物互联的智能世界。

华为的业务主要包括运营商业务、企业业务、消费者业务和云业务。在运营商业务方面，华为提供了从网络基础设施到云计算的全面解决方案，助力全球电信运营商构建高效、智能的网络。在企业业务方面，华为为政府、金融、交通、电力等行业提供数字化转型解决方案，推动各行业的数字化进程。在消费者业务方面，华为的智能手机、平板电脑、笔记本电脑和可穿戴设备等产品深受全球消费者喜爱。在云业务方面，华为云为全球客户提供安全、稳定、高效的云计算服务，助力企业数字化转型和创新。

华为始终坚持以客户为中心，通过持续的技术创新和开放合作，推动信息社会的发展和进步。华为秉持"开放、合作、共赢"的原则，与全球合作伙伴共同构建一个健康、可持续的产业生态系统。华为致力于通过技术创新和社会责任实践，推动实现联合国可持续发展目标（SDGs），为全球可持续发展贡献力量。

在可持续发展方面，华为将绿色发展理念贯穿于企业经营的各个环节。华为积极推进低碳发展，通过提高能源利用效率、推广绿色能源等措施，减少对环境的负面影响。华为还注重社会责任的履行，积极参与教育普及、扶贫助困、生态保护等社会公益活动，为社会和谐发展贡献力量。

华为坚信，科技不仅是经济发展的动力，更是社会进步的重要力量。通过持续的科技创新和责任担当，华为致力于构建一个更加绿色、智能和可持续的未来，为全球可持续发展贡献智慧和力量。

（二）可持续发展与绿色供应链概述

在全球可持续发展倡议的推动下，企业不仅需要在经济效益方面表现出色，还必须在环境保护和社会责任方面承担更多的责任。华为作为全球领先的信息与通信技术解决方案供应商,深刻认识到可持续发展对企业长期发展的重要性,并将其作为企业战略的重要组成部分。华为通过绿色供应链管理,致力于减少环境影响,推动行业的绿色转型,践行可持续发展理念。

1. 可持续发展的理念

可持续发展是一种发展模式,它强调经济、社会和环境三个维度的平衡与协调。华为在其可持续发展实践中秉持这一理念,通过技术创新和管理优化,减少对环境的负面影响,推动社会进步,并实现经济的可持续增长。

华为认为,科技是推动可持续发展的关键驱动力。通过不断地技术创新,华为致力于提供高效、节能、环保的产品和解决方案,帮助各行各业实现低碳转型。例如,华为在其产品设计和制造过程中,广泛应用绿色技术和环保材料,提高能源利用效率,减少废弃物和有害物质的排放。

2. 绿色供应链的定义与重要性

绿色供应链是指在产品的全生命周期中,通过采购、生产、运输、使用和回收等环节,尽可能地减少对环境的负面影响,并最大限度地利用资源的一种供应链管理模式。绿色供应链管理不仅有助于环境保护,还能提高企业的竞争力和市场声誉。

华为认识到,作为一个全球性的企业,其供应链遍布全球,涵盖了从原材料获取到产品交付的各个环节。因此,推动供应链的绿色转型,不仅是华为自身实现可持续发展的关键,也是对全球环境保护和可持续发展的重要贡献。

3. 华为的绿色供应链管理实践

华为的绿色供应链管理实践包括绿色采购、绿色制造和绿色物流等方面。通过这些举措,华为致力于降低碳排放,提高资源利用效率,构建可持续的供应链体系。

一是绿色采购。在采购环节,华为严格执行绿色采购政策,将环保要求融入供应商认证、选择、审核和绩效管理的各个环节。华为鼓励并激励供应商持续提升环保绩效，通过多种手段推动供应商实施绿色生产和管理。例如，华为定期召开供应商碳减排大会，传递华为的碳减排策略和行动要求，对碳减排表现优秀的供应商进行表彰，并邀请其分享碳减排经验。

二是绿色制造。在制造环节，华为推行"让科技与自然共生"理念，通过建设能源数字化在线监控系统，透明管理生产线用电设备能耗，推进节能改造，实现生产过程中的能源高效利用。此外，华为还在产品包装减量、减塑及循环利用技术方面进行了创新，实现了生产过程的绿色化。

三是绿色物流。在物流环节，华为通过优化物流路径、优先采用低碳运输方式等措施，降低物流过程中的碳排放。华为的全球物流体系覆盖了170多个国家和地区，通过信息化手段优化运输路径，减少了运输路径里程，提高了运输效率。华为依照 ISO 14064 标准，从全球运输和仓储两个方面测算碳排放，并通过物流碳排放可视化平台实现碳排放有效管理。

（三）华为绿色供应链管理的总体目标

华为在绿色供应链管理方面设定了明确的总体目标，旨在通过系统化的管理和创新，推动全供应链的绿色转型，实现经济、社会和环境的协调发展。华为的绿色供应链管理目标涵盖了从产品设计、制造到运输和回收的各个环节，力求在每一个环节中减少环境影响，提高资源利用效率，推动可持续发展。

1. 提高产品的环保性能

华为致力于从产品设计到生产的各个环节减少有害物质的使用，确保产品的环保性能。通过技术创新和材料替代，华为力求在制造过程中使用无铅焊接、无卤素和低挥发性有机化合物（VOC）等环保材料。这些措施不仅减少了产品对环境的负面影响，也提高了产品的安全性和可靠性。

一是无铅焊接。在电子产品制造过程中，焊接技术的应用是关键环节之一。传统的铅焊接技术虽然具有良好的工艺性能，但铅及其化合物对环境和人体健康具有严重危害。为此，华为积极采用无铅焊接技术，通过技术创新和工艺改进，实现了无铅焊接的全面推广。无铅焊接不仅有效减少了铅对环境的污染，也保证了产品的可靠性和性能。华为的无铅焊接技术符合国际环保标准，进一步提升了产品的市场竞争力。

二是无卤素材料。卤素化合物在电子产品的制造中广泛使用，但其在生产和使用过程中可能产生有害气体，对环境和人体健康造成危害。华为在产品设计和制造中积极采用无卤素材料，减少卤素化合物的使用。例如，在电路板、塑料外壳等部件中，华为采用了无卤素的替代材料，确保产品在生产和使用过程中更加环保。无卤素材料的应用不仅减少了有害物质的排放，还提升了产品的环保性能，符合国际环保法规的要求。

三是低挥发性有机化合物。化学品管理是华为绿色供应链管理的重要组成部分。华为实施严格的化学品管理政策，确保生产过程中使用的化学品对环境和人体无害。华为建立了完善的化学品管理体系，从采购、使用到废弃，全面监控化学品的使用情况。通过引入环保替代品和改进生产工艺，华为大幅减少了有害化学品的使用。例如，在电池的生产过程中，华为采用了低挥发性有机化合物材料，减少了对空气和环境的污染。

华为还通过与供应商合作，推动整个供应链的环保改造。华为定期对供应商进行环保评估和审计，确保其符合华为的环保标准和要求。对于表现优异的供应商，华为给予奖励和激励，推动其进一步提升环保水平。通过与供应商的密切合作，华为不仅提升了自身的环保绩效，也推动了整个供应链的绿色转型。

2. 优化物流运输以降低碳排放

为了减少物流环节的碳排放，华为积极优化物流运输，致力于在整个物流过程中实现环保与高效的平衡。通过先进技术的应用和物流模式的创新，华为在优化运输路线、引入新能源运输工具及整合多种运输方式等方面采取了多项措施，以显著减少碳足迹，包括利用智能调度系统优化运输路线、逐步增加新能源运输工具的使用比例及通过综合运输模式提升运输效率和环保效果。

一是智能调度系统。华为利用大数据分析和智能调度系统，优化物流运输路线，以减少燃料消耗和碳排放。通过对历史运输数据和实时交通状况的分析，智能调度系统可以为每一次运输任务选择最优的路线和时段，避免交通拥堵和不必要的绕行。这不仅提高了运输效率，还显著减少了运输过程中燃料的消耗和温室气体的排放。

例如，华为的智能调度系统能够实时监控运输车辆的位置和状态，动态调整运输路线，确保车辆以最高效的方式完成运输任务。通过这种精细化管理，华为的物流运输燃料消耗量显著降低，每年减少的碳排放量相当于种植了上万棵树。此外，智能调度系统还可以预测和规避潜在的运输风险，提高物流的安全性和可靠性。

二是新能源运输工具。在运输工具的选择上，华为积极引入电动卡车和新能源汽车，以提升运输效率和环保性能。传统燃油车辆在运行过程中会产生大量的二氧化碳和其他污染物，而新能源运输工具可以显著减少这些有害气体的排放。

为使新能源运输工具的使用比例达到50%的目标，华为与多家汽车制造商和技术公司合作，定制开发适合物流运输的电动卡车和新能源汽车。这些车辆不仅具有较高的能效比，还配备了先进的电池管理系统和智能驾驶技术，进一步提高了运输的环保性和安全性。华为还在全球范围内建设了多个充电基础设施，确保新能源车辆在长途运输中的续航能力和充电便利性。

三是综合运输模式。华为通过整合公路、铁路和水路等多种运输方式，优化物流运输的效率和环保效果。综合运输模式不仅可以充分利用各种运输方式的优势，还能够减少单一运输方式的局限性和对环境的影响。例如，在长途运输中，铁路和水路运输比公路运输会产生更低的碳排放量，因此华为在可能的情况下会优先选择铁路和水路运输。

华为的综合运输模式包括在主要物流节点设置多式联运中心，通过现代化的物流设施和信息系统,实现不同运输方式之间的无缝对接。通过这种方式,华为有效降低了运输过程中车辆的空载率和无效运输,进一步减少了碳排放。在具体的实施过程中,华为在一些国际物流线路上,成功将货物从传统的全程公路运输转为铁路和水路相结合的运输模式,每年减少了数万吨的碳排放。

3.提高产品的可回收性

华为在绿色供应链管理中致力于提高产品的可回收性,以减少对环境的影响和提高资源利用效率。通过在产品设计中采用模块化设计和可拆卸结构,华为确保产品在使用寿命结束后能够方便拆卸和回收。同时,华为积极使用可再生材料,并建立了完善的回收体系,鼓励消费者将废旧产品送回华为进行回收处理。

一是模块化设计和可拆卸结构。华为在产品设计中采用模块化设计,提高了产品的可维修性和可升级性,从而延长了产品的使用寿命。模块化设计不仅便于维修和更换组件,还能使产品在技术更新时通过简单的升级保持竞争力,而不是完全淘汰和替换。这样,不仅减少了废弃物的产生,也降低了资源消耗。

例如,华为在设计智能手机和其他电子设备时将主要部件如处理器、内存、电池等设计为独立模块,便于拆卸和更换。用户可以根据需要升级某些部件,而无需购买新的整机。这种设计理念不仅降低了用户的使用成本,也减少了电子垃圾的产生,符合可持续发展的原则。

二是可再生材料。华为积极在产品中增加可再生材料的使用比例,减少对自然资源的依赖。可再生材料包括可回收金属、再生塑料和其他环保材料,这些材料在生产过程中对环境的影响较小,并且在产品使用寿命结束后可以再次回收利用。

在实际操作中,华为在其智能手机和其他电子产品中广泛使用可再生材料。例如,华为某些产品的外壳使用了由再生塑料制成的材料,这不仅减少了对原生塑料的需求量,也降低了塑料废弃物造成的环境负担。此外，华为还在电池、线路板等组件中使用可回收金属，确保这些金属在产品生命周期结束后能够被有效回收和再利用。

三是回收体系。为了确保废旧产品得到专业回收处理，华为建立了全球回收中心，覆盖主要市场和地区。通过这些回收中心，华为能够高效回收和处理废旧产品，提高回收率，减少环境污染。

华为的回收体系包括建立回收网点、回收流程和回收激励机制。华为在全球主要城市设立了多个回收网点，方便消费者将废旧产品送回。同时，华为开发了一套标准化的回收流程，确保回收过程中的安全性和环保处理。此外，华为还通过激励机制，鼓励消费者参与回收活动。例如，华为推出了"旧机回收换新"活动，消费者可以通过送回旧手机获得新手机的购机折扣，这种方式不仅提高了回收率，也增强了消费者的环保意识。

华为计划在其所有主要市场建立完善的回收中心网络，确保80%以上的废旧产品能够得到专业回收处理。通过这些措施，华为不仅提高了产品的回收率，也为循环经济的发展做出了积极贡献。

4. 严格管理供应商，提升整体环境绩效

华为深知供应链的环境绩效直接影响到整个企业的可持续发展，因此通过制定严格的供应商环境管理标准和实施全面的评估体系，确保供应商在生产过程中遵守环境法规和标准。华为每年对供应商进行环境绩效评估，并根据评估结果制定改进措施，提升供应链的整体环境绩效。

一是环境标准。华为制定并严格执行供应商环境管理标准，确保所有供应商在废水处理、废气排放和固体废物管理等方面符合环保要求。这些标准不仅遵循国际环保法规和行业最佳实践，还结合华为自身的高标准要求，形成了一套全面、严格的环境管理规范。

例如，华为要求供应商在生产过程中必须采用符合环保标准的废水处理技术，确保废水排放达到或超过当地和国际标准。同时，对于废气排放，华为要求供应商安装高效的废气处理设备，减少有害气体的排放。在固体废物管理方面，华为要求供应商分类处理废弃物，并积极开展废物回收和再利用工作。

二是环境绩效评估。为了确保供应商严格遵守环境管理标准，华为每年对供应商进行环境绩效评估。评估内容包括废水、废气和固体废物的处理情况，生产过程中使用的化学品管理，能源消耗和碳排放等方面。通过这些评估，华为能够全面了解供应商的环境绩效，发现潜在的环境问题，并及时采取整改措施。

华为的环境绩效评估体系不仅注重数据的收集和分析，还包括现场检查和第三方审计。每年华为都会派出环境管理专家团队对供应商的生产设施进行现场检查，核实其环境管理情况。此外，华为还委托独立的第三方机构对部分供应商进行环境审计，确保评估结果的客观性和公正性。

根据评估结果，华为对表现优秀的供应商进行表彰和奖励，鼓励其继续保持高水平的环境管理。同时，对于存在环境问题的供应商，华为制订了详细的整改计划，并提供必要的技术支持和资源，帮助其提高环境绩效。通过这一套闭环管理机制，华为有效提升了供应链的整体环境绩效。

三是培训和指导。为了提升供应商的环境管理能力，华为定期对供应商进行环境管理培训和指导。这些培训包括环境法规和标准的解读、环境管理最佳实践的分享、环保技术和设备的应用等内容，帮助供应商提升其环境管理水平。

华为还通过举办环境管理研讨会和培训班，邀请环保专家和行业领先企业分享经验和技术。通过这些交流活动，供应商不仅能够学习到先进的环境管理方法和技术，还能够与同行企业建立联系，互相借鉴，共同提升环境管理能力。

5. 提高透明度与公信力

华为通过定期发布可持续发展报告，向公众披露其在绿色供应链管理方面的目标、措施和成效。数据公开和第三方审计提升了报告的公信力，利益相关方沟通机制确保了华为能够及时收到外界对华为环保工作的反馈。这种做法不仅提高了华为在环境管理方面的透明度与公信力，也加强了利益相关方之间的信任。

一是年度报告。华为每年发布可持续发展报告，详细披露其在绿色供应链管理方面的环境绩效数据。这些报告不仅包括华为自身的环保数据，还涵盖了供应商的环境绩效信息。通过全面、透明的数据披露，展示了华为在推动绿色供应链管理方面所取得的进展和成效。例如，华为在《可持续发展报告》中详细列出了在废水处理、废气排放、固体废物管理等方面的具体数据，以及在这些领域所采取的措施和取得的成效。

二是第三方审计。为了确保环境数据的真实和准确，华为邀请第三方机构对其环境绩效数据进行审计。第三方审计不仅增加了数据披露的可信度，也为华为的环境管理工作提供了客观、公正的评价。例如，华为与国际知名审计机构合作，对公司的环境绩效数据进行全面审计，并在年度报告中公开审计结果。通过这种方式，华为向利益相关方展示了其在环境管理方面的透明度和责任感。

三是信息披露。华为积极公开供应商环境绩效数据，增加供应链管理的透明度。华为通过年度报告和官方网站等渠道，向公众披露供应商的环境管理情况，包括废水处理、废气排放和固体废物管理等方面的具体数据。通过公开这些信息，华为不仅提高了供应链管理的透明度，也增强了公众对公司环保工作的信心。

6. 推动全球范围内的可持续发展

华为积极推动全球范围内的可持续发展，通过与国际组织、政府和企业的合作，共享绿色供应链管理经验，推动全球环保技术的发展和应用。同时，华为通过社会公益和环保项目，积极参与环境保护和社区建设，履行企业社会责任。

一是全球合作。华为与全球多家机构和企业合作，推动绿色供应链管理技术的全球推广。华为通过参加国际会议、加入行业联盟、与国际组织合作等方式，分享绿色供应链管理的最佳实践和创新经验。例如，华为与联合国环境规划署（UNEP）合作，推广绿色供应链管理标准，并参与制定全球环保技术标准。通过这些合作，华为不仅提升了自身的国际影响力，也为全球环保事业贡献了中国智慧。

二是社会公益。华为积极参与和支持各类社会公益和环保项目，致力于改善生态环境和促进社区发展。例如，华为在全球多个国家和地区开展了植树造林、生态修复等环保项目，通过实际行动推动生态环境的改善。此外，华为还支持教育、医疗等社会公益事业，帮助社区提升生活质量。例如，在非洲和东南亚地区，华为通过为偏远地区提供互联网接入和数字教育资源，推动当地社区的发展和进步。

三是政策倡导。华为积极参与全球环保政策和标准的制定，提升行业的绿色发展水平。华为通过与各国政府、行业协会和国际组织合作，参与制定和推广环保法规和标准。例如，华为参与了多个国际环保标准的制定，并在国内外倡导绿色供应链管理和可持续发展理念。通过政策倡导，华为不仅推动了自身的绿色转型，也为全球行业的绿色发展提供了重要的参考和指导。

通过推动全球范围内的可持续发展，华为展现了其作为全球领先企业的责任和担当。通过全球合作、社会公益和政策倡导，华为不仅推动了自身的绿色转型，也为全球可持续发展贡献了更多智慧和力量。未来，华为将继续在这一领域不断探索和创新，推动更多可持续发展项目的实施，实现全球环境和社会的共同进步。

通过实现上述目标，华为不仅提升了自身的环境绩效，也推动了整个供应链的绿色转型，为全球可持续发展做出了积极贡献。这些目标的实现不仅需要华为自身的努力，还需要与供应商、客户和其他利益相关方的紧密合作，共同推动可持续发展。

（四）华为绿色供应链管理的具体措施和实践

华为的绿色供应链管理是通过一系列具体措施和实践来实现的。这些措施不仅涵盖了从设计、生产到物流、回收的各个环节，还包括对供应商的严格管理和透明的报告机制。以下将详细探讨华为在绿色供应链管理中的具体措施和实践，并提供相应的案例和数据支持。

1. 减少有害物质的使用

在产品设计阶段，华为特别注重选择环保材料，以减少有害物质的使用。例如，华为在其智能手机和通信设备的设计中广泛采用无铅焊接和无卤素材料。无铅焊接不仅减少了铅对环境的污染，还提高了焊接点的稳定性和耐用性。无卤素材料的使用则有效避免了卤素化合物在使用和废弃过程中对环境的危害。

华为实施严格的化学品管理政策，确保在生产过程中使用的化学品对环境和人体无害。华为建立了化学品数据库，记录所有使用的化学品及其安全数据，并定期更新。通过这种方式，华为能够及时识别和替代有害化学品，减少环境污染。

华为要求其供应商提供绿色材料认证，确保供应链中的材料符合环保标准。供应商必须提供材料的环保认证文件，如 RoHS（限制有害物质指令）和 REACH（化学品注册、评估、授权和限制）等认证。这些措施确保了华为产品在整个供应链中的绿色环保。

具体实例包括华为 Mate 系列智能手机，这些手机在设计中广泛采用可回收材料和无害化工艺。例如，华为 Mate 40 系列在制造过程中使用了低碳铝合金和环保塑料，不仅减少了资源消耗，还提高了产品的可回收性。

2. 优化物流运输

华为利用大数据和智能调度系统优化物流运输。通过大数据分析，华为可以准确预测运输需求和最佳运输路线，减少不必要的运输次数和距离。智能调度系统则能够实时监控运输过程，及时调整运输计划，确保物流运输的高效和环保。

为了减少碳排放，华为在物流运输中逐步引入新能源运输工具，如电动卡车和新能源汽车。电动卡车在短途运输和城市配送中的表现尤为出色，不仅零排放，还降低了运输成本。

华为还采用综合运输模式，通过整合公路、铁路和水路运输，优化运输效率和环保效果。综合运输模式不仅能有效减少单一运输方式的碳排放，还能提高运输的灵活性和可靠性。例如，华为在长距离运输中更多地使用铁路和水路运输，这两种方式的碳排放显著低于公路运输。

在物流包装方面，华为采取了多项绿色措施。华为逐步淘汰不可降解的塑料包装，转而使用可回收和可降解的包装材料。此外，华为还优化了包装设计，减少包装材料的使用量和运输过程中的占用空间。这些措施不仅降低了包装成本，还减少了包装废弃物对环境的影响。

3. 提高产品的可回收性

华为在产品设计中采用模块化设计，使产品在使用寿命结束后能够方便地拆卸和回收。模块化设计不仅能延长产品的使用寿命，还能提高产品的可维修性和可升级性，从而减少电子废弃物的产生。例如，华为的智能手机采用模块化电池设计，可以方便用户更换电池，从而延长手机的使用寿命。

华为在制造过程中积极使用可再生材料，如再生塑料和金属。这些材料不仅能减少对自然资源的依赖，还能在产品报废后再次循环利用，降低环境负担。例如，华为的笔记本电脑使用了高比例的再生铝材，不仅减轻了产品重量，还提高了材料的循环利用率。

华为实施产品生命周期管理（PLM），从设计、制造到回收，每一个环节都考虑对环境的影响。PLM系统能够跟踪和管理产品在整个生命周期中的环境绩效，确保产品在设计和制造过程中尽可能地减少对环境的影响，并在产品报废后实现高效回收。

华为建立了完善的旧产品回收体系，鼓励消费者将废旧产品送回华为进行回收处理。通过这种方式，华为不仅能回收宝贵的资源，还能防止电子废弃物对环境的污染。例如，华为在中国、欧洲和北美等地设立了回收中心，消费者可以通过邮寄或在指定地点投递废旧产品，确保这些产品得到专业的回收和处理。

具体实例包括华为的手机回收计划。华为在全球范围内实施手机回收计划，消费者可以通过华为的官方渠道免费回收旧手机。

4. 供应商环境管理

华为制定了严格的供应商环境管理标准，确保供应商在生产过程中遵守环境法规和标准。这些标准涵盖了废水处理、废气排放、固体废物管理等各个方面。供应商必须通过环境审计，证明其符合华为的环境标准，才能继续与华为合作。

华为每年对供应商进行环境绩效评估，评估内容包括废水处理、废气排放、固体废物管理等。通过这种评估，华为能够全面了解供应商的环境管理水平，并根据评估结果提出改进建议。

根据环境绩效评估的结果，华为会与供应商共同制定改进措施，帮助供应商提高环境管理水平。这些改进措施不仅包括技术改进和工艺优化，还包括管理制度的完善和员工培训。例如，华为通过技术支持，帮助一家供应商改进了废水处理工艺，减少了50%的废水排放。

华为定期对供应商进行环境管理培训和指导，提升其环境管理能力。培训内容包括最新的环保技术和管理方法、环境法规和标准的解读等。通过培训，供应商能够及时掌握最新的环保知识和技能，提高环境管理水平。例如，华为每年举办供应商环境管理培训班，邀请专家讲解环保技术和法规，帮助供应商提升环境管理能力。

一个具体的案例是华为与其电池供应商的合作。华为与这家供应商共同研究和开发了新的电池材料和工艺，不仅提高了电池的性能，还显著减少了生产过程中有害物质的使用和废弃物的产生。通过这种合作，华为和供应商实现了双赢，提升了产品质量和环境绩效。

5. 透明度与报告

华为每年都会发布可持续发展报告，详细披露其在环境保护和可持续发展方面的努力和成效。报告内容包括碳排放数据、能源使用情况、有害物质管理、产品回收率等。通过这种方式，华为能够向公众展示其在绿色供应链管理方面的透明度和责任感。

为了确保数据的准确性和可靠性,华为在《可持续发展报告》中公开了大量环境数据,并邀请第三方机构进行审计。第三方审计不仅能提升报告的公信力,还能帮助华为发现和改进管理中的不足之处。例如,华为邀请国际知名的环境审计机构对其碳排放数据进行独立审计,确保数据的真实和准确。

华为通过多种渠道与利益相关方进行沟通,听取他们的意见和建议。这些利益相关方包括政府机构、非政府组织、消费者和供应商等。通过这种沟通,华为能够及时了解外界对其绿色供应链管理的期望和要求,不断提升其环境绩效。例如,华为定期举办环境保护论坛,邀请政府官员、环保专家和消费者代表参与讨论,听取他们对华为环保工作的反馈和建议。

华为还通过透明的供应链信息披露,向公众展示其供应链的环境绩效。华为在其官网上公开供应商名单及其环境绩效评估结果,增加了供应链管理的透明度和公信力。例如,华为公布了其主要供应商的环境绩效数据和改进措施,展示了其在供应链环保管理方面的努力和成效。

6. 社会责任与全球影响

华为与全球多家机构和企业合作,分享其在绿色供应链管理方面的经验和最佳实践。通过这种合作,华为能够推动全球供应链的绿色转型,提升全球范围内的环境绩效。例如,华为与联合国环境规划署合作,共同研究和推广绿色供应链管理技术,推动全球范围内的可持续发展。

华为积极参与和支持各类社会公益和环保项目,通过捐赠、志愿服务等方式,推动环境保护和可持续发展。例如,华为在多个国家和地区开展了植树造林、水资源保护等项目,为当地的环境保护做出了积极的贡献。

7. 持续改进与创新

华为持续投入大量资源进行环保技术的研发与创新,致力于在生产工艺、材料使用和能源管理等方面不断取得突破。例如,华为在其研发中心设立了专门的环保技术研究部门,负责开发和推广绿色技术。这些技术不仅能提升产品的环境绩效,还能降低生产成本和提高生产效率。

华为不仅在自身产品中应用环保技术,还通过与供应商的合作,推动这些技术在整个供应链中的应用。例如,华为开发了一种新型的低碳塑料,并将其推广到供应链中的多家供应商。这种低碳塑料不仅碳排放低,还具有优异的性能和可回收性。

华为不断完善其环保管理体系,通过引入先进的管理工具和方法,提升环保管理水平。例如,华为引入了 ISO 14001 环境管理体系和 ISO 50001 能源管理体系,并通过定期审核和评估,确保这些体系在公司内部的有效运行。通过这种方式,华为能够持续提升环境管理水平,推动可持续发展。

二、华为绿色供应链管理的成效

华为在绿色供应链管理方面的努力取得了显著成效,这不仅提升了企业自身的环境绩效,还在全球范围内推动了可持续发展的进程。以下将从环境绩效的提升、经济效益的增长、供应链稳定性的增强、社会责任的履行及全球影响力的扩大五个方面详细探讨华为绿色供应链管理的成效。

(一)环境绩效的提升

1. 减少碳排放

华为通过一系列绿色供应链管理措施,在减少碳排放方面取得了显著成效。通过优化物流运输、使用新能源运输工具和改进生产工艺,华为不仅减少了自身的碳足迹,也为整个供应链的绿色转型树立了标杆。

华为利用大数据分析和智能调度系统,优化运输路线和方式,减少了不必要的运输距离和次数。通过精确分析历史运输数据和实时交通状况,智能调度系统可以为每一次运输任务选择最优的路线和时段,避免交通拥堵和无序行驶。

华为逐步引入电动卡车和新能源汽车进行物流运输,进一步降低了物流环节的碳排放。电动卡车和新能源汽车在运输过程中不产生尾气排放，显著减少了二氧化碳和其他有害气体的排放。此外，这些新能源运输工具配备了高效电池管理系统和智能驾驶技术，提高了运输效率和安全性。

华为在多个物流枢纽设立了充电基础设施，确保电动卡车和新能源汽车在长途运输中的续航能力和充电便利性。通过这种系统化的新能源运输工具推广，华为不仅减少了碳排放，还提升了物流运输的整体环保水平。

在生产工艺方面，华为通过技术改进和能源管理，减少了生产过程中的碳排放。具体措施包括以下几点。

一是能源优化项目。华为在生产基地部署了智能能源管理系统，实时监控和优化能源使用，减少能源浪费。通过优化生产设备的运行参数和使用高效节能设备，华为显著降低了单位产品的能源消耗。

二是绿色制造技术。华为采用先进的绿色制造技术，如低温焊接、无铅工艺等，减少生产过程中的能源消耗和有害物质排放。这些技术不仅提高了产品的环保性能，还提升了生产效率和产品质量。

三是可再生能源的使用。华为在部分生产基地引入了可再生能源，如太阳能和风能，通过自建光伏电站和购买绿色电力，减少了对传统化石能源的依赖，进一步降低了碳排放。

通过这些措施，华为在减少碳排放方面取得了显著成效，为企业的可持续发展奠定了坚实的基础。未来，华为将继续在绿色供应链管理和生产工艺改进方面投入更多资源，推动更多创新措施的实施，确保企业运营的每个环节都符合可持续发展的要求，为全球环保事业贡献更多的智慧和力量。

2. 提高能源利用效率

华为在全球范围内的工厂通过技术改造和能源管理，显著提高了能源利用效率。

华为引入了先进的能源管理系统，实时监控和优化能源使用情况。通过数据分析和优化调整，华为能够在不影响生产效率的前提下，显著降低能源消耗。这些系统能够实时收集和分析能源使用数据，识别出能源浪费的环节，并提出优化方案。例如，通过对生产设备的运行参数进行调整和优化，华为在保证生产效率的同时，大幅度降低了能源消耗。

此外，华为积极使用可再生能源，以减少对化石燃料的依赖。华为在多个生产基地安装了太阳能光伏电站。通过这些举措，华为不仅减少了对传统能源的依赖，也降低了碳排放。

为了进一步提高能源利用效率，华为还开展了多个节能改造项目。例如，华为在生产车间安装了高效照明系统，以 LED 灯具替换传统的照明设备，减少了照明能耗。华为还通过改造空调系统和优化冷却水系统，提高了空调和制冷设备的能效。通过这些措施，华为在提高能源利用效率方面取得了显著成效。

3.减少有害物质的使用

华为在产品设计和制造过程中大力减少有害物质的使用，确保产品的环保性能，并保障消费者和环境的安全。通过采用无铅焊接技术和无卤素材料，华为在多个产品线中实现了有害物质的显著减少。2022 年，华为在全球范围内减少了 500 吨有害物质的使用，这不仅体现了华为在绿色制造方面的承诺，也展示了其在环保技术应用方面的领先地位。

华为采用无铅焊接技术，不仅减少了铅对环境的污染，还提高了焊接点的稳定性和耐用性。在无铅焊接技术的推广过程中，华为通过技术创新和工艺改进，实现了环保与性能的双重提升。无铅焊接材料如锡银铜合金不仅在焊接点的可靠性和抗疲劳性方面表现优异，而且其使用过程中产生的有害物质显著减少。

华为在智能手机和通信设备的制造过程中广泛采用无铅焊接技术，这一技术的推广使华为产品更加环保和可靠。例如，华为在其旗舰手机和高端通信设备中全面应用无铅焊接工艺，确保每一个焊接点都符合环保标准。同时，华为通过优化焊接参数和提高焊接设备的精度，进一步提升了无铅焊接的工艺水平，确保产品在高温、高湿等恶劣环境下的稳定性和耐用性。

通过采用无卤素材料,华为有效避免了卤素化合物在使用和废弃过程中对环境的危害。卤素化合物在高温燃烧时会产生有毒气体,对环境和人体健康造成严重威胁。华为在产品设计中积极应用无卤素材料,如无卤素塑料和无卤素阻燃剂,减少了对环境的危害。这些材料在生产和回收过程中更加环保,对人体健康也更为安全。

具体而言,华为在其电子产品的外壳、线路板和连接器等部件中广泛使用无卤素材料。例如,华为的智能手机外壳采用了无卤素塑料,这不仅提高了产品的耐热性和阻燃性,还减少了有害物质的排放。此外,华为在电缆和连接器的绝缘材料中使用无卤素阻燃剂,确保在电气短路和高温条件下不会释放有毒气体,保障了用户的安全。

华为在减少有害物质使用方面的努力不仅体现了其环保承诺,也展示了其对消费者健康的重视。通过无铅焊接技术和无卤素材料的广泛应用,华为在产品全生命周期中减少了有害物质的排放和积累。这些措施在生产过程中降低了工人接触有毒有害物质的风险,在使用过程中减少了消费者接触有害物质的机会,在回收过程中减少了环境污染。

为确保这些环保措施的有效实施,华为建立了严格的供应链管理体系,对原材料和零部件供应商进行严格的环保审查和认证。华为要求所有供应商必须符合国际环保标准,并定期进行环保绩效评估和审核。通过这种严格的供应链管理,华为不仅确保了产品的环保性能,也推动了整个供应链的绿色转型。

通过在产品设计和制造过程中大力减少有害物质的使用,华为在绿色制造和环保技术应用方面取得了显著成效。无铅焊接技术和无卤素材料的广泛应用,不仅提升了产品的环保性能和安全性,也减少了对环境和人体健康的危害。

4.提高资源利用效率

通过提高产品的可回收性和回收旧产品,华为显著提升了资源利用效率。这些举措不仅减少了电子废弃物的产生,也为资源的循环利用和环境保护做出了积极贡献。

华为在产品设计中采用模块化设计,通过这种设计理念,华为的产品在技术更新时可以通过更换和升级部分组件来延长使用寿命,而不是全部更换,从而减少了电子废弃物的产生。例如,华为的智能手机和通信设备设计采用了模块化的电池、显示屏和存储组件,使这些部件在损坏或技术过时时可以单独更换或升级,而无需更换整个设备。这不仅减少了用户的成本,也减少了大量的电子废弃物。模块化设计还使废旧产品的拆解和回收更加高效,从而提高了材料回收率。

在制造过程中,华为通过引入可再生材料,华为在产品的全生命周期中实现了资源的高效利用和循环使用。例如,华为在产品外壳、包装材料等方面广泛使用再生塑料,这些再生塑料通过严格的工艺处理,确保其性能与传统塑料相当甚至更优。同时,华为在电池和电路板等关键组件中使用再生金属(如铝和铜),这些金属经过回收和精炼处理,性能完全可以满足高科技产品的需求。通过这些措施,华为大幅减少了对原生资源的消耗,实现了资源的可持续利用。

华为的回收体系包括回收网点的设立、回收流程的标准化及回收激励措施的实施。华为在全球主要城市设立了多个回收网点,方便消费者将废旧产品送回。此外,华为开发了一套标准化的回收流程,确保回收过程中的安全和环保处理。通过这些措施,华为不仅提高了产品的回收率,还增强了消费者的环保意识。

通过提高产品的可回收性、使用可再生材料和回收旧产品,华为在提高资源利用效率方面取得了显著成效。模块化设计延长了产品使用寿命,减少了电子废弃物的产生;可再生材料的使用降低了对自然资源的依赖;完善的回收体系确保了废旧产品的高效回收和再利用。

5. 废弃物管理

在废弃物管理方面,华为采取了一系列有效措施,通过改进生产工艺和废弃物处理技术,减少了生产过程中的废弃物产生,并提高了废弃物的回收利用率。

华为建立了完善的废弃物回收系统,通过分类和处理,提高废弃物的回收利用率。华为在每个生产基地设立了废弃物分类回收站点,确保不同类型的废弃物都能够得到有效的分离和处理。通过这种系统化的管理,华为能够最大限度地回收再利用生产过程中的废弃物,减少对环境的负面影响。具体措施包括在生产线和办公区域设置分类回收箱,明确标识可回收和不可回收废弃物的种类,并定期进行废弃物分类培训,提高员工的环保意识和分类能力。华为还与专业废弃物处理公司合作,确保废弃物在回收和处理过程中符合环保标准,避免二次污染。

通过技术改进和工艺优化,华为在生产过程中显著减少了废弃物的产生。例如,华为在其生产线上引入了先进的材料切割技术,减少了材料浪费和废弃物产生。新技术的应用使材料的利用率显著提高,减少了因切割不当造成的废料。

此外,华为还在生产工艺中采用了精密制造技术和高效组装工艺,进一步减少了材料损耗和废弃物的产生。例如,在电子元器件的生产过程中,华为通过改进焊接工艺和组装流程,减少了焊接材料的浪费和组装过程中的不良品率。通过这些技术和工艺的改进,华为不仅降低了生产成本,也减少了废弃物的产生。

华为不断探索和应用新的技术手段,提高废弃物的回收利用率。例如,华为在其生产基地实施了废水循环利用系统,通过过滤和净化技术,将生产过程中产生的废水进行处理和再利用,减少了废水排放和新鲜水资源的消耗。

在固体废弃物的管理方面,华为通过引入高效的分拣和处理设备,提高了废弃物的回收效率。例如,华为的生产基地配备了先进的机械分拣设备,能够高效地分离不同类型的固体废弃物,确保每一种废弃物都能够得到最佳的回收和处理。同时,华为还利用生物处理技术,对有机废弃物进行堆肥处理,将其转化为有机肥料,用于绿化和农业生产。

例如深圳生产基地的废弃物管理。以华为深圳生产基地为例,该基地通过实施一系列废弃物管理措施,实现了废弃物回收率的大幅提升。深圳生产基地引入了全自动废弃物分类系统,能够准确识别和分类不同类型的废弃物,提高了回收效率。此外,基地还建立了废弃物监控和管理平台,实时监控废弃物的产生、分类和处理情况,确保废弃物管理的透明性和高效性。

在技术应用方面,深圳生产基地采用了先进的3D打印技术,减少了模具制造过程中的材料浪费和废弃物产生。通过3D打印技术,华为能够精确制造所需零部件,避免传统加工工艺中常见的材料浪费问题。此外,该基地还采用了智能制造系统,优化生产流程,减少了生产过程中的材料损耗和废弃物产生。

华为在废弃物管理方面取得了显著成效,通过改进生产工艺、引入先进技术和完善废弃物回收系统,显著提高了废弃物的回收利用率。

(二)经济效益的增长

绿色供应链管理不仅提升了华为的环境绩效,也带来了显著的经济效益。通过减少有害物质的使用、提高能源利用效率、提升品牌形象和市场竞争力,以及推动技术创新,华为在多方面实现了经济效益的显著提升。

1. 成本节约

绿色供应链管理有效地帮助华为实现了成本节约,特别是在能源管理和材料使用方面。通过优化能源使用和减少有害物质,华为每年节约了大量成本。

华为通过先进的能源管理系统和优化措施,显著降低了全球范围内的能源消耗,从而大幅节约了能源成本。例如,华为在其生产基地引入了智能能源管理系统,实时监控和优化能源使用,减少了不必要的能源浪费。

通过广泛使用可再生材料和减少有害物质的使用,华为在材料采购方面也实现了显著的成本节约。再生材料不仅环保,还比原生材料更经济实惠。例如，华为在智能手机和通信设备中广泛使用再生塑料和再生金属，这些材料的采购成本显著低于原生材料。

2. 市场竞争力的提升

绿色供应链管理显著提升了华为的品牌形象和市场竞争力，吸引了更多注重环境保护的客户。

通过积极履行环境责任，华为的品牌形象得到了显著提升。消费者对绿色环保产品的需求不断增加，这使华为在市场上具有更强的竞争力。华为的环保努力和绿色供应链管理赢得了广大消费者的认可和支持。例如，华为推出的一系列环保智能手机和设备，受到了市场的热烈欢迎，销量显著增长。这不仅扩大了华为的市场份额，也增强了品牌的美誉度。

华为的绿色供应链管理还赢得了客户的信任，特别是那些将环保作为选择供应商重要标准的大客户和合作伙伴。许多跨国企业和机构在选择供应商时都会优先考虑环保表现突出的公司。华为通过其在环保方面的卓越表现，成为这些客户的首选供应商。例如，华为与多家国际知名企业建立了长期合作关系，这些企业高度认可华为的绿色供应链管理和环保努力。这些合作不仅带来了稳定的业务增长，也为华为进一步拓展国际市场奠定了坚实的基础。

3. 创新与技术优势

绿色供应链管理提高了华为在环保技术和创新方面的投入，使华为在行业内保持技术领先地位。

华为在环保技术方面的研发投入使其在多个领域取得了技术突破。例如，华为开发的新型低碳塑料在环保和性能方面均具有显著优势。这种低碳塑料不仅在生产过程中减少了碳排放，还具有更好的耐用性和可回收性，适用于智能手机和通信设备等多个领域。通过不断创新和技术改进，华为在绿色供应链管理方面保持了行业领先地位。

通过绿色供应链管理和技术创新，华为不仅提升了市场竞争力，还为其他企业提供了借鉴和学习的标杆。例如，华为在废弃物管理、能源优化和材料再生等方面的技术创新为行业树立了榜样。这些创新不仅提升了公司的竞争优势，也推动了整个行业的可持续发展。例如，华为在其生产基地实施的废弃物回收系统和能源管理系统，已成为行业内学习和效仿的对象。这些系统不仅提高了资源利用效率，也减少了环境污染，为行业的绿色转型做出了积极贡献。

通过绿色供应链管理，华为在成本节约、市场竞争力提升和技术创新方面取得了显著的经济效益。能源管理和材料优化带来的成本节约，以及环保技术研发投入带来的技术优势，提升了品牌形象和市场竞争力，赢得了客户信任，这些都是华为实现经济效益的重要途径。

（三）供应链稳定性的增强

华为通过绿色供应链管理，不仅提升了环境绩效和经济效益，还显著增强了供应链的稳定性。通过提升风险管理能力、加强与供应商的关系和提高供应链的透明度，华为在全球供应链管理中树立了标杆，确保了供应链的稳定运行和抗风险能力。

1. 管理能力的提升

绿色供应链管理显著提升了华为的风险管理能力，降低了供应链中断的风险。华为通过严格的供应商环境管理，能够及时发现和应对潜在的环境风险，减少了因环境问题导致的供应链中断风险。

华为制定了详细的应急预案和响应机制，以应对供应链中的突发事件。这些预案和机制涵盖了从自然灾害到环境污染等多种突发事件，使华为能够在突发环境事件中迅速响应，确保供应链的稳定运行。例如，华为建立了多层次的风险监控系统，实时监控供应链各环节的环境风险，通过预警机制和快速反应，及时应对突发情况，确保供应链不中断。

此外，华为还定期进行供应链风险评估和应急演练，通过模拟突发事件，检验和提升应急响应能力。通过这些措施，华为不仅提升了供应链的抗风险能力，也增强了企业应对环境风险的综合能力。

2. 供应商关系的加强

绿色供应链管理帮助华为与供应商建立了更加稳固和长期的合作关系。华为每年对供应商进行环境绩效评估，根据评估结果制定改进措施，帮助供应商提升环境管理水平。这种方式不仅提升了供应商的环境绩效，还增强了双方的信任和合作。例如，华为通过环境绩效评估，识别和表彰环境管理优秀的供应商，鼓励其他供应商向其学习和借鉴。同时，对于环境绩效欠佳的供应商，华为提供技术支持和培训，帮助其改进环境管理。通过这种方式，华为不仅提升了整个供应链的环境绩效，还增强了供应链的稳定性和可靠性。

华为还定期对供应商进行环境管理培训和指导，提升其环境管理能力。这些培训内容涵盖最新的环境法规、环境管理技术和最佳实践，帮助供应商提升环境管理水平。通过与供应商的紧密合作和共同成长，华为在全球供应链中建立了牢固的合作关系，确保供应链的长期稳定运行。

3. 供应链透明度的提高

华为通过透明的供应链信息披露，显著提高了供应链的透明度和公信力。华为在其官网上公开供应商名单及其环境绩效评估结果，不仅提升了华为的企业形象，还增强了供应链的透明度。

华为还邀请第三方机构对其供应链管理进行审计和认证，确保供应链管理的公正性和透明度。例如，华为与国际知名认证机构合作，对供应链各环节进行独立审计和评估，确保供应链管理符合国际标准和最佳实践。通过这种方式，华为不仅提升了供应链管理的公信力，还推动了整个行业的透明化和规范化发展。

通过绿色供应链管理，华为在提升风险管理能力、加强与供应商的关系和提高供应链透明度方面取得了显著成效。这些措施不仅增强了供应链的稳定性和抗风险能力，还提升了企业的市场竞争力和公信力。未来，华为将继续深化绿色供应链管理，不断探索和创新，为全球供应链的可持续发展贡献更多智慧和力量。

（四）社会责任的履行

华为不仅在绿色供应链管理方面取得了显著成效，还通过积极参与和支持各类社会公益和环保项目，履行企业社会责任。通过社会公益与环保项目、员工参与和环保教育、政策倡导与标准制定，华为为环境保护和社区建设做出了重要贡献。

1. 社会公益与环保项目

华为积极参与和支持各类社会公益和环保项目，通过捐赠、志愿服务等方式，推动环境保护和社区建设。华为在多个国家和地区开展了植树造林项目，通过植树改善当地的生态环境。植树造林项目不仅增加了绿地面积、提高了空气质量，还为当地社区提供了就业机会和经济收益。

在水资源保护方面，华为也进行了大量投入。例如，华为在非洲和亚洲的多个国家开展了水资源保护和管理项目，通过修建水库和水处理设施，改善了当地居民的用水条件。这些项目不仅解决了当地的饮水问题，还促进了经济发展。例如，在肯尼亚，华为资助修建了多座水处理设施，极大地改善了数万居民的用水质量和卫生条件。

2. 员工参与和环保教育

华为高度重视员工的环保意识培养，通过定期举办环保培训和教育活动，提高员工的环保知识水平。华为每年都举办"绿色华为"环保周活动，邀请环保专家进行讲座，组织员工参加环保知识竞赛和实践活动，提升员工的环保意识和参与度。这些活动不仅丰富了员工的环保知识，还增强了他们的环保责任感和行动力。

华为还鼓励员工参与环保志愿者项目，通过志愿服务推动环境保护和社区建设。华为的员工志愿者团队在全球范围内参与了多项环保项目，如海滩清洁、植树造林和社区环保宣传等。通过这些志愿服务活动，员工不仅为环境保护贡献了力量，还提高了社会责任感。

3. 政策倡导与标准制定

华为通过参与全球环保政策的制定和倡导，推动环保政策的完善和实施。例如，华为与联合国环境规划署合作，推动全球范围内的绿色供应链管理技术的推广和应用。华为在多个国际环保论坛和会议上分享其绿色供应链管理经验和最佳实践，推动了全球环保技术的发展和应用。例如，华为在联合国气候变化大会上介绍了其在绿色能源和低碳技术方面的创新，得到了广泛的认可和支持。

通过社会公益与环保项目、员工参与和环保教育、政策倡导与标准制定，华为在履行社会责任方面取得了显著成效。华为的植树造林、水资源保护项目不仅改善了生态环境，还为当地社区提供了切实的帮助；通过环保教育和志愿者活动，华为增强了员工的环保意识和社会责任感；通过积极参与国际环保政策和标准的制定，华为为全球绿色发展贡献了智慧和力量。

（五）全球影响力的扩大

通过实施绿色供应链管理，华为不仅提升了自身的环境绩效和经济效益，还显著扩大了其全球影响力。华为通过全球合作与经验分享及全球市场的拓展，展示了其在推动绿色供应链管理和可持续发展方面的领导力和责任感。

1. 全球合作与经验分享

华为与联合国环境规划署（UNEP）、世界自然基金会（WWF）等国际组织合作，共同推进全球环境保护项目。例如，华为与联合国环境规划署合作，开展了多项绿色供应链管理研究项目，推动全球范围内的绿色供应链管理技术的推广和应用。这些合作项目不仅提高了华为的国际知名度，也促进了全球环保技术的交流和发展。

华为通过举办国际会议、参与行业论坛等方式，分享其在绿色供应链管理方面的经验。这不仅提升了华为的国际影响力，还为其他企业提供了宝贵的经验。例如，华为在各类国际环保论坛上介绍了其在绿色能源、低碳技术和可持续发展方面的创新实践，得到了广泛的认可和支持。

通过这些平台，华为与全球各地的企业和机构分享其成功经验，推动更多企业加入绿色供应链管理的行列。这种合作与分享，不仅提升了华为的国际地位，也为全球供应链的绿色转型提供了重要的推动力。

2. 全球市场的拓展

通过绿色供应链管理，华为在全球市场上的竞争力得到了显著提升，进一步推动了其全球市场的拓展。绿色供应链管理不仅提高了华为的品牌形象和认知度，还吸引了更多关注环保的消费者和合作伙伴，促进了市场的扩展和业务增长。

华为通过绿色供应链管理提升了品牌形象和认知度，吸引了更多关注环保的消费者和合作伙伴。例如，华为的绿色产品在欧美市场受到了广泛欢迎，进一步提升了其在国际市场上的品牌影响力。华为在欧洲市场推出的低碳智能手机和环保通信设备，因其高效、环保的特点，赢得了消费者的青睐。

这种绿色产品不仅满足了消费者对环保的需求，还提高了华为的品牌美誉度。随着环保意识的提升，越来越多的消费者倾向于选择环保产品，华为凭借其在绿色供应链管理方面的优势，成功抓住了这一市场趋势，提高了市场占有率。

凭借在绿色供应链管理方面的优势，华为成功开拓了多个新兴市场。例如，华为在拉美和非洲市场的拓展中，凭借其环保产品和绿色供应链管理，赢得了当地政府和消费者的认可和支持。

华为在拉美和非洲市场的成功，不仅扩大了公司的全球市场份额，也展示了其在推动绿色发展方面的能力和决心。例如，华为在肯尼亚和巴西等国家的项目，不仅改善了当地的通信基础设施，还通过环保技术和绿色供应链管理，为当地经济和环境的可持续发展做出了重要贡献。

华为绿色供应链管理的成效显著，不仅在环境绩效提升方面取得了巨大成就，还带来了显著的经济效益、增强了供应链的稳定性、履行了社会责任，并扩大了全球影响力。通过一系列具体措施和实践，华为不仅实现了环境保护和经济效益的双赢，还为全球可持续发展做出了积极贡献。华为的成功经验为其他企业提供了宝贵的借鉴和启示，展示了企业在推动绿色供应链管理和可持续发展方面的巨大潜力和责任。

三、华为绿色供应链管理的挑战和未来展望

（一）主要挑战

尽管华为在绿色供应链管理方面取得了显著成效，但仍面临着许多挑战。这些挑战主要集中在供应商管理、技术与成本、法规与标准差异及全球化管理等方面。克服这些挑战需要华为付出更多的努力，并采取更加灵活和创新的应对策略。

1. 供应商管理难度大

华为的供应链遍布全球，管理这些供应商的环境绩效是一项巨大的挑战。不同国家和地区的供应商在环保意识、技术水平和管理能力方面存在显著差异，这使华为在推动绿色供应链管理时需要付出更多的努力。

不同供应商的环境绩效差异显著。有些供应商在环境管理方面已经具备较高水平，而有些还处于起步阶段。华为需要针对不同供应商的具体情况，制定具有个性化的改进措施，这增加了管理的复杂性。例如，对于那些环保意识薄弱的供应商，华为需要通过教育和培训，帮助他们提高环保意识和管理水平；对于那些已经具备良好环保绩效的供应商，华为则需要进一步推动其技术创新和环保投入。

供应商所在国家和地区的文化和管理模式不同，也对华为的供应商管理提出了挑战。例如，一些供应商在环境管理上更注重短期效益，而忽视了长期可持续发展的重要性。华为需要通过培训和指导，帮助这些供应商改变观念和管理方式。华为还需要尊重和理解不同文化背景下的管理模式，采取灵活的管理策略，以适应不同的文化环境。

2. 技术与成本压力

实施绿色供应链管理需要不断进行技术创新，这对企业的技术储备和

资金投入提出了较高要求。尤其是对于一些中小型供应商来说，技术升级和环保改造的成本压力较大。

绿色供应链管理需要持续的技术研发投入，如开发无害化材料、优化生产工艺、提升能源利用效率等。这些研发投入不仅需要大量的资金，还需要技术团队的支持和长期的研究积累。华为在这方面的投入虽然较大，但仍需要不断提升技术创新能力，以应对日益严格的环保要求。

供应链上的环保改造成本也是一大挑战。对于一些中小型供应商来说，进行环保技术改造和设备升级需要大量资金，而这些供应商往往在资金上相对紧张。华为需要在这方面提供更多的支持和帮助，以推动整个供应链的绿色转型。例如，华为可以通过设立专项环保基金，向供应商提供低息贷款或资助，帮助他们进行环保改造。

3. 法规与标准差异

各国的环保法规在严格程度和具体要求上存在显著差异。例如，欧洲的一些国家在环保法规上相对严格，而一些发展中国家的法规可能较为宽松。华为需要针对不同市场，制定相应的管理措施，确保合规性。为了应对这一挑战，华为需要建立一支专业的法规合规团队，负责监测和研究各国的环保法规，及时调整公司的管理策略。

不同国家和地区的环保标准不统一，也增加了管理的难度。例如，在某些国家，特定化学物质的使用可能被禁止，而在另一些国家是允许的。华为需要在全球范围内协调和统一环保标准，以确保供应链的整体绿色绩效。华为可以通过与国际标准化组织合作，推动全球环保标准的统一和提升。

4. 全球化管理的复杂性

作为一家全球化企业，华为在实施绿色供应链管理时需要面对全球化管理带来的复杂性。如何在全球范围内协调和推动绿色供应链管理，是华为需要长期解决的问题。

在全球范围内实施统一的绿色供应链管理，需要跨国协调和沟通。不同国家和地区的市场环境、文化差异、管理模式等，都对华为的全球化管理提出了挑战。华为需要建立高效的跨国协调机制，以确保绿色供应链管理的顺利推进。例如，华为可以设立全球供应链管理中心，负责统筹和协调各地区的绿色供应链管理工作。

在全球范围内实施绿色供应链管理时，需要考虑本地的实际情况。例如，不同国家和地区的供应商在技术水平、管理能力和环保意识等方面存在差异。华为需要根据具体情况，制定具有本地化的实施方案，以确保绿色供应链管理的有效性。例如，在技术水平较低的地区，华为可以通过提供技术支持和培训，帮助供应商提升技术水平和管理能力；在环保法规较宽松的地区，华为可以通过加强内部管理，确保供应链符合更高的环保标准。

尽管面临诸多挑战，华为在绿色供应链管理方面的努力和成就为其应对这些挑战提供了坚实的基础。通过持续提升供应商管理、加强技术研发投入、适应和推动法规与标准的统一，以及优化全球化管理机制，华为有望在绿色供应链管理领域继续保持领先地位。未来，华为将继续在这些方面投入更多资源，推动更多创新措施的实施，为全球环保事业和可持续发展贡献更多智慧和力量。

（二）未来展望

尽管面临诸多挑战，华为在绿色供应链管理方面仍然有着广阔的前景。通过持续努力和创新，华为有望进一步提升绿色供应链管理水平，并为全球可持续发展做出更大的贡献。

1. 技术创新与研发投入

未来，华为将继续加大在绿色技术创新和研发方面的投入。通过不断研发和应用新技术，进一步提升绿色供应链管理的效率。

华为将继续研发和应用环保新材料，如可再生塑料、生物降解材料等。这些新材料不仅能减少环境污染，还能提高产品的可回收性和循环利用率。例如，可再生塑料可以通过回收废旧塑料制成，这不仅减少了塑料废弃物的产生，也降低了对石油等原材料的依赖。生物降解材料则能够在自然环境中分解，减少了对土壤和水体的污染。

在先进制造技术方面，华为将加大投入力度，如智能制造、绿色制造等。通过应用这些先进技术，华为可以提高生产效率、减少资源消耗和环境污染。例如，智能制造技术通过自动化和数据分析优化生产流程，减少了能源和原材料的浪费。绿色制造技术则侧重于减少生产过程中的污染排放和废弃物生成，通过改进工艺和设备实现生产的环保化。

华为还将进一步提升能源利用效率，减少碳排放。通过研发和应用高效能源管理系统，优化能源使用，华为可以在保证生产效率的同时，显著降低能源消耗。例如，通过引入智能电网和能源管理平台，华为可以实时监控和优化能源使用，提高能源利用效率，减少能源浪费和碳排放。

2. 供应链协同与合作

华为将进一步加强与供应商的合作，通过供应链协同，实现绿色供应链管理的整体提升。

华为将继续对供应商进行环境管理培训和指导，提升其环境管理能力。华为通过提供技术支持和资金援助，帮助供应商进行环保技术改造和设备升级。例如，华为定期组建环境管理培训班，邀请环保专家为供应商讲解最新的环保法规和技术，帮助他们提升环保管理水平。

华为将与供应商建立更加紧密的绿色合作伙伴关系，通过共同研发和合作项目，推动绿色技术的应用和推广。例如，华为可以与供应商共同开发低碳产品和技术，提升整个供应链的绿色绩效。这种合作不仅有助于提升供应商的环保能力，也能够为华为提供更稳定和更可靠的供应链支持。

通过共同研发项目，华为和供应商可以在绿色技术方面实现协同创新。例如，华为可以与供应商共同研发环保材料、新型低碳生产工艺等，推动绿色技术在整个供应链中的应用和推广。这不仅能够提升华为产品的环保性能，也能够带动供应链上下游企业共同实现绿色转型。

3. 全球化管理与本地化实施

华为将继续优化其全球化管理体系，确保绿色供应链管理在全球范围内的有效实施。华为将致力于推动全球环保标准的统一，通过与国际组织和行业协会的合作，推动环保标准的制定和实施。这将有助于减少不同国家和地区环保标准的差异，提高全球绿色供应链管理的整体水平。例如，华为可以参与国际标准化组织（ISO）的工作，推动全球范围内统一的环保标准的制定和推广。

华为将根据不同国家和地区的实际情况，制定本地化的绿色供应链管理实施方案。例如，在发展中国家，华为可以提供更多的技术支持和培训，帮助当地供应商提升环保水平；在发达国家，华为可以推广先进的环保技术和管理经验，进一步提升绿色供应链管理的效果。这种本地化的管理方式能够更好地适应不同市场的需求，确保绿色供应链管理的实际效果。

在全球范围内实施统一的绿色供应链管理，需要跨国协调和沟通，需要建立高效的跨国协调机制，以确保绿色供应链管理的顺利推进。例如，华为可以设立全球供应链管理中心，负责统筹和协调各地区的绿色供应链管理工作，通过建立统一的管理平台和沟通机制，确保各地区能够协同推进绿色供应链管理。

4. 消费者参与和公众教育

华为将进一步推动消费者参与和公众教育，通过宣传和引导，提升社会对绿色供应链管理的关注和支持。华为将通过宣传和教育，提高消费者的环保意识。例如，通过举办环保主题活动、发布环保知识手册等，鼓励消费者选择和支持绿色产品。华为可以在其产品包装和宣传材料中强调产品的环保性能和绿色供应链管理的成效，增强消费者的环保意识和提高购买绿色产品的意愿。

华为将加强公众教育和宣传，推广绿色供应链管理的理念和实践经验。通过与媒体、教育机构和非政府组织的合作，华为可以更广泛地传播绿色供应链管理的知识和经验，提高社会各界对绿色供应链管理的关注度和支持力度。例如，华为可以与学校合作，开展绿色环保教育项目，向学生传授环保知识和技能，培养下一代的环保意识。

华为还可以通过社交媒体和在线平台，与消费者进行互动和交流，收集消费者对绿色供应链管理的反馈和建议。这不仅有助于提升消费者的参与感，也能够帮助华为不断改进和完善其绿色供应链管理策略。

（三）未来的战略重点

为了实现上述目标，华为将在以下几个战略重点上加大投入力度。这些战略重点涵盖了研发与技术创新、供应链管理与协同、国际合作与标准制定及消费者与社会参与，通过综合施策，华为致力于进一步提升绿色供应链管理水平，并为全球可持续发展贡献更多的智慧和力量。

1. 研发与技术创新

华为将加强与高校和研究机构的合作，通过产学研结合，推动绿色技术的研发和应用。通过与学术界的紧密合作，华为可以吸引更多的技术人才和科研资源，提升绿色技术创新能力。与顶尖大学和科研机构的合作，将使华为能够及时获取最新的研究成果，并将这些成果迅速转化为实际应用。例如，华为可以与世界各地的顶尖大学合作设立联合实验室，进行前沿环保技术的研究。这些联合实验室将重点研究如何在电子产品制造中减少有害物质的使用、提升能源利用效率及开发新的废弃物处理技术。此外，华为还可以赞助大学和研究机构的环保技术研究项目，支持年轻科学家和工程师的创新研究。

为了推动绿色技术创新，华为将建设开放的技术创新平台，汇聚全球创新资源，推动绿色技术的发展和应用。通过这个平台，华为将与全球的初创企业、科研机构和高校合作，共同开发和推广绿色技术。平台将提供技术交流、项目合作和创新孵化等服务，使更多的创新技术转化为实际应用。

2. 供应链管理与协同

华为计划建设供应商协同平台，通过信息共享和协同管理，提升供应链的透明度和效率。供应商协同平台将整合供应链各环节的信息，实时监控和优化供应链管理。通过这个平台，华为可以与供应商共享环保数据、管理经验和技术解决方案，帮助供应商提升环保管理水平。例如，供应商协同平台将实现对供应链中各个环节的实时监控，包括原材料采购、生产过程、物流运输等。通过对这些环节的监控，华为可及时发现和解决供应链中的环保问题，确保供应链的绿色绩效。同时，供应商协同平台还将提供环保管理的最佳实践和技术指导，帮助供应商提高环保管理能力。

华为将推动建立绿色供应链联盟，与供应链上的主要合作伙伴共同制定和实施绿色标准和规范。绿色供应链联盟将通过定期会议和交流活动，促进成员之间的合作和经验分享。绿色供应链联盟的成立将有助于统一供应链管理标准，推动整个供应链的绿色转型。例如，绿色供应链联盟将定期举办环保技术研讨会和经验分享会，邀请联盟成员交流环保管理经验和技术创新成果。通过这些活动，联盟成员可以相互学习和借鉴，提升整体的环保管理水平。此外，绿色供应链联盟还将制定和推广统一的绿色供应链管理标准，确保供应链的每一个环节都符合环保要求。

3. 国际合作与标准制定

华为将加强与国际环保组织的合作，共同研究和推广绿色供应链管理技术。通过参与国际环保组织的活动，华为可以获取最新的环保信息和技术，提升自身的绿色供应链管理水平。例如，华为可以与联合国环境规划署（UNEP）合作，开展全球环保项目和研究，推动绿色供应链管理的全球推广和应用。

华为将通过跨国合作项目，促进全球绿色供应链管理技术的发展和应用。例如，华为可以与其他国际企业合作，共同开发和推广绿色技术，推动全球绿色供应链管理的发展。通过这些跨国合作项目，华为可以借鉴全球最先进的环保技术和管理经验，提升自身的绿色供应链管理水平。

4. 消费者与社会参与

华为将加强对绿色产品的宣传，通过广告、社交媒体和线下活动等方式，向消费者展示其绿色产品的优势。通过宣传和推广，华为可以吸引更多的消费者选择和支持绿色产品。例如，华为可以通过电视广告、社交媒体推广和环保主题活动，向消费者展示其绿色产品的环保性能和优点。

华为将进一步扩大社会责任项目的规模，通过参与和支持各类社会公益和环保项目，提升其在社会上的影响力。通过这些项目，华为不仅可以履行其社会责任，还可以提高社会各界对绿色供应链管理的关注度和支持力度。例如，华为可以与教育机构和非政府组织合作，开展环保教育项目，向公众传播环保知识和技能，提升社会的环保意识。

华为将定期举办环保主题活动，邀请消费者、员工和合作伙伴参与，共同推动环保理念的传播。例如，华为可以组织植树造林、清洁海滩等环保活动，通过实际行动向社会展示其环保承诺。

通过在线问卷调查、社交媒体讨论等方式，了解消费者对绿色产品的需求和期望，及时调整和优化其产品和管理策略。

第二节　阿里巴巴的绿色金融与可持续发展绩效

在全球经济迅速发展的今天，环境保护和可持续发展已成为各国和企业关注的核心议题。面对日益严峻的环境挑战，如何平衡经济增长与环境保护成为企业战略规划中的重要内容。作为全球领先的互联网和科技公司，阿里巴巴集团（以下简称阿里巴巴）在绿色金融与可持续发展方面的实践不仅具有重要的示范效应，也为其他企业提供了宝贵的经验。

绿色金融，即通过金融工具和手段支持环境友好和可持续发展的项目，是应对气候变化和资源枯竭的重要途径。阿里巴巴通过一系列绿色金融产品和服务，积极促进绿色经济的发展，实现了环境效益与经济效益的双赢。

本小节将详细介绍阿里巴巴在绿色金融领域的战略、产品和成效，探讨其在绿色科技创新和绿色供应链管理方面的实践，并分析阿里巴巴在推动可持续发展过程中面临的挑战和应对策略。通过对具体案例的深入探讨，揭示阿里巴巴在绿色金融实践中的实际成就和经验，以期为其他企业和研究人员提供有价值的参考。

一、阿里巴巴简介

（一）阿里巴巴的历史和发展

阿里巴巴成立于1999年，总部位于中国杭州。阿里巴巴最初以B2B电子商务平台起家，旨在帮助中小企业通过互联网实现商业成功。经过多年的发展，阿里巴巴已成长为全球领先的互联网和科技公司，业务涵盖电子商务、金融科技、云计算、数字娱乐、物流服务等多个领域。

阿里巴巴的成长史是一部不断创新和变革的历史。阿里巴巴从最初的阿里巴巴网站，逐步扩展到淘宝、天猫、阿里云等多个业务板块，形成了一个庞大而复杂的生态系统。这个生态系统不仅连接了全球数百万的商家和消费者，也为无数企业和个人提供了更多的商业机会和资源。

（二）核心业务领域

阿里巴巴是一家全球领先的综合性互联网公司，业务覆盖电子商务、金融科技、云计算、数字娱乐、物流服务等多个领域。凭借其强大的技术实力和创新能力，阿里巴巴在全球范围内为数以亿计的消费者和企业提供了高效便捷的服务，推动了互联网经济的发展。

1.电子商务

电子商务是阿里巴巴最重要的业务领域，旗下的淘宝和天猫两个平台在中国乃至全球电商市场中占据了重要地位。淘宝主要面向个人卖家和中小企业，提供了一个低门槛、高流量的交易平台。通过淘宝，个人卖家和小企业能够以较低的成本进入市场，接触到广大的消费者群体。淘宝不仅简化了交易流程，还通过创新营销工具和社交功能，提高了用户的购物体验和商家的销售能力。

天猫则集中于品牌商和大企业，提供了一个高端、专业的电商平台。天猫严格控制入驻商家的资质，确保商品的高质量和服务的高标准。通过天猫，品牌商和大企业能够展示和销售其优质产品，直接接触到购买力强的消费者群体。天猫还通过大数据分析和精准营销，帮助商家提升市场竞争力、优化产品策略。电子商务平台的成功不仅促进了阿里巴巴业务的增长，也推动了中国乃至全球电子商务市场的发展。

2. 金融科技

金融科技是阿里巴巴的重要业务领域之一，蚂蚁集团是其旗下的核心公司。蚂蚁集团提供包括支付、理财、保险等在内的多种金融服务，其中支付宝作为其核心产品，已成为中国乃至全球最大的移动支付平台之一。支付宝不仅提供了便捷的支付服务，还涵盖了理财、贷款、信用评估等多种金融服务。

通过支付宝，用户可以方便地进行购物支付、转账、缴费等操作，享受快捷的金融服务。蚂蚁集团还推出了余额宝、蚂蚁花呗等金融产品，满足了用户的多样化需求。蚂蚁集团还积极推动普惠金融，致力于为个人用户和中小企业提供便捷的融资渠道，支持实体经济的发展。金融科技业务的成功不仅提升了阿里巴巴的盈利能力，也促进了金融服务的普及和创新。

3. 云计算

云计算是阿里巴巴的另一重要业务领域，阿里云作为其旗下的云计算和数据智能业务，提供从基础设施到人工智能的全面解决方案。阿里云在全球范围内拥有广泛的客户群体，涵盖了各行各业。通过提供高效、安全、可靠的云计算服务，阿里云帮助企业提升运营效率、降低IT成本，推动数字化转型。

阿里云不仅提供了基础的计算、存储和网络服务，还在人工智能、大数据分析、物联网等领域拥有强大的技术能力。通过不断的技术创新和服务优化，阿里云在全球云计算市场中占据了重要地位。阿里云还与多个国家和地区的科技企业、研究机构建立了广泛的合作关系，推动云计算技术的发展和应用。云计算业务的成功为阿里巴巴奠定了坚实的技术基础，也为全球科技进步和经济发展提供了重要支持。

4. 数字娱乐

数字娱乐是阿里巴巴重要布局的领域之一，优酷和阿里影业是其旗下的核心企业。通过视频、电影、音乐等多种形式，阿里巴巴为用户提供了丰富的数字娱乐内容。优酷作为中国领先的视频平台，拥有海量的优质内容，覆盖了影视剧、综艺、纪录片、动漫等多个类型。通过不断的内容创新和平台优化，优酷吸引了大量用户。

阿里影业则专注于电影制作、发行和投资，致力于为观众提供高质量的影视作品。通过与国内外知名导演、编剧、制片人合作，阿里影业推出了一系列具有影响力的电影作品，提升了阿里巴巴在全球影视行业中的地位。数字娱乐业务不仅丰富了阿里巴巴的业务结构，也为用户提供了多样化的娱乐选择，提高了用户的黏性和忠诚度。

5. 物流服务

物流服务是阿里巴巴重要的支持体系，菜鸟网络作为其核心物流平台，通过科技手段提高物流效率，提供从仓储到配送的一体化解决方案。菜鸟网络通过构建智能物流网络，提升了物流效率，缩短了配送时间，降低了物流成本。通过与国内外物流企业合作，菜鸟网络在全球范围内建立了庞大的物流网络，为阿里巴巴的电商业务提供了强有力的支持。

菜鸟网络还积极推进绿色物流，通过使用新能源车辆、推广绿色包装、优化运输路线等措施，减少物流环节的碳排放。通过智能调度系统，菜鸟网络实现了物流资源的最优配置，提升了物流效率。物流服务的优化不仅提升了用户的购物体验，也为阿里巴巴的可持续发展做出了重要贡献。

总的来说，阿里巴巴通过在电子商务、金融科技、云计算、数字娱乐和物流服务等多个领域布局，构建了一个完整的生态系统。凭借强大的技术实力和创新能力，阿里巴巴不断推动业务创新和发展，为全球用户提供了高效、便捷的服务，促进了互联网经济的发展。

二、可持续发展与绿色金融概述

（一）可持续发展的定义与重要性

可持续发展是指在满足当代人需求的同时，不对后代人满足其需求的能力构成危害的发展方式。联合国在1987年发布的《我们共同的未来》报告中首次提出了可持续发展的概念，并在2015年通过了《2030年可持续发展议程》，设定了17个可持续发展目标（SDGs），涵盖了消除贫困、气候行动、保护生物多样性等多个方面。

可持续发展的重要性在于它强调了环境、社会和经济的协调发展，旨在通过综合治理和创新解决方案，达到经济增长与环境保护的双赢。这一理念已经成为全球共识，并在各国政策和企业战略中得到广泛应用。

（二）绿色金融的概念与范围

1. 绿色金融的定义和背景

绿色金融（Green Finance）是指通过金融工具和手段，支持环境友好和可持续发展的项目和企业。绿色金融涵盖了广泛的金融活动，包括银行贷款、债券发行、股权投资、保险等，旨在促进环保项目、清洁能源、节能减排、绿色建筑等可持续发展领域的资金流动。绿色金融的核心目标是将金融资源引至能够带来环境效益的项目中，从而推动整个经济向绿色和低碳方向转型。

绿色金融的概念最早起源于20世纪70年代，当时的全球环境问题如空气污染、水污染和土地退化日益严重，引发了社会对环境保护的关注。随着可持续发展理念日益深入人心，绿色金融逐渐成为一种重要的金融创新模式。21世纪初，全球气候变化问题日益凸显，尤其是2008年国际金融危机之后，各国政府和国际组织开始更加重视绿色金融的发展，将其作为实现经济复苏和应对气候变化的重要手段。

2. 绿色金融的主要形式

绿色金融的主要形式包括绿色贷款、绿色债券、绿色投资基金和绿色保险等。每一种形式都有其独特的特点和作用，共同构成了一个多层次、多元化的绿色金融体系。以下将详细介绍这些主要形式，探讨其特点、应用领域及其对可持续发展的推动作用。

一是绿色贷款。绿色贷款是银行和其他金融机构向环保项目或企业提供的贷款。其主要用于支持可再生能源、节能环保、绿色建筑、低碳交通等项目。绿色贷款的特点在于其利率通常较低，贷款期限较长，以鼓励企业进行长期的绿色投资。这些优惠条件使绿色贷款成为企业实施环保项目的首选融资方式。

阿里巴巴与多家银行合作，推出了绿色贷款产品，专门支持个人和中小企业进行绿色项目投资。这些绿色贷款产品不仅利率优惠，降低了企业的融资成本，而且申请流程简便快捷，减少了企业和个人的时间成本和复杂手续。通过这些绿色贷款，企业能够更容易地获得资金，用于建设太阳能发电、风能发电等可再生能源项目，实施工业节能改造，以及发展低碳交通运输等。这不仅促进了企业的可持续发展，也为社会的环保事业贡献了力量。

二是绿色债券。绿色债券是一种专门用于募集资金支持环境友好项目的债券。与传统债券不同，绿色债券的资金使用范围必须符合特定的环境标准，投资者可以清楚地知道其资金将用于哪些绿色项目。绿色债券市场近年来发展迅速，成为绿色金融的重要组成部分。这些债券的发行不仅满足了发行主体的融资需求，还为投资者提供了一种安全稳定的投资选择，推动了绿色金融市场的发展。

阿里巴巴通过发行绿色债券为大型绿色项目筹集资金。例如，阿里巴巴发行的绿色债券募集资金主要用于支持可再生能源项目和节能项目。这些资金帮助投资者建设了多个太阳能和风能发电项目，推动了清洁能源的应用与发展。此外，绿色债券还用于支持节能改造项目，提升能源利用效率，减少碳排放。这些项目不仅实现了良好的环境效益，也为投资者带来了稳定的回报，推动了绿色债券市场的快速发展。

三是绿色投资基金。绿色投资基金是专注于投资绿色项目和企业的基金。其投资领域通常包括清洁能源、节能环保、绿色建筑、低碳交通等。绿色投资基金通过股权投资和债务融资等方式，为绿色项目提供长期资金支持，促进绿色技术的发展和应用。

阿里巴巴设立了多支绿色投资基金，专注于投资绿色技术和环保项目。这些基金不仅提供资金支持，还通过阿里巴巴的生态系统，为被投企业提供技术和市场资源，帮助其快速成长和发展。例如，阿里巴巴的绿色投资基金曾投资于一家专注于太阳能技术研发的企业，帮助其扩大生产规模、提升技术水平，推动了太阳能技术的普及和应用。这些投资不仅提升了企业的市场竞争力，也为绿色科技的进步注入了新的动力。

四是绿色保险。绿色保险是指为支持环境保护和应对气候变化提供保险保障的产品。绿色保险的主要形式包括环境污染责任险、可再生能源保险、绿色建筑保险等。这些保险产品帮助个人和企业应对环境风险，降低因环境问题造成的经济损失，推动绿色产业的发展。

阿里巴巴旗下的保险业务推出了多种绿色保险产品，如环境污染责任险、可再生能源保险等。这些绿色保险产品为企业在开展绿色项目时提供了重要的风险保障。例如，环境污染责任险帮助企业在发生环境污染事故时能够迅速获得经济赔偿，减轻财务压力。可再生能源保险则为太阳能、风能等可再生能源项目提供保障，降低投资风险，鼓励个人和企业参与可再生能源的开发和利用。

绿色金融通过绿色贷款、绿色债券、绿色投资基金和绿色保险等多种形式，为推动可持续发展提供了强有力的金融支持。这些绿色金融工具不仅为个人和企业提供了便利的融资渠道和风险保障，也促进了绿色技术的研发和应用，推动了环保产业的发展。阿里巴巴在绿色金融领域的积极探索和实践展示了其在推动绿色经济和可持续发展方面的创新和努力。

3. *绿色金融的要素*

绿色金融的成功实施依赖于多个要素，包括政策支持、市场机制、金融创新、风险管理和环境评估等。这些要素相互作用，共同推动绿色金融体系的完善和绿色项目的有效落实。以下将详细探讨这些要素及其在绿色金融中的作用。

一是政策支持。政府政策是推动绿色金融发展的重要力量。通过制定和实施相关政策，政府可以为绿色金融的发展提供有力的支持和保障。这些政策包括绿色金融激励措施、环境法规、碳排放交易制度等。例如，中国人民银行等七部委联合发布了《关于构建绿色金融体系的指导意见》，明确了绿色金融的战略目标和具体措施，为绿色金融的发展提供了政策指引。政策支持不仅包括直接的财政激励和补贴，还包括税收优惠、绿色信贷指引、绿色债券标准等一系列措施。这些政策措施为绿色金融的发展创造了良好的环境，激励金融机构和企业积极参与绿色项目投资和开发。

二是市场机制。市场机制在绿色金融发展中起着关键作用。通过建立有效的市场机制，可以促进绿色金融产品和服务的供需平衡，提升市场透明度和流动性。例如，碳排放交易市场通过价格信号引导企业进行减排投资，提高了碳排放权的市场流动性。企业可以通过碳交易获得经济利益，从而激励企业减少碳排放。市场机制还包括绿色债券市场、绿色保险市场等，通过这些市场的运作，资金能够高效地流向具有环境效益的项目，提高资源配置效率。

三是金融创新。金融创新是绿色金融发展的重要驱动力。通过不断创新金融产品和服务，可以满足不同类型绿色项目的融资需求，提高资金使用效率。例如，绿色债券、绿色投资基金、绿色保险等金融创新产品的出现为绿色金融的发展注入了新的活力。绿色债券作为一种新型融资工具，能够为大规模环保项目提供长期稳定的资金支持。绿色投资基金则通过股权投资和债务融资相结合的方式，为绿色技术和项目提供全方位的资金支持。绿色保险产品如环境污染责任险、可再生能源保险等，帮助企业分散环境风险，保障绿色项目的顺利实施。

四是风险管理。绿色金融涉及的项目通常具有较高的技术水平和市场风险。因此，有效的风险管理是绿色金融成功的关键。通过建立健全的风险管理体系，可以识别、评估和控制绿色项目的风险，保障资金安全。保险机构通过提供环境污染责任险和可再生能源保险，可以帮助企业分散环境风险，降低因环境问题造成的经济损失。金融机构则通过风险评估、信用评级等手段，准确评估绿色项目的风险水平，制定相应的风险控制措施。此外，政府和监管机构也应建立健全的风险管理框架，为绿色金融市场的稳定运行提供保障。

五是环境评估。环境评估是绿色金融的重要组成部分。通过科学的环境评估，可以确定项目的环境影响，确保资金用于具有真正环境效益的项目。环境评估通常包括环境影响评估、碳足迹评估、生态效益评估等。例如，阿里巴巴在绿色金融项目中通过严格的环境评估，确保资金用于具有真正环境效益的项目，推动可持续发展。环境评估的结果不仅影响项目的融资决策，还对项目的实施和后续管理起到重要的指导作用。通过环境评估，能够全面、系统地分析项目对环境的影响，从而采取有效的减缓和补偿措施，最大限度地降低环境风险。

绿色金融的成功实施离不开政策支持、市场机制、金融创新、风险管理和环境评估等要素的有机结合。这些要素相互作用，共同推动绿色金融体系的建设和绿色项目的落地实施。政策支持提供了发展的方向和动力，市场机制提升了资源配置的效率，金融创新拓宽了融资渠道，风险管理保障了资金安全，环境评估确保了项目的环境效益。通过这些综合性的措施，绿色金融不仅能够为环境保护和可持续发展提供强有力的资金支持，也能够推动金融市场的创新与发展。阿里巴巴通过在绿色金融领域的积极探索和实践，展示了这些要素在实际操作中的重要性和可行性，为全球绿色金融的发展提供了宝贵的经验。

4.绿色金融的实施路径

绿色金融的实施需要系统的规划和有效的执行,主要包括建立绿色金融框架、开发绿色金融产品、建立绿色金融市场、加强绿色金融监管和提升绿色金融能力。这些步骤相互关联,共同构成了一个全面而有效的绿色金融实施路径。

一是建立绿色金融框架。建立绿色金融框架是实施绿色金融的基础。一个科学合理的绿色金融框架能够为绿色金融的发展提供明确的指导和有力的保障。绿色金融框架通常包括绿色金融政策、绿色金融标准、绿色金融产品和服务等方面。通过政策引导和标准制定,可以规范市场行为,激励企业和金融机构积极参与绿色金融活动。

二是开发绿色金融产品。开发绿色金融产品是实施绿色金融的重要环节。多样化的绿色金融产品可以满足不同类型绿色项目的融资需求,从而推动绿色金融的发展。绿色金融产品包括绿色贷款、绿色债券、绿色投资基金、绿色保险等。例如,阿里巴巴通过开发绿色贷款、绿色债券、绿色投资基金和绿色保险等多样化的绿色金融产品,满足了不同类型绿色项目的融资需求,推动了绿色金融的发展。通过这些产品,企业可以获得长期低成本的资金支持,投资于清洁能源、节能环保、绿色建筑等项目,金融机构也可以通过提供这些产品,扩大业务范围,提升市场竞争力。

三是建立绿色金融市场。建立绿色金融市场是实施绿色金融的重要保障。一个健全的绿色金融市场可以提高市场透明度和流动性,促进绿色金融产品和服务的供需平衡。绿色金融市场包括绿色债券市场、绿色投资基金市场、绿色保险市场等。例如,我国推出了碳排放交易市场,提高了碳排放权的市场流动性。通过市场机制,企业可以交易碳排放权,从而激励更多的企业进行节能减排。这种市场化的机制不仅提高了资源配置效率,也为绿色金融产品的推广应用提供了有力支持。

四是加强绿色金融监管。加强绿色金融监管是实施绿色金融的重要手段。通过有效的监管,可以规范市场行为,防范金融风险,保障绿色金融的健康发展。绿色金融监管通常包括政策监管、市场监管、风险监管等。例如，中国人民银行等金融监管机构通过制定和实施绿色金融政策，规范绿色金融市场行为，防范金融风险，保障绿色金融的健康发展。有效的监管措施包括建立绿色金融标准、监控绿色项目的实施效果、评估绿色金融产品的风险等。通过这些措施，可以确保绿色金融活动的透明度和合规性，防止市场出现投机行为和系统性风险。

五是提升绿色金融能力。提升绿色金融能力是实施绿色金融的重要基础。绿色金融能力通常包括金融机构的专业能力、企业的绿色管理能力、社会的绿色意识等。通过提升绿色金融能力，可以提高绿色金融的实施效果，推动绿色金融的发展。例如，阿里巴巴通过加强员工培训、提升企业绿色管理能力、增强社会绿色意识，提高了绿色金融的实施效果，推动了绿色金融的发展。金融机构需要培养专业人才，掌握绿色金融产品的设计和管理技能，企业则需要提升自身的环境管理水平，确保绿色项目的顺利实施。社会公众的绿色意识也需要不断提高，通过宣传教育，增强公众对绿色金融的认知，为绿色金融的发展创造良好的社会环境。

绿色金融的实施路径需要系统的规划和有效的执行，包括建立绿色金融框架、开发绿色金融产品、建立绿色金融市场、加强绿色金融监管和提升绿色金融能力。这些步骤相互作用，共同推动绿色金融体系的建设和绿色项目的落地实施。通过建立科学的绿色金融框架，开发多样化的绿色金融产品，建立健全的绿色金融市场，加强绿色金融监管，提升绿色金融能力，能够有效推动绿色金融的发展，促进环境保护和可持续发展。

5. 绿色金融的国际实践

绿色金融的国际实践为全球绿色金融的发展提供了宝贵经验。各国和地区通过政策制定、市场机制创新、金融产品开发等方式，积极推动绿色金融的发展，取得了显著成效。以下是几个主要国家和地区的绿色金融实践案例，这些案例不仅展示了他们的创新和努力，也为全球绿色金融的未来发展提供了借鉴。

第五章 案例分析

欧盟在绿色金融领域处于全球领先地位,通过一系列系统性的政策措施和创新机制,积极推动绿色金融的发展。2018年,欧盟发布了《可持续金融行动计划》,明确了绿色金融的战略目标和具体措施,其中包括建立欧盟绿色分类体系、推动绿色债券市场发展、促进绿色投资等。欧盟绿色分类体系是一个科学的分类标准,用于确定哪些经济活动可以被认定为是环保和可持续的。该体系为投资者提供了明确的指导,帮助投资者识别绿色投资机会,确保资金流向对环境有积极影响的项目。通过这一体系,欧盟提升了绿色金融市场的透明度和可信度,吸引了更多的投资者和企业参与绿色金融活动。

美国在绿色金融领域也有丰富的实践经验,政府和金融机构共同推动了绿色金融的快速发展。美国政府通过一系列政策措施,支持绿色金融的发展。例如,美国环境保护署(EPA)推出了清洁能源贷款担保计划,为可再生能源和节能项目提供融资支持。此外,美国的金融机构和企业也积极参与绿色金融活动。高盛集团、摩根大通集团等大型金融机构设立了绿色投资基金,投资于可再生能源、节能环保等领域。这些金融机构不仅通过资金支持推动绿色项目的发展,还通过研究和发布绿色金融报告,提升市场对绿色金融的认知和理解。

日本在绿色金融领域也有丰富的实践经验,政府通过政策支持和市场引导,积极推动绿色金融的发展。日本金融厅发布了《绿色金融行动计划》,明确了绿色金融的战略目标和具体措施。在实践中,日本的金融机构和企业积极参与绿色金融活动。例如,日本银行设立了绿色贷款项目,为环保项目提供融资支持。日本还在绿色债券市场和绿色投资基金方面取得了显著成就,促进了可再生能源和节能环保项目的发展。通过政策和市场的双重推动,日本的绿色金融市场逐渐成熟,吸引了大量国内外投资者的关注。

英国在绿色金融领域也处于全球领先地位,政府通过一系列政策措施支持绿色金融的发展。英国财政部发布了《绿色金融战略》,明确了绿色金融的战略目标和具体措施。在实践中,英国的金融机构和企业积极参与绿色金融活动。例如,汇丰银行设立了绿色投资基金,投资于可再生能源、节能环保等领域。英国还通过伦敦金融城的国际影响力,促进绿色金融的全球合作与交流,提升了英国在全球绿色金融市场中的地位。英国政府和金融机构的共同努力,使绿色金融成为推动英国经济绿色转型的重要力量。

绿色金融的国际实践展示了各国和地区在推动可持续发展方面的创新和努力。欧盟通过系统性的政策和标准引领全球绿色金融,美国通过政府支持和金融机构创新推动市场发展,日本通过政策和市场双重推动实现绿色金融成熟,英国通过政策支持和国际合作提升全球影响力。这些实践不仅为各国自身的绿色金融发展提供了强有力的支持,也为全球绿色金融的未来发展提供了宝贵的经验。未来,全球绿色金融需要进一步加强合作与交流,互相学习,共同推动全球经济的绿色转型,实现可持续发展目标。

6.绿色金融未来的发展趋势

绿色金融作为可持续发展的重要手段,未来将呈现更加快速的发展趋势。随着全球对环境保护和可持续发展的重视程度不断提高,绿色金融将在各个领域发挥更大的作用。以下是绿色金融未来的几个主要发展趋势。

一是绿色金融市场的扩大。随着全球环保意识的增强,绿色金融市场将不断扩大。越来越多的金融机构和企业将参与绿色金融活动,促进绿色金融产品和服务的供需平衡。当前,许多国家已经开始重视绿色金融,并采取措施促进其发展。例如,更多的银行、保险公司和投资基金将推出绿色金融产品,为清洁能源、节能环保、绿色建筑等项目提供融资支持。此外,绿色债券市场也将迅速增长,更多的企业和政府将通过发行绿色债券筹集资金,用于环境友好项目。随着市场的扩大,绿色金融将成为主流金融市场的重要组成部分,进一步推动全球经济的绿色转型。

二是绿色金融创新的加速。绿色金融创新将进一步加速。金融机构将不断开发新的绿色金融产品和服务,以满足不同类型绿色项目的融资需求,提高资金使用效率。未来,基于区块链、大数据和人工智能等新技术的绿色金融产品将不断涌现。这些创新产品将提升绿色金融的透明度和效率,降低投资风险,吸引更多的投资者。例如,区块链技术可以用于跟踪和验证绿色项目的环境效益,确保资金的有效使用。大数据和人工智能则可以帮助金融机构进行环境风险评估和投资决策,提高绿色金融的精准性和可靠性。

三是绿色金融政策的完善。绿色金融政策将进一步完善。各国政府和国际组织将不断出台和实施新的政策措施,为绿色金融的发展提供有力的支持和保障。未来,更多的国家将制定明确的绿色金融政策框架,包括绿色信贷指引、绿色债券标准、碳排放交易制度等。这些政策将为金融机构和企业提供明确的指引,鼓励其参与绿色金融活动。此外,政府还将通过税收优惠、财政补贴等方式,激励绿色金融产品的开发和推广。国际组织也将加强合作,提高全球绿色金融政策的一致性和协调性,为跨国绿色项目提供便利。

四是绿色金融能力的提升。金融机构、企业和社会将不断提升绿色金融的专业能力和绿色管理能力,以及绿色金融的实施效果。未来,更多的金融机构将设立绿色金融部门,培养绿色金融人才。同时,企业也将提升自身的绿色管理水平,确保绿色项目的顺利实施。社会公众的环保意识也将不断提高。通过教育和宣传,更多的人将认识到绿色金融的重要性,并积极参与绿色金融活动。通过多方努力,绿色金融的实施效果将得到显著提升,推动可持续发展目标的实现。

五是绿色金融国际合作的加强。各国政府和国际组织将加强在绿色金融领域的合作,共同推动全球绿色金融的发展。未来,更多的国际合作项目和平台将涌现,促进绿色金融经验和技术的交流与共享。例如,国际绿色金融论坛、全球绿色债券峰会等活动将为各国提供交流合作的平台。通过这些平台,各国可以分享绿色金融的成功经验,讨论面临的挑战,共同制定应对策略。此外，跨国绿色项目的合作也将增加，通过联合融资、技术支持等方式，共同推动全球绿色项目的实施。

绿色金融将呈现市场扩大、创新加速、政策完善、能力提升和国际合作加强的趋势。通过多方努力，绿色金融不仅能够为环境保护和可持续发展提供强有力的资金支持，也能够推动全球金融市场的创新与发展。

7.绿色金融的挑战与应对策略

尽管绿色金融具有广阔的发展前景，但在实践中仍面临诸多挑战。以下是几个主要的挑战及其应对策略。

一是绿色项目的风险。绿色项目通常具有较高的技术和市场风险。例如，许多绿色技术尚处于研发或初期应用阶段，其技术成熟度和市场接受度可能较低，导致投资风险较大。为了应对这一挑战，金融机构应建立健全的风险管理体系。具体来说，金融机构应加强对绿色项目的尽职调查，全面评估项目的技术可行性和市场前景。同时，金融机构还可以通过引入第三方评估机构，对项目进行独立评估，提供专业的风险评估报告。此外，金融机构可以通过分散投资、设立风险准备金等方式，降低单个项目失败对整体投资组合的影响，保障资金安全。

二是绿色金融市场的成熟度。绿色金融市场尚处于发展初期，市场认知度和接受度不高。许多投资者和企业对绿色金融的概念和实际操作还不够熟悉，导致市场发展缓慢。为了应对这一挑战，政府和金融机构应加强宣传推广和用户教育。政府可以通过政策引导和资金支持，鼓励金融机构开发和推广绿色金融产品。金融机构则可以通过举办绿色金融讲座、培训课程和宣传活动，提升市场对绿色金融的认知和理解。此外，媒体和社会组织也应积极参与绿色金融的宣传教育，提高公众的环保意识和投资意愿，共同促进绿色金融市场的成熟。

三是绿色金融政策的落实。绿色金融政策的落实是一个长期过程，需要各方的共同努力。尽管许多国家已经出台了相关政策，但在实际执行过程中，政策落实的效果可能受到各种因素的影响。为了应对这一挑战，政府应加强政策的执行和监督。具体来说，政府应建立健全政策执行和监督机制，确保各项政策措施能够真正落实到位。同时，政府还应与金融机构和企业建立良好的沟通机制，及时了解政策落实过程中存在的问题和困难，提供相应的支持和帮助。此外，政府应定期评估政策的执行效果，根据评估结果进行政策调整和优化，提高政策的有效性。

四是绿色金融标准的制定。绿色金融标准的制定是一个复杂过程，需要科学的分类和评估。目前，绿色金融标准的缺乏或不统一，导致市场对绿色项目的认定存在分歧，影响了绿色金融的发展。为了应对这一挑战，政府和国际组织应加强合作，共同制定和完善绿色金融标准。具体来说，政府和国际组织可以组建专门的工作组，邀请行业专家、学者和企业代表参与标准的制定和评审。通过广泛的参与和讨论，确保标准的科学性和可操作性。此外，政府和国际组织还应定期更新和完善绿色金融标准，适应市场和技术的发展变化，为市场提供明确的指导。

五是绿色金融能力的提升。绿色金融能力的提升需要长期的努力和积累。金融机构、企业和社会在绿色金融领域的专业能力和绿色管理能力可能不足，影响了绿色金融的实施效果。为了应对这一挑战，金融机构、企业和社会应提升绿色金融的专业能力和绿色管理能力。具体来说，金融机构应加强员工培训，提升员工对绿色金融产品和服务的理解能力和操作能力。企业则应提升自身的绿色管理水平，确保绿色项目的顺利实施和管理。社会公众也应通过教育和宣传，提高对绿色金融的认知和支持，共同推动绿色金融的发展。

绿色金融作为推动可持续发展的重要手段，涵盖了广泛的金融活动和多样化的金融产品。通过政策支持、市场机制、金融创新、风险管理和环境评估等要素的有效结合，绿色金融将为实现环境友好和可持续发展目标提供有力的支持。尽管在实践中面临诸多挑战，但通过健全的风险管理体系、加强市场宣传教育、完善政策执行和监督机制、制定科学的绿色金融标准及提升绿色金融能力，这些挑战是可以逐步战胜的。随着绿色金融市场的不断扩大和创新的加速,未来绿色金融将迎来更加广阔的发展前景。

三、阿里巴巴的绿色金融战略

阿里巴巴作为全球领先的互联网和科技公司,不仅在商业创新方面表现卓越,在可持续发展和绿色金融领域也展现了前瞻性的战略规划和卓越的执行能力。阿里巴巴的绿色金融战略旨在通过金融创新和科技手段,推动绿色经济的发展,实现环境保护和经济效益的双赢。以下将详细探讨阿里巴巴的绿色金融战略,包括战略目标与愿景、核心原则、实施路径及具体实践案例。

(一)战略目标与愿景

阿里巴巴的绿色金融战略具有明确的目标和远大的愿景。通过系统化的战略规划和全面的实施路径,阿里巴巴不仅在自身业务中践行绿色金融理念,也通过其广泛的生态系统推动全球绿色经济的发展。

1. 实现碳中和

阿里巴巴致力于在未来几年内实现自身运营的碳中和。这一目标不仅涵盖阿里巴巴的核心业务,还包括其广泛的生态系统中的合作伙伴和供应链。为实现这一目标,阿里巴巴制订了详细的碳减排计划,通过优化能源使用、提高能源效率和推广可再生能源,逐步减少碳排放。此外,阿里巴巴还积极参与碳补偿项目,通过植树造林、保护生物多样性等措施,抵消不可避免的碳排放。

2. 支持绿色项目

通过提供绿色金融产品和服务,阿里巴巴大力支持清洁能源、节能环保、绿色建筑等绿色项目的发展。阿里巴巴的绿色金融产品包括绿色贷款、绿色债券、绿色投资基金等,旨在为各类绿色项目提供长期稳定的资金支持。例如,通过绿色贷款,阿里巴巴为多个太阳能和风能项目提供了资金支持，推动了这些项目的快速落地和发展。绿色债券的发行也为大规模绿色项目筹集了大量资金，使更多清洁能源和环保项目得以实施。通过这些金融产品，阿里巴巴不仅推动了绿色项目的快速发展，也为投资者提供了稳定的回报。

3. 推动绿色消费

利用金融科技和电子商务平台，阿里巴巴鼓励消费者选择绿色产品和服务，推动低碳生活方式的普及。在其电商平台上，阿里巴巴设立了绿色产品专区，通过显著的标识和详细的产品信息，帮助消费者识别和选择环保产品。阿里巴巴还通过积分奖励、优惠券等激励措施，鼓励消费者购买绿色产品。此外，阿里巴巴通过蚂蚁森林等项目，将环保理念融入日常消费中，用户在购物、支付等日常行为中积累的绿色能量可以转化为真实的植树活动，这不仅提高了用户的参与感，也增强了社会的环保意识。

4. 促进绿色科技创新

阿里巴巴积极支持和投资于绿色科技创新项目，推动绿色技术的发展和应用。阿里巴巴通过设立绿色科技基金，投资于清洁能源、节能环保等领域的科技创新企业。例如，阿里巴巴投资了一家专注于高效太阳能电池研发的企业，帮助其加速技术开发和市场推广。通过这些投资，阿里巴巴不仅推动了绿色技术的进步，也为自身的绿色转型提供了技术支持。此外，阿里巴巴还与多家科研机构和大学合作，开展前沿绿色科技研究，推动新技术的研发和应用。

5. 构建绿色供应链

阿里巴巴与供应链上下游企业合作，推动绿色技术和环保标准的应用，打造可持续的供应链体系。通过供应链的绿色改造，阿里巴巴不仅降低了供应链的碳排放和环境影响，还提高了整个供应链的效率和竞争力。例如，阿里巴巴在物流环节推广使用电动运输车辆，减少传统燃油车辆的使用，显著降低了运输过程中的碳排放。阿里巴巴还通过智能调度系统优化运输路线，减少无效运输，提升物流效率。此外，阿里巴巴与供应商合作，推广绿色制造技术和环保标准，确保供应链的每个环节都符合环保要求。

阿里巴巴的愿景是成为全球绿色金融的领军者，引领行业标准和发展方向。通过其强大的生态系统和科技能力，阿里巴巴致力于推动全球绿色经济的发展。阿里巴巴通过持续的技术创新、广泛的合作和高效的实施，为实现全球可持续发展目标贡献力量。未来，阿里巴巴将继续深化绿色金融战略，不断探索新的绿色金融产品和服务，推动全球绿色经济的全面发展。

（二）核心原则

阿里巴巴的绿色金融战略基于以下核心原则，这些原则不仅指导公司在绿色金融领域的实践，也为行业树立了标杆，推动了全球绿色金融的发展。

1. 环境友好

阿里巴巴始终将环境友好作为绿色金融战略的首要原则。阿里巴巴支持对环境友好的项目和企业，优先考虑能够减少碳排放、节约资源和保护生态的项目。具体而言，阿里巴巴通过绿色贷款和绿色债券为可再生能源项目、节能环保项目、绿色建筑等提供资金支持。例如，阿里巴巴资助了多个太阳能和风能发电项目，这些项目不仅减少了对化石燃料的依赖，还降低了温室气体排放。此外，阿里巴巴还支持各种节能改造项目，如高效照明系统、节水设施和低能耗设备的推广应用。这些项目显著提升了能源利用效率，减少了资源浪费和环境污染，促进了可持续发展。

2. 创新驱动

创新驱动是阿里巴巴绿色金融战略的重要原则之一。阿里巴巴通过金融科技创新，提升绿色金融服务的效率和扩大其覆盖面，为更多企业和个人提供绿色金融支持。阿里巴巴利用强大的技术平台和数据能力，开发出了一系列创新的绿色金融产品和服务。例如，阿里巴巴通过大数据分析和人工智能技术，提高了绿色贷款的审批效率和风险评估能力，使更多中小企业能够快速获得资金支持。阿里巴巴还通过区块链技术，提升了绿色债券的透明度和可追溯性，增强了投资者的信心。通过这些技术创新，阿里巴巴不仅优化了自身的金融服务，还推动了整个绿色金融行业的技术进步。

3. 可持续发展

可持续发展是阿里巴巴绿色金融战略的核心目标之一。阿里巴巴致力于确保金融活动在环境、社会和经济三个层面上都具有可持续性。在环境层面，阿里巴巴通过支持绿色项目，减少碳排放和资源消耗，保护生态系统。在社会层面，阿里巴巴通过推广绿色消费和低碳生活方式，提升公众的环保意识，促进社会的可持续发展。在经济层面，阿里巴巴通过绿色金融产品和服务，推动绿色产业的发展，创造大量就业机会，促进经济增长。例如，阿里巴巴的绿色投资基金支持了多个清洁能源和环保技术企业，这些企业在获得资金支持后，迅速扩大生产规模，提升了市场竞争力，同时也带动了相关产业的发展。

4. 合作共赢

阿里巴巴始终秉持合作共赢的原则，与政府、非政府组织、金融机构和其他企业合作，共同推动绿色金融的发展，分享经验和资源，实现共赢。阿里巴巴积极参与各种绿色金融政策的制定，与政府部门合作，推动绿色金融标准的建立和完善。阿里巴巴与国际金融机构合作，推动全球绿色金融标准的统一和推广。通过这些合作，阿里巴巴不仅提升了自身的影响力和市场竞争力，也为全球绿色金融的发展贡献了力量。

在具体的合作实践中，阿里巴巴与多家大型金融机构合作，推出了一系列绿色贷款和绿色债券产品，为大量绿色项目提供了资金支持。这些合作项目不仅促进了绿色项目的实施，也为金融机构提供了新的业务增长点，实现了多方共赢。此外，阿里巴巴还与非政府组织合作，开展环保宣传和教育活动，提升公众的环保意识。例如，阿里巴巴与世界自然基金会（WWF）合作，开展了一系列环境保护项目，通过宣传和教育，提高了公众对环保重要性的认识,推动了社会的可持续发展。

阿里巴巴的绿色金融战略基于环境友好、创新驱动、可持续发展和合作共赢四大核心原则。这些原则不仅指导阿里巴巴在绿色金融领域的实践,也为行业树立了标杆,推动全球绿色金融的发展。通过支持对环境友好的项目和企业,阿里巴巴在减少碳排放、节约资源和保护生态方面取得了显著成效。未来,阿里巴巴将继续秉持这些核心原则,不断探索和创新,为全球绿色经济的发展做出更大的贡献。

(三) 实施路径

阿里巴巴通过一系列具体的实施路径,实现其绿色金融战略目标。这些路径涵盖绿色金融产品的开发和推广、技术创新与应用、环境评估与风险管理、市场机制与政策支持、教育和宣传等多个方面,全面推动绿色金融的发展。

1. 绿色金融产品的开发和推广

阿里巴巴开发了多种绿色金融产品,包括绿色贷款、绿色债券、绿色投资基金和绿色保险等,以满足不同类型绿色项目的融资需求。绿色贷款是阿里巴巴提供的重要金融产品之一。通过与多家银行合作,阿里巴巴为个人和中小企业提供了低利率、简便快捷的绿色贷款服务。这些贷款主要用于支持可再生能源、节能环保、绿色建筑等领域的项目,帮助企业降低融资成本,推动绿色项目的实施。

绿色债券也是阿里巴巴绿色金融战略中的重要组成部分。通过发行绿色债券,阿里巴巴为大型绿色项目筹集了大量资金,支持了多个太阳能和风能发电项目的建设。这些项目不仅有效减少了碳排放,还带动了相关产业的发展,创造了大量就业机会。阿里巴巴还设立了绿色投资基金,专注于投资绿色技术和环保项目。这些基金不仅提供资金支持,还通过阿里巴巴的生态系统,为被投企业提供技术和市场资源,帮助其快速成长和发展。

2. 技术创新与应用

阿里巴巴利用其在金融科技和云计算方面的技术优势，开发出高效、便捷的绿色金融服务平台，提升资金流动效率，降低融资成本。

例如，阿里巴巴开发了一套智能风控系统，通过分析企业的财务数据、市场表现和环境绩效，快速评估其贷款风险，确保资金安全。此外，阿里巴巴的云计算平台为绿色金融产品的开发和运营提供了强大的技术支持，使这些产品能够快速上线并高效运作。通过这些技术创新，阿里巴巴不仅优化了自身的金融服务，还推动了整个绿色金融行业的技术进步。

3. 环境评估与风险管理

阿里巴巴建立了科学的环境评估和风险管理体系，确保资金用于真正具有环境效益的项目，降低绿色项目的技术和市场风险。

在风险管理方面，阿里巴巴通过引入第三方评估机构，对绿色项目进行独立评估，提供专业的风险评估报告。同时，阿里巴巴还建立了全面的风险管理体系，通过风险识别、评估、控制和监测，确保绿色项目的顺利实施。通过这些措施，阿里巴巴有效降低了绿色项目的技术和市场风险，保障了资金的安全和高效使用。

4. 市场机制与政策支持

阿里巴巴积极参与和推动绿色金融市场和政策的完善，其与政府和监管机构合作，制定和实施有利于绿色金融发展的政策和标准。阿里巴巴参与了多项绿色金融政策的研究和制定，为政策的科学性和可操作性提供了宝贵的实践经验。

阿里巴巴通过与国际金融机构合作，推动全球绿色金融标准的统一和推广。通过这些合作，阿里巴巴不仅提升了自身的影响力和竞争力，也为全球绿色金融的发展提供了有力支持。此外，阿里巴巴还积极参与绿色金融市场的建设，通过设立绿色金融中心、举办绿色金融论坛等方式，促进市场的健康发展。

5. 教育和宣传

阿里巴巴通过各种渠道进行绿色金融教育和宣传，提高公众和企业的环保意识，促进绿色消费和投资。

阿里巴巴通过绿色金融产品的开发和推广、技术创新与应用、环境评估与风险管理、市场机制与政策支持、教育和宣传等一系列具体的实施路径，实现了其绿色金融战略目标。通过这些综合措施，阿里巴巴不仅在自身业务中践行绿色金融理念，也通过其广泛的生态系统推动全球绿色经济的发展。

（四）具体实践案例

阿里巴巴在绿色金融领域的具体实践中展现了其在推动绿色经济和可持续发展方面的努力和成就。以下是阿里巴巴在绿色金融实践中的几个主要案例，涵盖了绿色贷款与绿色债券、绿色投资基金等多个方面。这些案例不仅展示了阿里巴巴在绿色金融领域的创新和努力，也反映了其在推动全球绿色经济发展方面做出积极的贡献。

1. 绿色贷款与绿色债券

在阿里巴巴绿色金融领域的实践中，绿色贷款和绿色债券是其重要的金融工具和手段。这两种绿色金融产品不仅帮助阿里巴巴实现自身的绿色发展战略，还为社会各界提供了强有力的资金支持，促进了可持续项目的实施和发展。以下将详细探讨阿里巴巴在绿色贷款与绿色债券方面的具体实践和成效。

绿色贷款是银行和其他金融机构向环保项目或企业提供的贷款。这些贷款通常用于支持可再生能源、节能环保、绿色建筑、低碳交通等项目。阿里巴巴通过与多家银行合作，推出了多种绿色贷款产品，为中小企业和个人的绿色项目提供资金支持。阿里巴巴通过旗下的蚂蚁集团与中国工商银行、中国建设银行等多家大型银行合作，推出了绿色贷款计划。这些贷款计划重点支持可再生能源项目、节能环保项目、绿色建筑项目和低碳交通项目。阿里巴巴的绿色贷款产品具有利率优惠、申请简便和专项支持的特点，以鼓励个人和企业进行绿色投资，降低绿色项目的融资成本，确保资金用于指定的绿色项目，推动绿色项目的顺利实施。

根据阿里巴巴2023年的《环境、社会和治理报告（2023）》，阿里巴巴通过绿色贷款计划，支持了数百个绿色项目的实施，总计发放了数十亿元的绿色贷款。这些项目涵盖可再生能源、节能环保、绿色建筑、低碳交通等多个领域，为绿色经济的发展提供了有力的资金支持。例如，阿里巴巴通过绿色贷款支持了一家中小型企业进行太阳能发电项目的建设。该企业计划建设一个容量为50兆瓦的太阳能发电厂。通过阿里巴巴与中国建设银行合作提供的绿色贷款，这家企业得以顺利筹集到所需资金，购买太阳能电池板和其他设备，并完成项目的施工和调试。

阿里巴巴通过绿色贷款支持了一项污水处理厂的升级改造项目。该项目位于一个人口密集的城市，原有的污水处理设施已经无法满足日益增长的处理需求。通过与中国工商银行合作，阿里巴巴为该项目提供了低利率的绿色贷款，支持其进行技术改造和设备更新。升级后的污水处理厂不仅处理能力大幅提升，而且处理效果更好，减少了对周边水体的污染。

阿里巴巴还通过绿色贷款支持了一项大型绿色建筑项目。该项目位于一个新兴的商务区，包括多栋高层办公楼和商业综合体。通过与中国建设银行合作，阿里巴巴为项目方提供了绿色贷款，支持其采用绿色建筑设计和节能环保技术。该项目在建设过程中，广泛应用了节能玻璃、太阳能热水系统、雨水收集和中水回用系统等绿色技术。

此外，阿里巴巴通过绿色贷款支持了一个电动车充电桩建设项目。该项目位于多个大中型城市，计划建设数千个电动车充电桩，为日益增长的电动车用户提供充电服务。通过与多家银行合作，阿里巴巴为该项目提供了低利率的绿色贷款，支持其进行充电桩的采购、安装和运营管理。项目实施后，有效缓解了电动车用户的充电难题，促进了电动车的普及和应用，减少了传统燃油车的碳排放。这些绿色贷款项目不仅帮助个人和企业实现了绿色转型，也为社会的可持续发展做出了积极贡献。

绿色债券是一种专门用于募集资金支持环境友好项目的债券。与传统债券不同，绿色债券的资金使用范围必须符合特定的环境标准，投资者可以清楚地知道其资金将用于哪些绿色项目。阿里巴巴积极参与绿色债券的发行，为大型绿色项目筹集资金。阿里巴巴的绿色债券具有透明度高、环保标准高和广泛认可的特点。阿里巴巴定期向投资者披露资金使用情况和项目进展，确保资金使用的透明。

阿里巴巴通过发行绿色债券，为多个大型绿色项目提供了资金支持。这些项目不仅有助于实现阿里巴巴自身的绿色发展目标，也为社会的可持续发展做出了积极贡献。例如，阿里巴巴通过绿色债券募集的资金，支持了一个大型风电项目的建设。该项目位于中国北方的一个风资源丰富地区，计划建设总装机容量为300兆瓦的风力发电机组。通过绿色债券募集的资金，项目方得以购买风力发电设备、建设风电场并进行电网接入工程。项目建成后，每年可发电约9亿千瓦时，相当于减少约60万吨二氧化碳排放。这一项目不仅提供了大量的清洁电力，还为当地经济发展提供了新的动力。

阿里巴巴通过绿色债券募集的资金支持了一项大型工业节能改造项目。该项目涉及多家大型制造企业，计划通过技术改造和设备更新，提高能源利用效率，减少能源消耗和碳排放。通过绿色债券募集的资金，项目方得以引进先进的节能设备和技术，并进行生产工艺的优化和改进。这一项目不仅降低了企业的生产成本，也提高了企业的市场竞争力。

阿里巴巴还通过绿色债券募集的资金支持了一项大型污水处理项目。该项目位于一个人口密集的城市，计划建设一座日处理能力为50万吨的污水处理厂。通过绿色债券募集的资金，项目方得以购买先进的污水处理设备，并进行厂区的建设和调试。项目建成后，有效改善了当地的水环境质量，保护了生态系统。这一项目不仅提高了污水处理能力，还为周边居民提供了更好的生活环境。

此外，阿里巴巴通过绿色债券募集的资金支持了一项大型垃圾处理项目。该项目计划在一个人口稠密的地区建设一座垃圾焚烧发电厂，通过垃圾焚烧发电处理城市生活垃圾。通过绿色债券募集的资金，项目方得以购买垃圾焚烧设备、建设焚烧厂并进行电网接入工程。这一项目不仅减少了垃圾填埋量和对土地资源的占用，还提供了可再生能源，提高了当地的环境质量。

通过绿色贷款和绿色债券的结合，阿里巴巴不仅实现了更大的环境效益，也为社会和经济发展做出了重要贡献。这种结合模式为其他企业和机构在绿色金融实践中提供了宝贵的经验。例如，阿里巴巴通过绿色债券募集的资金支持了一个综合性的绿色能源项目。该项目包括太阳能发电、风能发电和生物质能发电等多个子项目。通过绿色贷款，阿里巴巴为这些子项目提供了必要的资金支持，确保项目顺利实施。项目建成后，提供了大量的清洁能源，减少了化石燃料的使用，降低了碳排放。同时，项目还带动了相关产业的发展，创造了大量就业机会，推动了当地经济的发展。

阿里巴巴通过绿色债券募集的资金支持了一项大型绿色建筑项目。该项目包括多个绿色建筑的设计和建设，采用了多种节能环保技术。通过绿色贷款，阿里巴巴为这些绿色建筑项目提供了资金支持，推动了项目的实施。项目建成后，不仅提高了能源利用效率，减少了碳排放，还为居民提供了舒适、健康的居住环境，提升了生活质量。

此外，阿里巴巴通过绿色债券募集的资金支持了一系列环保项目，包括污水处理、垃圾处理、空气污染治理等。

通过绿色贷款，阿里巴巴为这些项目提供了资金支持，推动了项目的实施。这些项目的实施有效改善了当地的环境质量，保护了生态系统，也为当地居民提供了更好的生活环境，提升了居民的生活质量。

阿里巴巴在绿色贷款和绿色债券方面的实践展示了其在推动绿色金融和可持续发展方面的创新和努力。通过与金融机构的合作，推出多种绿色贷款产品，为个人和中小企业的绿色项目提供资金支持；通过发行绿色债券，为大型绿色项目筹集资金，推动可再生能源、节能环保等领域的发展。未来，阿里巴巴将继续深化其绿色金融战略，不断创新和优化绿色金融产品和服务，推动全球绿色经济的发展。

2. 绿色投资基金

阿里巴巴设立了多只绿色投资基金，专注于投资绿色技术和环保项目。这些基金不仅提供资金支持，还通过阿里巴巴的生态系统，为被投企业提供技术和市场资源，帮助其快速成长和发展。根据2023年的《环境、社会和治理报告（2023）》，阿里巴巴的绿色投资基金在过去几年里投资了多家在清洁能源、节能环保、绿色建筑等领域具有创新能力的企业。例如，阿里巴巴投资了一家专注于太阳能技术研发的公司，帮助其扩大生产规模并提升技术水平。这家公司位于中国东部，是国内领先的太阳能技术研发企业之一，开发的高效太阳能电池在转换效率和成本控制方面具有显著优势。通过一亿美元的投资，该公司新建了一条全自动化的生产线，年产能提升了50%，研发团队开发的第三代高效太阳能电池，转换效率提高了10%，生产成本降低了15%。同时，该公司成功进入了欧美市场，与多家国际知名光伏企业建立了合作关系。这一投资不仅推动了绿色技术的发展和应用，也为阿里巴巴带来了丰厚的回报。

此外，阿里巴巴通过绿色投资基金向一家专注于工业废水处理技术的公司投资，支持其进行技术改造和设备更新。该公司位于中国南方，专注于工业废水处理技术的研发和应用，开发的废水处理设备能够高效去除废水中的重金属、有机污染物和其他有害物质。投资后的新建研发中心吸引了多名行业顶尖人才，研发出了多项新型废水处理技术，新建的生产线使公司年产能提高了40%，产品质量显著提升，市场影响力扩大，与多家国际企业建立合作关系。

阿里巴巴还投资了一家专注于绿色建筑材料研发和生产的公司。通过投资，该公司新建了两条生产线，年产能提高了60%，研发的第四代保温隔热材料，导热系数降低了20%，使用寿命延长了30%，市场份额提升了20%，产品销往全国各地。该公司每年新增节能建筑面积约500万平方米，相当于减少二氧化碳排放约 30 万吨，年销售收入增长了 40%，净利润增长了 35%。

另外，阿里巴巴通过绿色投资基金向一家专注于智能电网技术的公司投资，支持其开发智能电网解决方案。该公司位于中国东南部，开发的智能电网解决方案包括智能电表、能源管理系统和电网优化软件等。投资后，该公司研发团队开发了多项智能电网新技术，提升了系统的稳定性和效率，新建的生产线使公司年产能提高了 50%，产品质量显著提升。该公司通过参加国际电力展览会和论坛，提升了品牌知名度，与多家国际电力公司达成合作，每年新增智能电网覆盖用户约 1000 万户，提升了电力系统的效率和稳定性。该公司年营业收入增长了 45%，净利润增长了 40%。

上述这些绿色投资基金的实际案例不仅展示了阿里巴巴在推动绿色技术和环保项目方面的成功实践，也体现了其对全球绿色经济发展的积极贡献。

3. 蚂蚁集团的绿色金融实践

蚂蚁集团作为阿里巴巴旗下的金融科技公司，在绿色金融领域进行了诸多创新实践。其中最具代表性的是"蚂蚁森林"项目。蚂蚁森林是蚂蚁集团推出的一项创新绿色金融项目，旨在通过用户的线上支付行为积攒绿色能量，并将这些能量转化为现实中的植树活动。用户在使用支付宝进行支付、生活缴费、购买理财产品等行为时会获得相应的绿色能量，这些能量可以在蚂蚁森林中"种树"，而蚂蚁集团会在现实中实际种植这些树木。

截至 2023 年，蚂蚁森林已在中国多个地区种植了超过两亿棵树木，涵盖荒漠化治理、生态修复等多个领域，有效改善了当地的生态环境。通过用户的参与，蚂蚁森林不仅提高了用户的环保意识，也为绿色金融的创新提供了新的思路和模式。这一项目使用户在日常生活中通过简单的行为，如支付和消费，便能参与到环保行动中。这种将线上行为与线下环保行动结合的创新模式，不仅激励了用户的参与热情，还在潜移默化中传播了环保理念。蚂蚁森林项目的成功体现了金融科技在推动绿色金融和环境保护方面的巨大潜力。

蚂蚁集团还推出了碳账户系统，通过记录用户的低碳行为（如绿色出行、节能购物等），给予相应的碳积分奖励。这些积分可以用于兑换绿色商品或捐赠给环保项目，激励用户参与环保行动。通过这一系统，用户可以清晰地看到自己日常生活中的碳排放量，并通过各种低碳行为减少自己的碳足迹。碳账户系统不仅提高了用户的环保意识，也推动了低碳生活方式的普及。

根据2023年的报告，蚂蚁集团的碳账户系统已经吸引了超过一亿用户注册使用。这一庞大的用户基础使碳账户系统在短时间内便产生了显著的社会影响。用户在日常生活中通过绿色行为获得的碳积分，不仅可以兑换各种绿色商品，如环保袋、可降解餐具等，还可以用于捐赠，支持更多的环保项目。这种模式不仅激励了用户的环保行为，也通过具体的奖励机制，使环保行动更具可持续性和吸引力。

蚂蚁集团在推广绿色消费方面也做出了重要贡献。通过在支付宝平台上设立绿色专区，用户可以方便地购买各种绿色产品，从而在消费过程中践行环保理念。此外，蚂蚁集团还与多家环保组织和企业合作，推出了一系列绿色消费活动，进一步提升了公众的环保意识。例如，蚂蚁集团与多个环保组织合作，在重要的节能环保日期间推出了"绿色消费节"，吸引了大量用户参与。在这些活动中，用户不仅可以购买到优惠的绿色产品，还能通过消费获得更多的碳积分奖励，从而激励更多的低碳行为。

蚂蚁集团的这些绿色金融实践不仅在国内产生了深远的影响，也引起了国际社会的广泛关注。通过与国际组织和企业的合作，蚂蚁集团将其绿色金融模式推广到更多国家和地区，为全球绿色金融的发展提供了宝贵的经验和范例。例如，蚂蚁集团与联合国环境规划署（UNEP）合作，共同推动绿色金融标准的制定和推广。在这一合作中，蚂蚁集团分享了其在蚂蚁森林和碳账户系统方面的成功经验，促进了全球绿色金融的交流与合作。

蚂蚁森林项目和碳账户系统的成功，不仅得益于蚂蚁集团在技术和创新方面的优势，也得益于其对用户需求的深刻理解。通过将金融科技与环保行动相结合，蚂蚁集团成功地调动了用户的积极性，使环保行动变得简单而有趣。这种创新模式不仅提升了用户的环保意识，也在一定程度上改变了用户的消费习惯，使更多的人愿意选择绿色产品，践行低碳生活。

蚂蚁集团在绿色金融领域的创新实践，还包括与其他金融机构的合作，共同开发绿色金融产品。例如，蚂蚁集团与中国银行合作推出了绿色信贷产品，为企业的环保项目提供融资支持。这些绿色信贷产品不仅帮助企业降低了融资成本，也推动了更多环保项目的实施。通过这种合作模式，蚂蚁集团进一步扩大了绿色金融的影响力，推动了金融行业的绿色转型。

此外，蚂蚁集团还积极参与国际绿色金融合作，与多家国际知名金融机构共同设立了绿色投资基金，专注于全球范围内的绿色项目投资。这些基金的设立不仅促进了全球绿色技术的交流和合作，也推动了全球绿色经济的发展。通过这些国际合作，蚂蚁集团不仅学习了先进的绿色金融经验，也为全球绿色金融的发展贡献了中国智慧。

蚂蚁集团在绿色金融领域的成功实践，还为其他企业提供了宝贵的经验和借鉴。通过创新的金融产品和服务，蚂蚁集团不仅实现了自身的绿色发展目标，也为社会的可持续发展做出了积极贡献。未来，蚂蚁集团将继续深化其绿色金融战略，不断创新和优化绿色金融产品和服务，推动全球绿色经济的发展。

在未来的绿色金融发展中，蚂蚁集团将进一步探索和实践更多的绿色金融创新模式。例如，利用区块链技术提高绿色金融产品的透明度和可追溯性、利用大数据分析优化绿色金融产品的设计和管理等。通过这些创新实践，蚂蚁集团将进一步提升绿色金融的效率和效果，为实现全球可持续发展目标做出更大的贡献。总的来说，蚂蚁集团在绿色金融领域的实践，不仅展示了其在推动绿色经济和可持续发展方面的努力和成就，也为全球绿色金融的发展提供了宝贵的经验。

4. 绿色数据中心

阿里云通过建设绿色数据中心，提高能源利用效率、降低碳排放。作为阿里巴巴的核心技术平台，阿里云在推动绿色发展和可持续技术应用方面扮演着重要角色。绿色数据中心的建设不仅符合阿里巴巴的环保承诺，也代表着公司对全球气候变化问题的积极回应。通过应用先进的绿色技术，阿里云大幅减少了数据中心的能源消耗，成为行业内绿色科技应用的标杆。

阿里云采用了多种绿色技术来优化数据中心的能效表现。其中，液冷技术和自然冷却是两项关键的技术手段。液冷技术通过液体代替传统的风冷系统进行热交换，有效地降低了服务器的温度，从而减少了冷却系统的能源消耗。相比之下，自然冷却利用自然环境中的低温空气进行冷却，无需消耗额外的能源，这在节能方面具有显著优势。这些技术的应用不仅提升了数据中心的能效，还显著降低了运营成本，体现了绿色科技在商业运作中的经济效益。

此外，阿里云还积极推动数据中心使用清洁能源，以进一步减少碳足迹。阿里云在其位于张北的数据中心取得了显著进展。张北地区风能和太阳能资源丰富，阿里云充分利用这一优势，在数据中心的电力供应中大规模使用风能和太阳能发电。通过与当地清洁能源供应商的合作，阿里云不仅确保了数据中心的稳定运行，还减少了对化石燃料的依赖，从而大幅降低了碳排放。

阿里云的数据中心在使用可再生能源方面的成就不仅为阿里巴巴提供了可靠的计算能力支持，也为整个社会的绿色发展做出了重要贡献。通过采用清洁能源，阿里云每年减少的碳排放量相当于数百万吨，显著缓解了当地的环境压力。这些绿色数据中心的建设不仅提升了阿里巴巴的环境绩效，还提升了公司的社会形象，赢得了广泛的社会认可和支持。

阿里云的绿色数据中心还在设计和运营上进行了多方面的优化，以进一步提升能效和减少对环境的影响。例如，在建筑设计方面，阿里云采用了高效节能的建筑材料和结构设计,最大限度地减少了能量损耗。在设备选型上,阿里云选择了高效节能的服务器和存储设备,进一步降低了能源消耗。此外,在日常运营管理中,阿里云通过智能化的能源管理系统,实时监控和优化能源使用,提高了能源利用效率。

阿里云的绿色数据中心不仅在技术和运营上有显著的环保成效,还在推动行业标准和政策制定方面发挥了积极作用。作为行业领导者,阿里云积极参与国家和国际绿色数据中心标准的制定,推动行业向更加环保和可持续的方向发展。通过分享自身的成功经验和技术成果,阿里云为行业的绿色转型提供了宝贵的参考和借鉴。

阿里云的绿色数据中心还通过创新商业模式,推动了绿色科技的应用和普及。例如,阿里云推出了基于绿色数据中心的云计算服务,将节能环保的理念传递给更多的企业用户。通过推广绿色云服务,阿里云不仅帮助企业降低了IT成本,还在更大范围内推动了绿色科技的应用和普及。企业用户通过使用阿里云的绿色云服务,不仅能享受到高效、稳定的计算资源支持,还能为环保事业贡献力量,这种双赢的模式得到了市场的广泛认可。

绿色数据中心的建设不仅是阿里云响应全球环保潮流的举措,也是其实现可持续发展战略的重要环节。阿里云在全球多个地区布局绿色数据中心,体现了其在全球范围内推广绿色科技的决心和实力。这些绿色数据中心的成功运营,进一步巩固了阿里云在全球云计算市场中的领先地位,也为其他国家和地区的绿色科技发展提供了成功范例。

未来,阿里云将继续加大在绿色科技领域的投入,通过技术创新和管理优化,进一步提升数据中心的能源利用效率和环保水平。同时,阿里云还将继续推动清洁能源的应用,扩大绿色数据中心的规模和覆盖范围。通过这些努力,阿里云不仅将实现自身的可持续发展目标,也将为全球绿色科技的发展贡献更多的力量。

总的来说,阿里云通过建设绿色数据中心,提高了能源利用效率,降低了碳排放，充分体现了其在绿色科技和环保方面的创新和努力。通过采用液冷技术、自然冷却等多种绿色技术，阿里云大幅减少了数据中心的能源消耗，成为行业内绿色科技应用的标杆。同时，阿里云还积极推动数据中心使用清洁能源，通过在张北等地大规模使用风能和太阳能发电，有效减少了运营过程中的碳排放。这些绿色数据中心不仅为阿里巴巴提供了可靠的计算能力支持，也为整个社会的绿色发展做出了重要贡献。通过创新的商业模式和全球布局，阿里云不断推动绿色科技的应用和普及，为实现全球可持续发展目标提供了宝贵的经验和借鉴。

5. 智能物流与绿色供应链

菜鸟网络是阿里巴巴旗下的智能物流平台，致力于打造绿色智能物流。作为全球领先的物流平台，菜鸟网络通过一系列创新和技术手段，极大地推动了物流行业的绿色转型。菜鸟网络不仅优化了运输路线、使用了新能源车辆，还积极推广绿色包装材料，从多方面显著降低了物流行业的碳排放。菜鸟网络在绿色物流方面的努力不仅降低了运营成本，也提升了客户满意度，为阿里巴巴的可持续发展目标做出了重要贡献。

菜鸟网络在全国范围内推广使用可降解包装材料，这一举措有效减少了包装废弃物对环境的影响。传统的物流包装材料大多采用不可降解的塑料，对环境造成了严重的污染。菜鸟网络通过与供应链上下游企业的合作，逐步推广使用可降解材料，如可降解塑料袋、纸质快递盒等，这不仅减少了对环境的破坏，也推动了整个行业的环保转型。此外，菜鸟网络还推出了绿色包裹项目，鼓励商家和消费者使用环保包装材料，通过积分奖励等机制，提高用户参与环保行动的积极性。这些措施不仅在短期内显著减少了废弃物的产生，也为未来的绿色物流奠定了坚实的基础。

智能调度系统是菜鸟网络绿色物流战略的另一大亮点。通过先进的算法和大数据分析，菜鸟网络能够实时优化运输路径，减少运输过程中的能源消耗和碳排放。智能调度系统能够根据交通状况、天气条件和订单密度等因素，智能规划最优路线，避免车辆空载和重复运输，从而提高运输效

第五章 案例分析

率,降低燃油消耗和排放。例如,在"双十一"等电商大促销期间,智能调度系统能够高效管理海量订单,在确保包裹及时送达的同时,最大程度地减少能源消耗。智能调度系统的应用不仅提升了物流效率,也显著减少了碳排放,为环保事业做出了重要贡献。

在车辆使用方面,菜鸟网络在一些重点城市推广使用电动物流车,以减少传统燃油车辆带来的碳排放。电动物流车不仅在行驶过程中零排放,还能有效降低城市空气污染,提高城市居民的生活质量。菜鸟网络与多家新能源汽车制造商合作,推出了一系列适用于城市配送的电动物流车,并逐步扩大电动物流车的使用范围。通过建设充电桩和优化充电设施,菜鸟网络解决了电动物流车的充电难题,进一步提升了其在物流配送中的应用效果。这一举措不仅降低了物流企业的燃油成本,也为绿色交通的发展提供了有力支持。

菜鸟网络还积极推动绿色供应链的建设,通过与上下游企业的合作,共同实现可持续发展目标。绿色供应链不仅包括物流环节的绿色化,还涵盖了生产、包装、运输和回收等整个供应链的各个环节。菜鸟网络与供应商合作,推动绿色生产和环保包装,确保供应链的每一个环节都符合环保标准。同时,菜鸟网络还与消费者互动,促进绿色消费,通过宣传和教育,提高消费者的环保意识,鼓励他们选择绿色产品和服务。例如,菜鸟网络推出的绿色物流标签,帮助消费者识别绿色物流服务,增加了消费者选择绿色物流的积极性。

菜鸟网络的绿色物流实践不仅在国内取得了显著成效,也得到了国际社会的高度认可。作为阿里巴巴绿色发展的重要组成部分,菜鸟网络积极参与国际绿色物流标准的制定和推广,与全球多家知名物流企业和环保组织建立了合作关系,共同推动全球物流行业的绿色转型。通过分享经验和技术,菜鸟网络为全球绿色物流的发展贡献了中国智慧,树立了国际绿色物流的标杆形象。

在实际运营中,菜鸟网络的绿色物流措施带来了显著的经济和环境效益。通过使用可降解包装材料和推广绿色包裹项目，菜鸟网络每年减少了数十万吨不可降解塑料的使用，显著降低了包装废弃物对环境的影响。智能调度系统的应用大幅提高了运输效率，减少了燃油消耗和碳排放，每年节省了大量的能源成本。电动物流车的推广不仅降低了车辆的运营成本，还减少了城市空气污染，提高了城市居民的生活环境。通过这些绿色物流措施，菜鸟网络不仅提升了自身的运营效率，也为物流行业的可持续发展树立了良好典范。

菜鸟网络的绿色物流实践还通过创新商业模式，推动了绿色科技的应用和普及。例如，菜鸟网络推出了基于绿色物流的快递服务，通过提供优质、环保的物流解决方案，吸引了大量企业用户。这些企业通过使用菜鸟网络的绿色物流服务，不仅能够提高物流效率，降低运营成本，还能提升企业的社会形象，赢得消费者的信任和支持。菜鸟网络通过推广绿色物流服务，不仅实现了自身的可持续发展目标，也推动了整个社会的绿色转型。

未来，菜鸟网络将继续加大在绿色物流领域的投入力度，通过技术创新和管理优化，进一步提升物流行业的能效和环保水平。同时，菜鸟网络还将继续推动绿色供应链的建设，扩大绿色物流的覆盖范围。通过这些努力，菜鸟网络不仅将实现自身的可持续发展目标，也将为全球物流行业的绿色发展贡献更多的力量。总的来说，菜鸟网络通过优化运输路线、使用新能源车辆、推广绿色包装等措施，显著降低了物流行业的碳排放，成为全球绿色物流的领军者。通过这些绿色物流实践，菜鸟网络不仅降低了运营成本，提升了客户满意度，也为阿里巴巴的可持续发展目标做出了重要贡献。通过创新商业模式和全球布局，菜鸟网络不断推动绿色科技的应用和普及，为实现全球可持续发展目标提供了宝贵的经验。

6. 绿色科技创新

阿里巴巴积极支持和投资于绿色科技创新项目，推动绿色技术的发展和应用。作为一家全球领先的科技公司，阿里巴巴不仅关注自身业务的增长,也高度重视环境保护和可持续发展。通过投资和支持一系列绿色科技项目,阿里巴巴在清洁能源、节能环保、绿色建筑等多个领域取得了显著的进展。这些投资不仅推动了绿色技术的进步,也为阿里巴巴的绿色发展提供了强有力的技术支持。

在新能源技术领域,阿里巴巴进行了大量的投资,支持了许多具有创新能力的企业。这些企业专注于开发和推广太阳能、风能等可再生能源技术。例如,阿里巴巴投资了一家专注于太阳能电池研发的公司,帮助其扩大生产规模并提升技术水平。这家企业在太阳能电池转换效率和生产成本方面取得了重大突破,推动了太阳能技术的广泛应用。这一投资不仅提升了公司的市场竞争力,也为阿里巴巴的绿色供应链提供了重要支持,减少了碳排放。

在节能环保技术方面,阿里巴巴同样投入了大量资源,支持了多个节能减排项目。阿里巴巴投资了一家专注于工业节能技术的企业,该企业开发的高效节能设备和系统应用于各类工业生产过程中,显著降低了能耗和排放。通过与这家企业合作,阿里巴巴在自身的数据中心和物流中心推广应用了这些节能技术,进一步提升了能效,减少了运营成本和环境负荷。这些项目的成功实施不仅为阿里巴巴带来了可观的经济效益,也为节能环保技术的普及和应用提供了示范效应。

此外,阿里巴巴在绿色建筑领域的投资也取得了显著成效。阿里巴巴支持了一些致力于绿色建筑材料和技术研发的企业,推动了绿色建筑在城市中的应用。例如,阿里巴巴投资了一家开发新型节能环保建筑材料的公司,这些材料不仅具有优良的隔热保温性能,还能有效降低建筑能耗。通过应用这些绿色建筑材料,阿里巴巴在多个办公楼和物流中心实现了建筑节能目标,减少了运营中的能源消耗和碳排放。

阿里巴巴不仅通过投资推动绿色科技的发展,还与多家研究机构和大学合作,开展绿色科技研究。这些合作不仅为阿里巴巴提供了强大的科研支持,也为整个社会的绿色发展做出了重要贡献。例如,阿里巴巴与清华大学、北京大学等知名高校合作，成立了多个绿色科技研究中心，专注于绿色能源、环境保护等领域的前沿研究。这些研究中心的成立为阿里巴巴的绿色科技创新提供了源源不断的技术支持和人才储备。通过这些合作，阿里巴巴不仅提升了自身的科技创新能力，也为绿色科技的发展注入了新的动力。

在这些研究中心的支持下，阿里巴巴开展了一系列绿色科技项目。例如，与清华大学合作开发了一种新型太阳能电池材料，这种材料不仅提高了光电转换效率，还降低了生产成本，为太阳能技术的普及应用提供了新的可能性。此外，阿里巴巴与北京大学合作研发的空气污染治理技术，通过先进的纳米材料和催化剂，显著提升了空气净化效率，为城市空气质量的改善提供了有力支持。这些研究成果不仅应用于阿里巴巴自身的业务中，也推广到更广泛的社会领域，推动了绿色技术的应用和普及。

阿里巴巴还注重绿色技术在日常工作和生活中的实际应用，在多个办公场所和数据中心引入了先进的节能环保技术，通过智能化管理系统和高效节能设备，显著降低了能耗和排放。例如，阿里巴巴在杭州总部引入了一套智能能源管理系统，这套系统可以实时监控和优化能耗，最大程度地利用自然光和自然通风，减少空调和照明的能耗。这一系统的应用使总部大楼的能源利用效率大幅提升，碳排放量显著下降，为绿色建筑的推广应用提供了成功案例。

在物流和供应链管理方面，阿里巴巴通过技术创新，实现了绿色供应链的建设。阿里巴巴通过优化物流网络、推广新能源车辆、使用环保包装材料等多种措施，降低了物流环节的碳排放。例如，在主要物流中心推广使用电动运输车辆，减少了传统燃油车辆的使用，显著降低了运输过程中的碳排放。同时，通过智能调度系统，优化运输路线，减少了空载和无效运输，提升了物流效率，降低了能源消耗。

阿里巴巴计划在未来几年内，投入更多资源，支持更多具有创新能力的绿色科技企业，推动清洁能源、节能环保、绿色建筑等领域的技术进步。同时，阿里巴巴还将继续深化与研究机构和高校的合作，开展更多前沿科技研究，推动绿色科技的创新和应用。

总的来说，阿里巴巴通过积极支持和投资绿色科技创新项目，推动了绿色技术的发展和应用。通过投资新能源技术、节能技术、环保技术等多个领域的企业，阿里巴巴不仅推动了绿色技术的进步，也为自身的绿色发展提供了强有力的技术支持。同时，通过与研究机构和大学的合作，开展前沿科技研究，阿里巴巴进一步提升了自身的科技创新能力，为社会的绿色发展做出了重要贡献。未来，阿里巴巴将继续加大在绿色科技领域的投入力度，通过技术创新和合作，推动全球绿色经济的发展。

7. 教育和宣传

阿里巴巴通过各种渠道进行绿色金融教育和宣传，提高公众和企业的环保意识，促进绿色消费和投资。作为全球领先的科技和电子商务公司，阿里巴巴利用其庞大的平台和用户基础，积极推动绿色金融理念的传播和实践。在这个过程中，阿里巴巴不仅发挥了自身的优势，也整合了多方资源，形成了强大的教育和宣传网络。

阿里巴巴在其电子商务平台上设立了绿色产品专区，鼓励消费者选择绿色产品。这些绿色产品专区不仅包括日常消费品，还涵盖了各类环保设备和节能产品。通过这些专区，消费者可以方便地找到和购买各种符合环保标准的产品，从而在日常消费中践行环保理念。为了提高消费者的辨识能力，阿里巴巴在天猫、淘宝等平台上设立了绿色产品标签，帮助消费者识别和选择环保产品。这些标签经过严格的认证和审核，确保标注的产品确实符合绿色环保标准。

阿里巴巴还通过各种线上和线下活动，宣传绿色金融理念，提升公众的环保意识。例如，在重要的购物节日期间，阿里巴巴推出了绿色消费主题活动，鼓励消费者在购物时选择绿色产品。这些活动不仅包括折扣优惠和积分奖励，还通过各种互动环节，如环保知识问答、绿色生活挑战等，激发消费者的参与热情。通过这些活动，阿里巴巴不仅提高了绿色产品的销量，也在潜移默化中增强了公众的环保意识。

此外，阿里巴巴与多家环保组织合作，举办了多场环保宣传活动，向公众普及绿色金融和可持续发展的理念。通过与环保组织的合作，阿里巴巴能够借助专业的环保知识和资源，更加有效地传递绿色金融理念。这些活动形式多样，包括环保讲座、绿色展览、社区活动等，覆盖了不同年龄段和社会群体。例如，阿里巴巴在全国范围内的社区开展了垃圾分类和环保知识普及活动，鼓励居民从身边的小事做起，共同参与环保行动。

阿里巴巴还利用其强大的媒体资源，通过电视、广播、互联网等多种媒介，广泛宣传绿色金融理念。通过制作和播放环保公益广告，发布以环保为主题的新闻报道，阿里巴巴向更广泛的受众传播绿色金融的理念和实践。同时，阿里巴巴还通过社交媒体平台，如微博、微信等，开展线上环保宣传活动，利用短视频、直播等形式，吸引年轻一代的关注和参与。这些线上宣传活动不仅具有广泛的覆盖面，还能够通过互动提高受众的参与感和认同感。

在企业层面，阿里巴巴通过举办各类绿色金融和可持续发展论坛，邀请业内专家、企业代表和政府官员分享绿色金融的最新进展和最佳实践。这些论坛为企业提供了一个交流和学习的平台，促进了绿色金融理念在企业中的推广和应用。通过这些高层次的交流，阿里巴巴不仅提升了自身在绿色金融领域的影响力，也推动了整个行业的绿色转型。

阿里巴巴还在内部开展了广泛的环保教育和培训，提升员工的环保意识和技能水平。通过定期举办环保知识讲座、开展培训课程和实践活动，阿里巴巴培养了一支具备绿色金融和环保知识的专业团队。这些员工不仅在日常工作中践行绿色理念，还积极参与公司的各项环保项目和活动，为公司的绿色发展贡献力量。例如，阿里巴巴在各地的办公室推行绿色办公计划，通过减少纸张使用、推广节能设备、优化资源利用等措施，降低办公过程中的碳排放。

这些教育和宣传活动不仅提高了公众的环保意识，也推动了绿色消费和投资的普及，为阿里巴巴的绿色金融战略提供了有力的支持。通过系统化、全方位的教育和宣传，阿里巴巴成功地使消费者和企业达成了绿色金融的共识，形成了强大的社会合力。未来，阿里巴巴将继续深化绿色金融教育和宣传，通过更多创新的方式和渠道，进一步扩大绿色金融理念的影响力和覆盖面。

总的来说，阿里巴巴通过其电子商务平台、媒体资源、社交媒体和线下活动，开展了一系列卓有成效的绿色金融教育和宣传活动。这些活动不仅提高了公众和企业的环保意识，促进了绿色消费和投资，也为阿里巴巴的绿色金融战略提供了强有力的支持。通过持续的教育和宣传，阿里巴巴不仅提升了自身的社会形象，也为推动全社会的可持续发展做出了积极贡献。

8. 政策支持与国际合作

阿里巴巴积极参与和推动绿色金融市场和政策的完善，与政府和监管机构合作，制定和实施有利于绿色金融发展的政策和标准。这一举措不仅体现了阿里巴巴对绿色金融的坚定承诺，也展示了其在推动可持续发展方面的领导力。阿里巴巴通过与政府部门的密切合作，积极参与政策制定过程，提供宝贵的行业洞见和技术支持，确保政策的制定既符合实际需求，又能有效推动绿色金融的发展。例如，阿里巴巴在多项绿色金融政策的制定中发挥了关键作用，帮助制定了有关绿色信贷、绿色债券等方面的政策框架，为行业提供了明确的指导。

阿里巴巴参与了多个国际绿色金融合作项目，与全球多家机构和企业建立了合作关系，共同推动绿色金融的全球发展。阿里巴巴深知，绿色金融的推广不仅需要本地化的努力，更需要全球范围内的合作与协同。为此，阿里巴巴积极与国际组织建立合作关系，共同推动全球绿色金融的标准制定和推广。例如，阿里巴巴与联合国环境规划署（UNEP）、国际金融公司（IFC）等国际组织合作，共同致力于制定全球绿色金融标准。这些合作不仅为阿里巴巴带来了先进的国际经验，也促进了全球绿色金融的标准化和规范化。

此外，阿里巴巴还积极参与国际绿色金融论坛和会议，分享其在绿色金融领域的经验和实践。通过这些高层次的国际交流平台，阿里巴巴不仅展示了其在绿色金融方面的成就和创新，也学习了其他国家和地区的先进经验。这种双向交流，不仅提升了阿里巴巴在国际绿色金融领域的影响力，也为推动全球绿色金融的发展注入了新的活力。在这些论坛和会议上，阿里巴巴分享了其在绿色贷款、绿色债券、绿色投资基金等方面的成功案例，得到了广泛的关注和认可。

通过这些国际合作，阿里巴巴不仅学习了先进经验，还为全球绿色金融的发展贡献了中国智慧。这些合作项目不仅提升了阿里巴巴在国际绿色金融领域的影响力，也推动了全球绿色金融的交流和合作。例如，在与国际金融公司的合作中，阿里巴巴不仅引入了国际先进的绿色金融工具和技术，还通过共同开发绿色金融产品，推动了这些工具在中国市场的落地和应用。这种合作模式不仅增强了阿里巴巴的技术实力，也为全球绿色金融市场的发展提供了新思路和新模式。

在国际合作的过程中，阿里巴巴不仅关注政策和标准的制定，还注重实际项目的合作与推广。例如，阿里巴巴与多个国家的金融机构和企业合作，共同开发和推广绿色金融产品。这些合作项目既有利于推动当地的绿色金融发展，也为阿里巴巴积累了丰富的国际经验。例如，在与欧洲某大型金融机构的合作中，阿里巴巴成功推出了一系列绿色债券，为可再生能源项目提供了重要的资金支持。这些项目的成功实施不仅提升了阿里巴巴的国际声誉，也为全球绿色金融市场的发展提供了实实在在的支持。

阿里巴巴还注重在国际合作中发挥自身在技术和创新方面的优势，通过技术创新推动绿色金融的发展。例如，阿里巴巴利用其在大数据和区块链技术方面的优势，开发了一系列绿色金融工具和平台，提升了绿色金融的透明度和效率。这些技术创新不仅提升了阿里巴巴的国际竞争力，也为全球绿色金融市场的技术进步做出了重要贡献。例如，阿里巴巴开发的绿色金融区块链平台,通过提高绿色项目的透明度和可追溯性,增强了投资者的信心,推动了绿色金融市场的发展。

阿里巴巴的国际合作不仅局限于金融领域,还包括广泛的环保和可持续发展项目。通过与国际环保组织和研究机构合作,阿里巴巴在全球范围内推动了一系列重要的环保项目。这些项目不仅有助于改善当地的环境,也为全球可持续发展目标的实现做出了重要贡献。例如,阿里巴巴参与的一项全球森林恢复项目,通过植树造林和生态修复,有效改善了多个国家的生态环境。

总的来说,通过与国际组织和企业的广泛合作,阿里巴巴不仅提升了自身在国际绿色金融领域的影响力,也为全球绿色金融的发展贡献了宝贵的经验和智慧。未来,阿里巴巴将继续深化与各国政府和国际组织的合作,通过技术创新和实践推广,推动全球绿色金融的持续发展。通过这些努力,阿里巴巴不仅将实现自身的可持续发展目标,也为全球绿色经济的崛起提供更多的支持和推动力。

阿里巴巴通过多种绿色金融实践展示了其在推动绿色经济和可持续发展方面的努力和成就。无论是通过绿色贷款和绿色债券支持绿色项目,还是通过绿色投资基金推动绿色技术的发展,阿里巴巴都在不断创新和努力,促进全球绿色金融的发展。

蚂蚁集团的"蚂蚁森林"项目和碳账户系统,不仅提高了用户的环保意识,也为绿色金融的创新提供了新的思路和模式。阿里云的绿色数据中心、菜鸟网络的绿色物流实践,以及阿里巴巴在绿色科技创新、教育和宣传、政策支持与国际合作方面的努力,都为全球绿色金融的发展做出了积极贡献。

四、绿色金融的成效评估

阿里巴巴通过绿色金融实践,不仅在环境、经济和社会层面上取得了显著成效，还为全球绿色金融的发展提供了宝贵的经验和范例。以下将详细探讨阿里巴巴在绿色金融方面的环境影响、经济效益和社会效应，并通过扩展论述展示其具体成就和未来潜力。

（一）环境影响

阿里巴巴的绿色金融实践在减少碳排放、改善生态环境方面取得了卓越的成效。通过支持绿色项目和推动清洁能源的应用，阿里巴巴有效降低了环境污染水平。具体而言，阿里巴巴通过绿色贷款和绿色债券为多个太阳能和风能发电项目提供了资金支持，这些项目每年减少了数百万吨二氧化碳的排放。此外，阿里巴巴还支持节能建筑、环保技术研发等多个领域，进一步推动了绿色技术的广泛应用。通过这些举措，阿里巴巴不仅显著改善了自然环境，还为应对全球气候变化做出了积极贡献。其在清洁能源领域的投资不仅减少了化石燃料的使用，还促进了绿色技术的发展，使其更具成本效益和广泛应用的可能性。

例如，阿里巴巴在绿色能源项目上投入了大量资源，通过与多家银行合作，推出了绿色贷款计划，重点支持可再生能源项目。通过这些贷款，企业能够在太阳能、风能等可再生能源领域进行投资，建设新的发电设施。阿里巴巴在河北省张北县的风能发电项目就是一个典型案例。另外，阿里巴巴还在多个地区支持了太阳能发电项目，通过绿色债券融资，筹集到了大量资金用于购买和安装太阳能电池板，这些项目的实施有效减少了对传统能源的依赖。

阿里巴巴不仅在能源生产上推动绿色转型，还在节能建筑和环保技术领域做出了重要贡献。阿里巴巴在新建办公楼和数据中心时严格采用节能环保标准，广泛应用绿色建筑材料和节能设备。此外，阿里巴巴还通过旗下的科技公司投资研发了一系列环保技术，如高效污水处理技术、低排放工业设备等，为社会的可持续发展提供了技术支持。

（二）经济效益

绿色金融不仅带来了环境效益，还创造了显著的经济效益。阿里巴巴通过多种绿色金融产品和服务，推动了绿色产业的发展，创造了大量的就业机会，促进了经济增长。具体来说，阿里巴巴的绿色贷款和绿色投资基金为许多中小企业和初创公司提供了必要的资金支持，帮助这些企业在清洁能源、节能环保等领域快速发展。通过这些投资，阿里巴巴不仅获得了可观的财务回报，还推动了绿色产业链的形成和发展。

阿里巴巴的绿色金融产品支持了各种各样的绿色项目，包括但不限于太阳能发电项目、风能项目、节能建筑和低碳交通等。项目的成功实施不仅创造了大量的就业机会，还通过带动相关配套产业的发展，进一步促进了区域经济的繁荣。例如，阿里巴巴支持的太阳能项目，不仅直接创造了就业岗位，还带动了相关制造业和服务业的发展，为整个区域经济注入了新的活力。

此外，阿里巴巴的绿色金融实践还带动了金融行业的创新和发展。通过开发和推广绿色金融产品，阿里巴巴不仅提升了自身的市场竞争力，也为金融机构提供了新的业务增长点。例如，阿里巴巴推出的绿色投资基金，不仅为清洁能源和环保项目提供了长期稳定的资金支持，还为投资者提供了多样化的投资选择。通过这些金融创新，阿里巴巴有效地吸引了更多的社会资本投入绿色产业中，推动了绿色经济的快速发展。

在具体案例中，阿里巴巴投资了一家专注于太阳能技术的初创公司，通过绿色投资基金提供了必要的资金支持，帮助其研发高效太阳能电池板。该公司成功将研发成果转化为产品，并迅速占领市场，获得了巨大的商业成功。同时，这一投资也为阿里巴巴带来了丰厚的回报。类似地，阿里巴巴通过绿色贷款支持了一家中小企业进行工业节能改造，企业在获得资金支持后，成功升级了生产设备，大幅度降低了能源消耗和运营成本，提高了市场竞争力。

（三）社会效应

阿里巴巴的绿色金融实践在社会层面也产生了积极的影响。通过推广绿色消费理念，阿里巴巴提高了公众的环保意识，推动了全社会向可持续发展的转变。阿里巴巴在其电商平台上设立绿色产品专区，鼓励消费者选择环保产品。通过积分奖励和优惠政策，阿里巴巴激励更多消费者参与绿色消费。这种做法不仅使环保产品得到了更广泛的推广和应用，还提升了消费者的环保意识，使更多的人在日常生活中能够考虑到环保因素。

通过这些举措，阿里巴巴的绿色金融实践不仅在公司内部形成了良好的环保文化，还通过多种渠道向社会传递了绿色金融的价值观，推动了全社会的可持续发展。

阿里巴巴还积极参与和支持各种环保宣传和教育活动，提高公众的环保意识。阿里巴巴通过与政府、非政府组织和媒体的合作，开展了一系列环保宣传活动，如在世界环境日、地球日等重要节日举办环保宣传活动，发布环保公益广告等。这些活动有效地提高了公众的环保意识，激发了社会各界参与环保行动的热情。

阿里巴巴在社会责任方面的努力还体现在对社区和公众的支持上。例如，阿里巴巴通过捐赠和志愿服务，支持各种环保项目和社区发展项目。阿里巴巴的员工积极参与植树造林、垃圾分类、节能减排等志愿活动，通过实际行动传递环保理念，推动社区的可持续发展。这些努力不仅提高了阿里巴巴的社会形象，也增强了员工的凝聚力和归属感。

阿里巴巴的绿色金融实践还通过推动技术创新，带动了整个行业的绿色转型。通过投资和支持绿色科技企业，阿里巴巴不仅帮助这些企业成长和发展，还为整个行业提供了先进的技术和解决方案。例如，阿里巴巴通过绿色投资基金，支持了一家研发高效电动车电池的企业。该企业成功开发出了一种具有高能效和低成本的电池技术，为电动车产业的绿色转型提供了强有力的技术支持。

阿里巴巴通过支持绿色项目、推广清洁能源和节能环保技术，有效减少了碳排放和环境污染；通过绿色金融产品和服务，推动了绿色产业的发展，创造了大量就业机会，促进了经济增长；通过推广绿色消费理念和环保项目，提升了公众的环保意识，推动了全社会向可持续发展转变。

五、挑战与应对策略

尽管阿里巴巴在绿色金融领域取得了显著成效,但在推进过程中仍面临多方面的挑战。下面将探讨阿里巴巴在技术、市场及政策与法规方面的主要挑战及其应对策略。

(一)技术挑战

在推进绿色金融过程中,阿里巴巴面临着技术创新的挑战。绿色金融涉及的项目通常具有较高的技术门槛,需要不断研发和应用新技术,提升绿色金融服务的效率和效果。例如,绿色项目如清洁能源、智能电网、节能建筑等,都需要前沿科技的支撑。然而,新技术的研发和应用不仅需要大量的资金投入,还需要专业技术人才的支持和持续创新的能力。

为应对这一挑战,阿里巴巴通过加大研发投入,提升技术创新能力。建立了多个科研中心,专注于绿色技术的研发和应用。通过与国内外顶尖科研机构和大学的合作,阿里巴巴引进了大量高素质的科研人才,开展了多项绿色科技研究项目。此外,阿里巴巴还积极投资于绿色科技初创企业,通过资本和技术支持,推动新技术的快速商业化应用。例如,阿里巴巴投资了一家专注于高效太阳能电池研发的企业,帮助其加速技术开发和市场推广,从而提升了公司在绿色能源领域的技术储备和市场竞争力。

(二)市场挑战

绿色金融市场尚处于发展初期,市场认知度和接受度不高。许多企业和消费者对绿色金融的概念和实际操作还不够熟悉,导致市场发展缓慢。为了提升绿色金融市场的认知度和接受度,阿里巴巴通过加强宣传推广和用户教育,提高市场的认知度和接受度。

阿里巴巴采取了一系列措施来提升市场认知度。阿里巴巴通过各种线上和线下活动,积极宣传绿色金融理念,在平台上举办绿色消费节,推出绿色产品优惠活动,并通过社交媒体、电视广告等多种渠道进行广泛宣传。阿里巴巴还与多家环保组织合作，开展环保教育活动，提升公众的环保意识和绿色消费理念。

六、国际对比与合作

阿里巴巴在绿色金融方面的实践与国际上的领先企业相比，既有借鉴和学习的地方，也通过积极的国际合作为全球绿色金融的发展贡献了中国智慧。以下将详细探讨阿里巴巴的国际对比与合作。

（一）与国际绿色金融实践的对比

与国际领先企业相比，阿里巴巴的绿色金融实践具有许多独特的优势和创新之处。国际上的绿色金融实践，如欧洲的绿色债券市场、美国的清洁能源投资基金、日本的绿色贷款项目等，都在推动全球绿色金融的发展。阿里巴巴对之进行了深入的学习，同时结合中国市场的特点，进行了本土化的创新。

在绿色金融产品创新方面，阿里巴巴推出了多种符合中国市场需求的绿色金融产品。例如，阿里巴巴开发的绿色消费贷产品，结合了中国消费者的消费习惯和支付方式，通过支付宝等平台，方便消费者进行绿色消费。这种创新不仅提升了绿色金融产品的普及率，也提高了消费者的环保意识。在技术应用方面，阿里巴巴通过大数据和区块链技术，提高了绿色金融项目的透明度和管理效率。通过数据分析，阿里巴巴能够更准确地评估绿色项目的环境效益和经济效益，为投资决策提供科学依据。

（二）国际合作与交流

阿里巴巴积极参与国际绿色金融合作，与全球多家机构和企业建立了合作关系，共同推动绿色金融的全球发展。通过国际合作，阿里巴巴不仅学习了先进经验，还为全球绿色金融的发展贡献了中国智慧。

阿里巴巴与联合国环境规划署（UNEP）、国际金融公司（IFC）等国际组织合作，共同推动全球绿色金融标准的制定和推广。例如，阿里巴巴参与了联合国环境规划署的可持续金融倡议,分享了公司在绿色金融方面的实践经验,推动了全球绿色金融标准的统一。通过这些合作,阿里巴巴不仅提升了自身的国际影响力,还为全球绿色金融的发展提供了宝贵的实践经验。

阿里巴巴还通过国际合作项目,推动绿色金融在全球范围内的应用和推广。例如,阿里巴巴与欧洲的一家大型金融机构合作,推出了一系列绿色债券,为可再生能源项目提供了重要的资金支持。通过这种跨国合作,阿里巴巴不仅扩大了国际市场,也提升了自身的技术水平和管理能力。此外,阿里巴巴还与多个国家的政府和金融机构合作,推动绿色金融政策和标准的制定和实施,为全球绿色金融的发展提供了有力支持。

未来,阿里巴巴将继续深化绿色金融实践,不断创新和优化绿色金融产品和服务,为实现全球可持续发展目标做出更大的贡献。

第三节 宁德时代的绿色电池生产与可持续发展绩效

宁德时代新能源科技股份有限公司(以下简称宁德时代)作为全球领先的锂电池制造企业,以其在动力电池和储能系统领域的卓越表现,赢得了全球市场的广泛认可和高度赞誉。成立于2011年的宁德时代,凭借其卓越的技术创新和市场开拓能力,迅速成长为行业的佼佼者。如今,宁德时代不仅在技术和市场上处于领先地位,更在绿色供应链管理和可持续发展方面树立了新的标杆。

在当前全球环境问题日益严峻的大背景下,企业的可持续发展和绿色供应链管理显得尤为重要。气候变化、资源枯竭和环境污染等问题对全球经济和社会发展带来了巨大的挑战。在此背景下,宁德时代深刻认识到企业在环境保护和可持续发展中扮演的重要角色,并通过一系列创新举措,积极践行绿色发展理念。

绿色供应链管理是实现企业可持续发展的重要途径。通过绿色供应链管理，企业可以有效减少环境污染，提升资源利用效率，实现经济效益、环境效益和社会效益的统一。

宁德时代在绿色供应链管理中始终坚持环境友好、创新驱动、可持续发展和合作共赢的核心原则。宁德时代通过不断的技术创新和管理优化，推动绿色供应链管理的全面实施。具体而言，宁德时代在原材料获取、生产制造、物流和包装、电池回收等方面采取了一系列创新措施，显著提升了供应链的绿色绩效。

在原材料获取方面，宁德时代高度重视资源的环保性和可持续性。宁德时代通过自建和合资的方式，积极参与锂、镍、钴等电池矿产资源的开发和运营，以确保关键资源的可持续供应。同时，宁德时代引入了严格的供应商评估机制，将原料碳足迹作为重要指标之一，协助供应商优化工艺，减少碳排放。宁德时代还为供应商提供分布式光伏项目技术支持，推动其使用零碳电力。

在生产制造环节，宁德时代推行"零碳"制造理念，通过工艺创新和管理优化，显著提升了能源利用效率和环保水平。例如，宁德时代在宜春基地引入了自主研发的先进技术，实现了化成容量、搅拌涂布、环境管控等多方面的优化，单位产品能耗下降约20%。此外，宁德时代还建立了完善的能源管理体系，依托智慧能源管理平台，实时监控和优化能源使用情况。

电池回收是宁德时代绿色供应链管理的重要组成部分。通过子公司广东邦普循环科技有限公司（以下简称邦普循环），建立了覆盖全球的电池回收网络和生产基地，专注于电池拆解、回收冶炼、材料合成及资源开发等技术创新。邦普循环的镍钴锰回收率达99.6%，锂回收率达91.0%。宁德时代的循环经济体系使电池生产所需的关键金属资源实现有效循环利用，减少了对原生矿产资源的依赖，同时降低了电池生产全生命周期的碳排放总量。

宁德时代的绿色供应链管理不仅在环境绩效上取得了显著成效，还带来了可观的经济效益。通过节能措施和使用可再生材料，宁德时代在能源和材料成本上实现了大幅节约。例如，2022年宁德时代通过能源管理节约了超过两亿元成本。绿色供应链管理还提升了公司的市场竞争力和品牌形象。宁德时代的绿色产品在国际市场上受到广泛欢迎，进一步拓展了全球市场。凭借在环保技术和管理方面的优势，宁德时代赢得了许多关注环保的客户和合作伙伴。

尽管宁德时代在绿色供应链管理方面取得了显著成效，但仍然面临许多挑战。这些挑战主要集中在供应商管理、技术与成本、法规与标准差异及全球化管理等方面。实施绿色供应链管理需要不断进行技术创新，这对企业的技术储备和资金投入提出了较高要求。尤其是对于一些中小型供应商来说，技术升级和环保改造的成本压力较大。为此，宁德时代需要继续加大在研发和技术创新方面的投入力度，通过技术进步推动绿色供应链管理的发展。

一、宁德时代简介

（一）公司的历史和发展

作为一家高科技企业，宁德时代专注于新能源动力电池和储能系统的研发、生产和销售。自成立以来，宁德时代迅速崛起，凭借其卓越的技术创新和市场开拓能力，成为全球领先的动力电池制造企业。

宁德时代的创始人曾毓群博士在电池领域拥有深厚的专业背景和丰富的行业经验。宁德时代成立初期，正值新能源汽车产业迅速发展的关键时期，宁德时代通过积极的市场布局和技术创新，迅速抓住了这一历史机遇。凭借在锂离子电池领域的技术积累和研发投入，宁德时代推出了一系列高性能的动力电池产品，成功打入国内外市场。

在成立后的几年里，宁德时代逐步扩大了其产品线和市场覆盖范围，不仅与国内的众多汽车制造商建立了合作关系，还积极拓展海外市场，与宝马、大众、特斯拉等国际知名汽车制造商达成合作。通过持续的技术创新和市场开拓，宁德时代迅速在全球动力电池市场中占据了重要地位。

宁德时代的成功离不开创新和突破。宁德时代成功上市后，进一步增强了资本实力和市场竞争力。借助资本市场的力量，宁德时代加大了在技术研发和生产能力方面的投入力度，不断提升产品的性能和质量。在短短几年内，宁德时代在全球动力电池市场的份额持续增长，成为行业的领导者。

自成立以来，宁德时代的发展历程可划分为以下几个重要阶段。

初创阶段（2011—2013年）。在成立初期，宁德时代聚焦于锂离子电池技术的研发和小规模生产。宁德时代依托创始团队在电池领域的技术积累和行业资源，迅速建立了初步的研发和生产体系。凭借高性能电池产品的推出，宁德时代迅速在市场上崭露头角，赢得了第一批客户的信任。

发展壮大阶段（2014—2016年）。随着新能源汽车市场的快速发展，宁德时代迎来了发展的黄金时期。宁德时代大规模扩充生产线，提高产能，以满足市场日益增长的需求。通过不断的技术创新和产品升级，宁德时代的电池产品性能稳步提升，广泛应用于电动汽车、储能设备等领域。宁德时代还积极加入国内外各大汽车制造商的供应链，进一步扩大市场份额。

资本市场助力阶段（2017年至今）。2018年，宁德时代在深圳证券交易所成功上市，成为中国资本市场上备受瞩目的新能源企业之一。上市后，宁德时代借助资本市场的力量，加大在技术研发、生产扩能和全球市场拓展方面的投入力度。宁德时代在国内外建立了多个生产基地和研发中心，提升了全球供应链管理能力和市场服务水平。

一是全球化布局阶段。随着国际市场需求的不断增长，宁德时代积极推进全球化战略布局。在欧洲、北美、亚洲等地，宁德时代陆续设立了生产基地和办事处，与当地的汽车制造商和能源企业展开深入合作。例如，在德国，宁德时代建立了欧洲首个海外工厂，以更好地满足欧洲市场的客户需求。通过全球化布局，宁德时代不仅扩大了市场份额，也提升了品牌的国际影响力。

二是技术创新与生态圈建设。宁德时代始终将技术创新作为企业发展的核心驱动力。宁德时代在电池材料、电池系统、生产工艺等方面不断投入研发资源，推出了一系列具有市场竞争力的产品和技术。例如，宁德时代开发的高镍三元材料和磷酸铁锂电池技术，在能量密度、安全性和成本控制方面均具有显著优势。此外，宁德时代还积极推进产业链上下游的协同发展，与原材料供应商、设备制造商、汽车厂商等合作伙伴共同构建绿色能源生态圈。

三是生态环保与社会责任。作为全球领先的动力电池制造企业，宁德时代在追求经济效益的同时，始终坚持可持续发展的理念。宁德时代在生产过程中严格控制污染物排放，积极采用清洁能源和环保材料，降低对环境的影响。宁德时代还通过设立公益基金、参与社区建设等方式，积极履行企业社会责任，回馈社会。

宁德时代致力于成为全球领先的新能源解决方案提供商。宁德时代的发展历程不仅展示了其在新能源领域的卓越成就，也体现了其在技术创新、市场开拓和社会责任方面的不懈追求。

（二）核心业务领域

宁德时代的核心业务包括动力电池系统、储能系统和电池回收系统。宁德时代致力于为新能源汽车、能源储存和其他应用领域提供高效、可靠的电池解决方案。

1. 动力电池系统

动力电池系统是宁德时代的主要产品，广泛应用于新能源汽车。宁德时代的动力电池系统涵盖了从电芯、电池包到整车电池管理系统的全链条产品，具有能量密度高、寿命长、安全性高等优点。宁德时代通过持续的技术创新，推出了一系列具有市场竞争力的动力电池产品，满足了不同客户的需求。

宁德时代的动力电池系统在技术上具有显著优势。宁德时代在电芯材料、结构设计、制造工艺和电池管理系统等方面进行了深入研究和创新。宁德时代的电池产品采用了能量密度大的材料和先进的制造工艺，具有更高的能量密度和更长的使用寿命。此外，宁德时代还通过优化电池管理系统，提高了电池的安全性和可靠性。

宁德时代的动力电池产品广泛应用于乘用车、商用车和特种车辆等多个领域。宁德时代与宝马、大众、特斯拉等国际知名汽车制造商建立了长期合作关系，为其提供高品质的动力电池解决方案。通过不断的技术创新和市场拓展，宁德时代在全球动力电池市场中的占有率持续增长，成为行业的领导者。

2. 储能系统

储能系统是宁德时代的另一重要业务领域。宁德时代致力于提供高效的能源存储解决方案，广泛应用于家庭、企业和电力系统。宁德时代的储能系统包括家用储能、电网储能、工业储能等多个应用场景，帮助用户优化能源使用方式，降低用电成本。

宁德时代的储能系统具有高效、可靠和灵活的特点。宁德时代在储能电池的材料选择、结构设计和制造工艺等方面进行了大量研发工作，推出了一系列高性能的储能电池产品。宁德时代的储能系统不仅能提高能源利用效率，还能有效平衡电网负荷，减少能源浪费。

在家庭储能方面，宁德时代的产品可以帮助用户实现自发自用的能源管理，提高能源利用效率，降低用电成本。在电网储能方面，宁德时代的系统可以提供稳定的电力供应，平衡电网负荷，支持可再生能源的接入。在工业储能方面，宁德时代的解决方案可以帮助企业优化能源使用方式，降低能源成本，提高生产效率。

宁德时代的储能系统在全球市场上受到广泛欢迎。宁德时代与多家国际知名的能源企业建立了合作关系，共同促进储能技术的发展和应用。通过持续的技术创新和市场拓展，宁德时代在储能市场上占据了重要地位。

3. 电池回收系统

电池回收系统是宁德时代绿色供应链管理的重要组成部分。宁德时代通过子公司邦普循环，建立了覆盖全球的电池回收网络和生产基地，专注于电池拆解、回收冶炼、材料合成及资源开发等技术创新。邦普循环的镍、钴、锰的回收率达99.6%，锂的回收率达91.0%。

宁德时代的电池回收系统通过先进的回收技术和工艺，实现了废旧电池中有价值金属的高效回收和再利用，减少了资源浪费。宁德时代在电池回收方面的技术优势，使其回收系统具有高回收率和高纯度的特点，有效降低了电池生产对环境的影响。

宁德时代的电池回收系统不仅提升了公司的环境绩效，还带来了显著的经济效益。通过回收废旧电池中的有价值金属，宁德时代能够降低原材料采购成本，提高资源利用效率。此外，电池回收系统还帮助公司减少了对原生矿产资源的依赖，降低了供应链的风险。

在全球市场上，宁德时代的电池回收系统得到了广泛认可。宁德时代与多家国际知名企业建立了合作关系，共同促进电池回收技术的发展和应用。

4. 技术创新与研发投入

技术创新是宁德时代快速发展的核心动力。宁德时代高度重视技术研发，不断加大在科研方面的投入，建立了完善的研发体系和创新机制。宁德时代在全球范围内设立了多个研发中心，汇聚了大批顶尖的科学家和工程师，专注于电池材料、电池设计、电池制造工艺、电池管理系统等领域的研究和创新。

宁德时代在电池材料方面的研究取得了显著成果。宁德时代开发了高能量密度、高安全性和长寿命的电池材料，显著提升了电池的性能和可靠性。在电池设计方面，宁德时代通过优化电芯结构和电池包设计，提高了电池的能量密度和安全性。在电池制造工艺方面，宁德时代采用了先进的生产设备和工艺，确保了电池产品的高质量和一致性。

宁德时代在电池管理系统方面的研究也取得了显著成效。宁德时代开发了先进的电池管理系统，通过智能化的监控和管理，提高了电池的安全性和使用寿命。宁德时代的电池管理系统能够实时监测电池的工作状态，及时发现和处理异常情况，确保电池的安全运行。

为了保持技术的领先地位，宁德时代积极与国内外的高校、科研机构和企业合作，开展联合研发和技术交流。宁德时代与清华大学、北京大学、斯坦福大学等知名高校建立了紧密的合作关系，共同开展电池技术的前沿研究。宁德时代还积极参与国际标准的制定，推动电池行业的技术进步和标准化发展。

5. 环境与社会责任

宁德时代在快速发展的同时，始终将环境保护和社会责任放在重要位置。宁德时代致力于通过技术创新和管理优化，减少生产对环境的影响，提高资源利用效率，实现可持续发展。

在环境保护方面，宁德时代积极推动绿色供应链管理，通过一系列措施减少碳排放和环境污染。宁德时代在原材料获取、生产制造、物流运输和废弃物处理等方面进行了一系列绿色实践，显著提升了供应链的绿色绩效。宁德时代还通过电池回收系统，实现了废旧电池的高效回收和再利用，减少了资源浪费。

在社会责任方面，宁德时代积极参与各类社会公益和环保项目，推动环境保护和社区建设。宁德时代在全球范围内开展了植树造林、水资源保护等项目，每年种植大量树苗，改善了当地的生态环境。宁德时代还通过培训和宣传活动，提高了员工和公众的环保意识，促进了绿色消费和投资。

宁德时代在履行社会责任方面取得了显著成效。宁德时代通过参与全球范围内的环保项目和社会公益活动，提升了企业形象，赢得了社会各界的信任和支持。宁德时代的成功经验为其他企业提供了宝贵的借鉴和启示，展示了企业在推动可持续发展方面的巨大潜力和责任。

6. 全球市场拓展

宁德时代的快速发展离不开其在全球市场的积极布局。宁德时代通过持续的技术创新和市场开拓，成功打入了国际市场，赢得了全球客户的信任和支持。

在储能市场方面，宁德时代的产品在全球范围内受到广泛欢迎。宁德时代与多家国际知名的能源企业建立了合作关系，共同推动储能技术的发展和应用。宁德时代的储能系统在家庭储能、电网储能和工业储能等多个应用场景中得到了广泛应用，帮助用户优化能源使用方式，降低用电成本。

在电池回收市场方面，宁德时代的回收系统在全球市场上取得了显著成效。宁德时代通过子公司邦普循环，建立了覆盖全球的电池回收网络和生产基地，专注于电池拆解、回收冶炼、材料合成及资源开发等技术创新。宁德时代的电池回收系统不仅提升了公司的环境绩效，还带来了显著的经济效益。

为了进一步扩大全球市场，宁德时代在海外设立了多个分支机构和生产基地，提升了公司在国际市场中的竞争力。宁德时代通过积极参与国际展会和行业论坛，展示其在电池技术和绿色供应链管理方面的成就，提升了品牌影响力。

宁德时代将继续坚持技术创新和可持续发展的战略，进一步提升其在全球市场中的竞争力和领导地位。宁德时代计划在未来几年内，加大在技术研发和生产能力方面的投入，不断推出具有市场竞争力的产品，满足全球客户的需求。宁德时代还将通过加强与供应商的合作，推动绿色技术的普及和应用，实现供应链的整体绿色转型。在全球市场方面，宁德时代将继续加大市场开拓力度，提升品牌影响力。宁德时代计划在未来几年内，进一步扩大海外市场份额，巩固其在国际市场中的领导地位。通过持续的技术创新和市场拓展，宁德时代有望在未来取得更大的成功。

综上所述，宁德时代作为全球领先的锂电池制造企业，凭借其卓越的技术创新和市场开拓能力成为行业的领导者。宁德时代在动力电池、储能系统和电池回收等领域取得了显著成就，通过绿色供应链管理，实现了环境、社会和经济效益的统一。未来，宁德时代将继续坚持技术创新和可持续发展的战略，为全球可持续发展做出更大的贡献。

二、宁德时代的绿色供应链战略

（一）战略目标与愿景

宁德时代作为全球领先的动力电池制造商，致力于在绿色供应链管理方面发挥重要作用，以实现低碳生产和循环经济为核心目标。

宁德时代的绿色供应链战略旨在将环境友好、技术创新和可持续发展有机结合，形成一种既能满足当前生产需求，又能兼顾未来资源和环境保护的经营模式。通过这一战略，宁德时代不仅希望提升自身的市场竞争力，还希望为全球绿色能源的发展和环境保护事业贡献力量。

在战略目标方面，宁德时代明确了其绿色供应链管理的核心方向：低碳生产和循环经济。低碳生产意味着在电池生产过程中最大程度地减少温室气体排放，减少对环境的负面影响。通过优化生产流程、采用清洁能源和节能技术，宁德时代大幅减少了碳足迹。此外，循环经济的目标则是通过资源的高效利用和再循环最大程度地减少废弃物的产生。宁德时代通过创新的回收技术，实现了电池材料的循环利用，从而减少了对新资源的依赖，促进了资源的可持续利用。

（二）核心原则

在实现这些目标的过程中，宁德时代遵循了几个核心原则。

第一，环境友好是所有行动的基础。宁德时代支持环保项目和企业，优先考虑那些能够减少碳排放、节约资源和保护生态的项目。通过严格的环境评估和供应商筛选机制，宁德时代确保其供应链中的每一个环节都符合环保标准，减少环境负担。

第二，创新驱动是绿色供应链管理的重要动力。宁德时代通过持续的技术创新，提升了绿色供应链管理的效率和效果。无论是材料创新、生产工艺改进，还是智能管理系统的应用，宁德时代始终走在行业的前沿。通过不断引进和开发新技术，宁德时代不仅提高了自身的生产效率，还为整个行业树立了绿色生产的标杆。

第三，可持续发展是一以贯之的战略理念。宁德时代确保供应链管理在环境、社会和经济三个层面上都具有可持续性，实现长期效益。这不仅体现在生产和运营环节，还延伸到产品的全生命周期管理。宁德时代通过全方位的可持续发展策略，确保在每一个生产环节都能够有效地减少资源消耗和环境影响，实现真正的绿色发展。

合作共赢也是宁德时代绿色供应链战略的一个重要组成部分。宁德时代深知，仅靠自身的努力难以实现全面的绿色转型，因此积极与供应链上下游企业合作，共同推动绿色供应链管理。宁德时代通过与供应商、客户和其他合作伙伴的紧密合作，分享经验和资源，推动绿色技术和环保标准的应用，形成了一个协同发展的绿色生态系统。这样的合作不仅提升了整个供应链的环保水平，还增强了合作伙伴之间的信任和互利共赢的关系。

（三）绿色电池生产中的绿色供应链实践

1. 绿色原材料获取

宁德时代在电池生产中高度重视原材料的环保性和可持续性。宁德时代通过自建和合资的方式，积极参与锂、镍、钴等电池矿产资源的开发和运营，以确保关键资源的可持续供应。例如，宁德时代在印度尼西亚建立了多个基地，专注于镍和钴的开采与加工。这种全球化的资源布局不仅保证了原材料的稳定供应，还通过集中管理和优化运营，降低了对环境的影响。通过这种方式，宁德时代能够有效减少资源开采对生态环境的破坏，同时确保在全球供应链中的资源可持续性。

此外，宁德时代引入了严格的供应商评估机制，将原料碳足迹作为重要指标之一，协助供应商优化工艺，减少碳排放。宁德时代还为供应商提供分布式光伏项目技术支持，推动其使用零碳电力，从而在供应链的源头上减少对环境的影响。这种供应商管理方法不仅确保了原材料供应的环保性和可持续性，还推动了整个行业的绿色转型。通过对供应商的严格筛选和评估，宁德时代在供应链上游构建了一道绿色屏障，确保进入生产流程的每一个原材料都符合高标准的环保要求。

宁德时代通过这些措施，不仅保障了原材料的供应链安全，还推动了供应链整体的绿色转型。宁德时代还积极参与全球环保标准的制定，与国际环保组织和行业协会合作，推动绿色矿产资源开发的标准化和规范化。这些努力不仅提升了公司的环保形象，也为全球绿色能源产业的发展做出了贡献。通过对原材料获取环节的严格把控，宁德时代为实现可持续发展的目标奠定了坚实基础，同时也为全球绿色能源的未来发展提供了宝贵的经验和借鉴。

2.绿色制造和能源管理

在生产制造环节，宁德时代通过技术创新和管理优化，显著提升了能源利用效率和环保水平。宁德时代推行"零碳"制造理念，从工艺创新入手，优化设备和工艺，降低制造过程中的碳排放强度。例如，在宜春基地，宁德时代引入了自主研发的先进技术，进行了化成容量、搅拌涂布、环境管控等多方面的优化，单位产品能耗下降约20%。这种生产工艺的优化不仅提高了生产效率，还减少了能源消耗，降低了环境负荷。

宁德时代还建立了完善的能源管理体系，依托智慧能源管理平台，实时监控和优化能源使用情况。通过能源管理和节能措施，宁德时代在保持高效生产的同时，实现了碳减排目标，树立了绿色制造的行业标杆。

具体而言，宁德时代在生产制造中采取了多项创新措施。宁德时代在全球多个生产基地安装了太阳能和风能发电系统，通过自发自用和电网并网的方式，大幅提升了清洁能源的使用比例。例如，宁德时代在福建宁德基地安装了大规模的太阳能发电系统，每年可产生数百万千瓦时的清洁电力，减少了对传统化石能源的依赖。这些清洁能源的使用不仅降低了生产过程中的碳排放，还为企业的可持续发展提供了稳定的能源保障。

此外，宁德时代不断优化生产工艺，减少能源消耗和废气排放。例如，宁德时代在电池生产的关键环节采用了最新的高效能设备和技术，如高效能的电解液配方和精确的电池组装工艺。这些技术的应用不仅提高了生产效率，还显著降低了单位产品的能耗和碳排放。通过不断的工艺改进和技术升级，宁德时代在保持产品高质量和高性能的同时，实现了绿色生产和环保目标。

在环境管理方面，宁德时代在各个生产基地建立了严格的环境管理体系，确保生产过程中的废水、废气和固体废物得到有效处理。例如，宁德时代在生产过程中产生的废水经过严格的处理和监测，达到排放标准后再排放或循环利用，减少了对水资源的污染。此外，宁德时代还积极推进生产基地和产品的绿色认证，如 ISO 14001 环境管理体系认证和 ISO 50001 能源管理体系认证。这些认证不仅提升了宁德时代的管理水平，也增加了客户和市场对公司产品的信任。

3. 绿色物流和包装

宁德时代在物流和包装环节也积极进行绿色实践。宁德时代通过无人驾驶物流车、电动叉车、电动自动导引运输车等实现内部物流全面电动化，并推行覆盖供应链、生产端、用户端的全环节电动物流解决方案。通过这种全面电动化的物流方式，宁德时代在运输过程中有效减少了碳排放，提升了物流效率和环保性能。

在物流电动化方面，宁德时代在内部物流中广泛应用电动物流车、电动叉车和电动自动导引运输车，替代传统的燃油物流设备，减少了物流过程中的碳排放。电动物流设备不仅能有效降低温室气体排放，还能减少噪声和空气污染，提升工作环境的质量。通过推广电动物流设备，宁德时代在实现绿色物流的同时，优化了物流流程，提高了工作效率和安全性。

宁德时代还采用智能调度系统，通过大数据分析和优化算法，实时监控和调整物流运输路线和方式，提升运输效率，减少能源消耗。智能调度系统能够根据物流需求和交通状况，智能选择最优的运输方案，避免不必要的能源浪费和碳排放。通过这种智能化的物流管理，宁德时代实现了物流过程的高效运作和环境友好。

在包装方面，宁德时代开发了循环器具运营管理系统，对包装器具进行全生命周期管理，通过器具租赁和共享等模式，提高可重复使用包装的使用率。例如，宁德时代在供应链中推广可循环使用的塑料托盘和箱子，替代一次性使用的木质托盘和纸箱，减少了包装废弃物的产生。通过这种循环包装系统，宁德时代不仅减少了资源消耗和废弃物的产生，还降低了包装成本，提高了物流环节的环保效益。

此外，宁德时代在产品包装中广泛使用环保材料，如可降解塑料和再生纸。宁德时代还通过优化包装设计，减少包装材料的使用量，提高包装的空间利用率，降低物流运输的能耗和碳排放。这些措施不仅提升了产品的环保性能，还提高了宁德时代的绿色品牌形象，赢得了客户和市场的广泛认可。

4. 电池回收和循环利用

宁德时代的循环经济体系使电池生产所需的关键金属资源实现有效循环利用，减少了对原生矿产资源的依赖，同时降低了电池生产全生命周期的碳排放总量。通过这种闭环循环的资源管理，宁德时代在推动绿色生产的同时，实现了经济效益和环境效益的双赢。

具体而言，宁德时代在电池回收和循环利用方面采取了多项措施。宁德时代在全球范围内建立了庞大的电池回收网络，通过与汽车制造商、零售商和回收公司合作，回收废旧电池。宁德时代还在各主要市场设立了回收中心，方便用户将废旧电池送回进行回收处理。这种回收网络的建立不仅提高了电池回收率，还减少了废旧电池对环境的潜在危害。

在回收技术方面，宁德时代采用了先进的拆解和冶炼技术，提高了金属回收率和纯度。例如，宁德时代开发了高效能的湿法冶金工艺和电解提纯技术，能够从废旧电池中高效回收镍、钴、锰和锂等关键金属，减少资源浪费。这些先进的回收技术不仅提高了资源利用效率，还减少了回收过程中的环境污染。

宁德时代还通过建立闭环循环体系，实现了资源的高效利用和循环利用。例如，宁德时代将从废旧电池中回收的金属材料用于新电池的生产，减少了对原生矿产资源的依赖，降低了生产成本和环境影响。这种闭环循环体系不仅提升了宁德时代的资源利用效率，还推动了整个行业的绿色发展。

在环保处理方面，宁德时代在电池回收过程中严格控制污染物的排放，通过先进的废气、废水和固体废物处理技术，确保回收过程中的环境友好性。例如，宁德时代在电池拆解过程中产生的废气经过高效过滤和净化处理，达到排放标准后再排放，减少了对空气的污染。这些处理措施不仅确保了回收过程的环保性，还提升了公司的绿色品牌形象。

5. 绿色科技创新

宁德时代高度重视绿色科技创新，通过不断进行研发投入和技术创新，推动绿色供应链管理的发展。宁德时代在电池材料、电池设计、电池制造工艺、电池管理系统等方面进行了深入研究和创新，推出了一系列具有市场竞争力的绿色产品。

在电池材料方面，宁德时代在材料研究上取得了显著成果。宁德时代开发了高能量密度、高安全性和长寿命的电池材料，显著提升了电池的性能和可靠性。例如，宁德时代采用了高镍低钴的三元正极材料，既提高了电池的能量密度，又降低了对稀缺金属钴的依赖，减少了资源开采对环境的影响。这些新材料的应用不仅提高了电池的性能，还推动了绿色能源的发展。

在电池设计方面，宁德时代通过优化电芯结构和电池包设计，提高了电池的能量密度和安全性。宁德时代采用了轻量化、高强度的材料和结构设计，减轻了电池的重量，提高了电池的能量效率和车辆的续航里程。此外，宁德时代还开发了模块化电池设计，使电池的生产、维护和回收更加便捷高效。这些设计创新不仅提高了电池的使用性能，还提升了产品的环保性能。

在电池制造工艺方面，宁德时代进行了大量研发工作，采用了先进的生产设备和工艺，确保了电池产品的高质量和一致性。宁德时代引入了自动化、智能化的生产线，通过数字化技术实时监控和优化生产过程，提高了生产效率，减少了资源浪费和环境污染。通过这些工艺创新，宁德时代在保持高效生产的同时，实现了绿色制造的目标。

在电池管理系统方面，宁德时代的研究也取得了显著进展。宁德时代开发了先进的电池管理系统，通过智能化的监控和管理，提高了电池的安全性和使用寿命。宁德时代的电池管理系统能够实时监测电池的工作状态，及时发现和处理异常情况，确保电池的安全运行。这些管理系统的应用不仅提高了电池的使用效率，还提升了产品的安全性和可靠性。

6. 绿色数据中心

宁德时代通过建设绿色数据中心，提高能源利用效率，降低碳排放。宁德时代采用液冷技术、自然冷却等多种绿色技术，减少数据中心的能源消耗。此外，宁德时代还积极推动数据中心使用清洁能源，进一步减少碳足迹。

在数据中心建设中，宁德时代采用了先进的液冷技术。液冷技术通过液体介质直接接触热源，快速带走热量，相比传统的空气冷却方式，液冷技术具有更高的热传导效率和更低的能耗。通过液冷技术，宁德时代大幅降低了数据中心的制冷能耗，提高了能源利用效率。

此外，宁德时代的数据中心还采用了自然冷却技术。自然冷却技术利用自然环境中的低温空气进行制冷，减少了机械制冷设备的使用，降低了能耗和碳排放。宁德时代在选址时优先考虑气候条件适宜的地区，最大程度地利用自然冷却资源，提高了数据中心的环保性能。

为了进一步减少碳足迹，宁德时代积极推动数据中心使用清洁能源。

宁德时代在数据中心建设中配备了光伏发电系统和风力发电系统，利用可再生能源为数据中心供电。此外，宁德时代还通过与清洁能源供应商的合作，确保数据中心的电力供应中有较高比例的清洁能源。这些措施不仅减少了数据中心的碳排放，还提升了数据中心的可持续性和环保性能。

通过以上措施，宁德时代不仅显著提升了数据中心的能源利用效率和环保性能，还降低了运营成本，提升了数据中心的可靠性和可持续性。这些绿色数据中心的建设为宁德时代在信息技术和数据管理方面提供了坚实的支持，同时也为全球绿色数据中心的发展提供了宝贵的经验。

宁德时代通过一系列全面且有针对性的绿色供应链管理措施，不仅实现了自身的可持续发展目标，还在全球范围内树立了行业标杆。宁德时代通过绿色原材料获取、绿色制造和能源管理、绿色物流和包装、电池回收和循环利用、绿色科技创新和绿色数据中心等多方面的实践，有效提升了供应链的环保性能和资源利用效率。

未来，宁德时代将继续加大在绿色供应链管理方面的投入，通过技术创新和管理优化，不断提升环保水平和经济效益，推动全球可持续发展。

三、可持续发展绩效评估

（一）环境影响

宁德时代在绿色供应链管理方面取得了显著的成效。宁德时代通过一系列严格的环保措施和技术创新，在减少碳排放、提高能源利用率和减少有害物质使用方面取得了卓越成果。2022年，宁德时代通过使用可再生能源和优化生产工艺，实现了单位产品温室气体排放量下降45.6%的目标。这个成就是通过多方面的努力实现的，包括在全球各个生产基地广泛安装太阳能和风能发电系统，优化生产工艺，采用更加节能和环保的生产设备，以及引入先进的能源管理体系。

在电池回收方面，宁德时代建立了完善的回收体系。这不仅减少了废弃物对环境的影响，还实现了资源的循环利用，减少了对新资源的依赖。通过这种闭环循环的资源管理模式，宁德时代显著降低了生产过程中对环境的负面影响，推动了循环经济的发展。

此外，宁德时代在生产过程中严格控制有害物质的使用。例如，宁德时代广泛采用无卤素材料和无铅焊接技术，减少了对环境和人体健康的危害。通过应用先进的环保设备和技术，宁德时代提升了废水、废气和固体废弃物的处理效率，有效减少了污染物的排放。宁德时代在生产基地建立了严格的环境管理体系，确保所有废弃物在排放前都经过严格处理，达到环保标准。

（二）经济效益

绿色供应链管理不仅提升了宁德时代的环境绩效，还带来了显著的经济效益。通过实施一系列节能措施和使用可再生材料，宁德时代在能源和材料成本上实现了大幅节约。这些成本的节约不仅提升了宁德时代的利润率，还增强了公司的市场竞争力。

此外，绿色供应链管理提升了宁德时代的品牌形象和市场竞争力。宁德时代在国际市场上推出的绿色产品广受欢迎，进一步拓展了全球市场。凭借在环保技术和管理方面的优势，宁德时代赢得了许多注重环保的客户和合作伙伴。宁德时代的绿色产品和技术不仅满足了市场需求，还符合全球日益严格的环保法规，为公司赢得了更多的市场份额和商业机会。

通过绿色供应链管理，宁德时代不仅降低了生产成本，还提升了产品的市场竞争力。宁德时代开发的高效、低碳电池产品赢得了全球市场的认可和信赖，进一步巩固了其在行业中的领先地位。绿色供应链管理带来的经济效益和市场优势为宁德时代的长期可持续发展提供了强有力的支持。

（三）社会效应

宁德时代在履行社会责任方面也取得了显著成效。宁德时代通过参与全球范围内的环保项目和社会公益活动，推动了环境保护和社区建设。例如，宁德时代参与了全球植树造林和水资源保护项目，每年种植超过100

万棵树苗,改善了当地的生态环境。这些项目不仅提升了公司的社会形象,还为全球环境保护做出了实质性贡献。

宁德时代通过透明的信息披露和第三方审计,提高了供应链管理的透明度和公信力。宁德时代定期发布可持续发展报告,详细披露其在环境保护、社会责任和治理结构方面的绩效,确保利益相关方了解公司的环保努力和成效。

宁德时代积极履行社会责任,通过开展各种公益活动,促进社区发展和社会进步。例如,宁德时代在全球范围内开展了多项慈善捐助和志愿服务活动,帮助弱势群体改善生活条件,推动社会和谐发展。宁德时代通过这些活动,不仅增强了员工的社会责任感,也提升了公司的社会影响力和公信力。

总之,宁德时代在可持续发展绩效评估方面取得了显著成效。通过绿色供应链管理,宁德时代不仅实现了显著的环境效益,还提升了经济效益和社会效应。未来,宁德时代将继续加大在绿色供应链管理方面的投入,通过技术创新和管理优化,不断提升环保水平和经济效益,为全球可持续发展做出更大贡献。

四、挑战与应对策略

尽管宁德时代在绿色供应链管理方面取得了显著成效,但仍然面临许多挑战。这些挑战主要集中在技术、市场、政策与法规等方面。为了持续推动绿色供应链的发展,宁德时代需要采取综合性的应对策略,以确保绿色供应链管理的有效实施。

(一)技术挑战

实施绿色供应链管理需要不断进行技术创新,这对企业的技术储备和资金投入提出了较高要求。尤其是对于一些中小型供应商来说,技术升级和环保改造的成本压力较大。宁德时代认识到,仅靠企业自身的技术进步无法完全解决这些问题，因此在技术创新方面采取了多项措施。

宁德时代通过设立专项环保基金，支持供应商进行技术改造和环保设备升级。这个基金不仅为供应商提供了必要的资金支持，还通过技术指导和培训，帮助供应商提升技术能力。此外，宁德时代还与科研机构和高校合作，共同开展环保技术研发，推动绿色技术的普及和应用。通过这些合作，宁德时代不仅获取了前沿技术，还能够将最新的科研成果迅速转化为实际应用，提升整个供应链的环保水平。

宁德时代持续加大研发投入力度，推动绿色技术的创新和应用。例如，宁德时代在电池材料、电池设计和制造工艺等方面进行了深入研究和技术突破，开发出了高效、环保的电池产品。这些创新不仅提高了产品的市场竞争力，还为绿色供应链管理提供了坚实的技术基础。

（二）市场挑战

绿色供应链管理尚处于发展初期，市场认知度和接受度不高。宁德时代需要通过加强宣传推广和用户教育，提高市场的认知度和接受度。此外，宁德时代还需要在市场拓展中面临竞争对手的挑战，通过技术创新和品牌提升，增强市场竞争力。

为了应对这些市场挑战，宁德时代通过多渠道宣传和推广绿色供应链管理理念，提升社会公众和消费者的环保意识。宁德时代利用各种媒体平台，包括电视、互联网、社交媒体等，广泛宣传绿色供应链管理的优势和成就，提高社会各界对绿色产品的认知。宁德时代还通过举办环保主题活动、参与环保展览和会议，直接与消费者和企业沟通，展示其在绿色供应链管理方面的成果和未来计划。

此外，宁德时代还通过与媒体、教育机构和非政府组织合作，扩大环保宣传的覆盖面和影响力。例如，宁德时代与知名环保组织合作，开展环保教育项目，在学校和社区普及环保知识，培养公众的环保意识。通过这些努力，宁德时代不仅提升了自身的品牌形象，还推动了绿色消费和投资的普及。

（三）政策与法规挑战

不同国家和地区的环境法规和标准存在差异，这增加了宁德时代全球化管理的复杂性。宁德时代需要适应不同地区的法规要求，并确保供应链的所有环节都符合相关标准。为此，宁德时代需要建立专业的法规合规团队，及时监测和研究各国的环保法规，确保合规性。

宁德时代通过与各国政府和国际环保组织合作，推动全球环保标准的统一和提升。宁德时代积极参与国际环保政策的制定，贡献自己的专业知识和经验，帮助制定更加科学和合理的环保标准。通过这些努力，宁德时代不仅提升了自身的合规水平，还为全球环保事业的发展做出了贡献。

此外，宁德时代在内部建立了严格的合规管理体系，确保公司在各个市场的运营都符合当地的法规要求。宁德时代定期对供应链进行审核和评估，确保所有供应商和合作伙伴都遵守相关的环保法规和标准。通过这种系统化的管理，宁德时代有效降低了法规差异带来的风险，确保绿色供应链管理的顺利实施。

（四）全球化管理的复杂性

作为一家全球化企业，宁德时代在实施绿色供应链管理时需要面对全球化管理带来的复杂性。如何在全球范围内协调和推动绿色供应链管理，是宁德时代需要长期解决的问题。

宁德时代通过建立高效的跨国协调机制，确保绿色供应链管理在全球范围内的有效实施。宁德时代在各个主要市场设立了区域管理中心，负责当地的绿色供应链管理和政策执行。这些区域管理中心不仅负责协调和管理当地的供应链，还承担着沟通和反馈的任务，确保总部能够及时了解各地的实际情况和需求。

在全球范围内实施绿色供应链管理时，宁德时代还需要考虑本地化的实际情况。例如，不同国家和地区的供应商在技术水平、管理能力和环保意识等方面存在差异。宁德时代根据具体情况，制定具有本地化的实施方案，以确保绿色供应链管理的有效性。例如，宁德时代在发展中国家提供更多的技术支持和培训，帮助当地供应商提升环保水平；在发达国家，推广先进的环保技术和管理经验，进一步提升绿色供应链管理的效果。

通过这些综合性的应对策略，宁德时代不仅战胜了绿色供应链管理中的各种挑战，还为未来的可持续发展奠定了坚实的基础。宁德时代将继续坚持绿色发展理念，通过不断的技术创新和管理优化，实现环境效益和经济效益的双赢，为全球可持续发展做出更大的贡献。

五、国际比较与合作

（一）与国际绿色供应链实践的对比

宁德时代的绿色供应链管理实践在国际上具有显著优势。宁德时代在绿色原材料获取、绿色制造、绿色物流和电池回收等方面的措施已经达到了国际领先水平。具体而言，宁德时代通过严格的供应商评估机制，将原料碳足迹作为重要指标之一，并协助供应商优化工艺，减少碳排放。这一实践不仅确保了原材料的可持续供应，还推动了供应链整体的绿色转型。

与国际领先企业相比，宁德时代在技术创新和环保管理方面有着独特的优势。宁德时代通过引进国际先进的环保技术和管理经验，不断提升自身的环保管理水平。例如，宁德时代在电池回收方面采用了先进的拆解和冶炼技术，取得了镍、钴、锰的回收率达99.6%、锂的回收率达91.0%的优异成绩。这一技术水平在国际上处于领先地位，显著减少了电池生产全生命周期的碳排放。

此外，宁德时代还积极参与国际环保项目，与全球领先企业和科研机构开展合作，共同推动环保技术的发展和应用。通过这些合作，宁德时代不仅获取了最新的科研成果，还提升了公司的技术创新能力，确保其在国际市场上的竞争优势。例如，宁德时代与多家国际知名大学和研究机构建立了长期合作关系，共同研发绿色技术和产品，这些合作成果为公司的可持续发展提供了坚实的技术支撑。

（二）国际合作与交流

宁德时代通过参与国际环保组织的活动，积极推动全球绿色供应链管理技术的推广和应用。宁德时代与联合国环境规划署、世界自然基金会等国际组织合作，共同推进全球环境保护项目。

此外，宁德时代还通过举办国际会议、参与行业论坛等方式，分享其在绿色供应链管理方面的经验和技术。通过这些国际交流活动，宁德时代不仅展示了其在绿色供应链管理方面的成就，还提升了国际影响力。宁德时代在国际环保论坛和展会上的积极参与，使其在全球绿色供应链管理领域树立了良好的企业形象，赢得了广泛的认可和赞誉。

宁德时代通过与国际环保组织和行业协会合作，推动全球环保标准的制定和推广。例如，宁德时代参与了 ISO 14001 环境管理体系标准和 ISO 50001 能源管理体系标准的制定，这些标准的制定和推广不仅提升了企业管理水平，也推动了行业的绿色发展。

通过与全球各地的合作伙伴分享其在绿色供应链管理方面的经验和技术，宁德时代不仅帮助合作伙伴提升了绿色管理水平，还促进了全球范围内的绿色供应链管理的发展。这种合作和交流模式不仅提高了宁德时代的国际竞争力，也为全球可持续发展做出了积极贡献。

六、未来展望与绿色供应链发展计划

尽管面临诸多挑战，宁德时代在绿色供应链管理方面仍然有着广阔的前景。通过持续努力和创新，宁德时代有望在未来进一步提升其绿色供应链管理水平，并为全球可持续发展做出更大贡献。

（一）持续投入绿色技术研发

宁德时代将继续加大在绿色技术研发方面的投入。宁德时代计划在未来几年内设立更多的研发中心，集中力量研究和开发环保技术和产品。通过这些研发中心，宁德时代将不断推出高效、低碳的电池产品，以满足市场对绿色产品的需求，巩固其在绿色能源领域的领先地位。

为了实现这一目标，宁德时代将设立专门的绿色技术实验室，致力于探索新型材料、高效能电池及低碳制造工艺，以促进整体环保性能的提升。通过设立绿色技术实验室，宁德时代希望在技术前沿保持领先地位，并为行业树立标杆。

此外，宁德时代将加强与高校和研究机构的合作，推动产学研结合。这种合作模式不仅可以利用高校和研究机构的科研资源和人才优势，还能将最新的科研成果迅速转化为实际应用。通过这种方式，宁德时代将加速绿色技术的研发和推广，提升产品的市场竞争力和环保性能。

（二）加强供应链协同与管理

宁德时代将进一步加强与供应链上下游企业的合作，通过供应链协同，实现整体绿色绩效的提升。宁德时代将继续对供应商进行环境管理培训和指导，提升环境管理能力。通过提供技术支持和资金援助，帮助供应商进行环保技术改造和设备升级，推动整个供应链的绿色转型。

为了实现这一目标，宁德时代将继续优化供应链管理，通过供应商协同平台和绿色供应链联盟，提升供应链的透明度和协同效率。供应商协同平台将整合供应链各环节的信息，通过共享信息和最佳实践，推动整个供应链的绿色转型。这一平台将帮助宁德时代与供应链上的合作伙伴紧密合作，共同提升环保管理水平。

绿色供应链联盟是宁德时代推动供应链绿色转型的重要工具。通过建立绿色供应链联盟，宁德时代将与供应链上的主要合作伙伴共同制定和实施绿色标准及规范。联盟成员将定期举办会议和交流活动，分享环保技术和管理经验，推动全行业的绿色发展。通过这种协同合作，宁德时代不仅可以提升自身的绿色管理水平，还能提升整个供应链的环保水平。

（三）推动全球环保标准制定和推广

宁德时代将积极推动全球环保标准的制定和推广。宁德时代将加强与国际环保组织和行业协会的合作，参与环保标准的制定和推广工作。通过这些努力，宁德时代将推动全球环保标准的统一和提升，为全球绿色供应链管理提供科学合理的指导和支持。

宁德时代将继续与国际环保组织合作，共同推进全球环境保护项目。通过这些合作，宁德时代不仅提升了自身的国际影响力，还为全球环保事业的发展做出了积极贡献。

（四）推动消费者与社会的参与

宁德时代将通过多种渠道，推动消费者和社会的参与，提升绿色供应链管理的社会影响力。宁德时代将加强对绿色产品的宣传，通过广告、社交媒体和线下活动等方式，向消费者展示其绿色产品的优势。通过这些宣传和推广活动，宁德时代将吸引更多的消费者选择和支持绿色产品，推动绿色消费和投资的普及。

此外，宁德时代将继续履行社会责任，通过参与和支持各类社会公益和环保项目，推动全球可持续发展。宁德时代将通过捐赠、志愿服务等方式，推动环境保护和社区建设。通过这些努力，宁德时代不仅提升了公司的社会形象，还增强了员工和公众的环保意识，推动全社会向可持续发展的方向转变。

（五）综合应对挑战与把握机遇

尽管宁德时代在绿色供应链管理方面取得了显著成效，但仍面临许多挑战。未来，宁德时代将继续加大在技术创新、市场拓展、法规合规和全球化管理等方面的投入，通过综合性的应对策略，实现绿色供应链管理的长期可持续发展。通过这些努力，宁德时代不仅可以提升自身的环境绩效和市场竞争力，还可以为全球可持续发展做出更大贡献，推动整个行业的绿色转型。

综上所述，未来，宁德时代将继续加大在绿色技术创新和研发方面的投入，优化供应链管理，推动国际合作，并加强社会参与。通过这些努力，宁德时代不仅能提升自身的环境绩效和市场竞争力，还能为全球可持续发展做出更大贡献。宁德时代的成功经验将为其他企业提供宝贵的借鉴和启示，展示企业在推动绿色供应链管理和可持续发展方面的巨大潜力和责任。

第四节　上汽集团的新能源汽车和可持续发展绩效

随着全球环境问题的日益严重，绿色供应链管理成为企业可持续发展的重要战略之一。绿色供应链管理不仅是企业履行社会责任的体现，更是提升企业竞争力的重要手段。通过优化资源利用、减少污染排放、提升能源效率等措施，绿色供应链管理能够有效降低企业运营成本，提升产品的市场竞争力和品牌形象。绿色供应链管理还能够提高企业的风险管理能力，应对环境法规的变化和市场需求的转变。

在国际上，越来越多的国家和地区开始制定和实施严格的环境保护政策，推动企业采用绿色供应链管理。消费者的环保意识也在不断提升，他们更加倾向于选择绿色环保的产品和服务。因此，企业实施绿色供应链管理不仅是应对外部环境压力的需要，更是顺应市场发展趋势的必然选择。

汽车制造业作为全球工业的重要组成部分，其生产和运营过程对环境产生了较大的影响。汽车在制造过程中产生的能源消耗、废气排放、固体废物和废水处理等问题一直是研究的重点。随着新能源汽车的快速发展，汽车制造业的绿色供应链管理也迎来了新的机遇和挑战。

绿色供应链管理在汽车制造业中的应用主要体现在以下几个方面。

一是绿色设计。通过优化产品设计，减少产品生命周期内对环境的影响。例如，采用轻量化材料和结构设计，减少车辆的能耗和排放。

二是绿色采购。在原材料和零部件采购过程中优先选择环保材料和供应商，减少供应链上游对环境的影响。

三是绿色制造。通过优化生产工艺和设备，提升能源利用效率，减少污染物的排放。

四是绿色物流。优化物流运输方式,减少运输过程中的碳排放和能源消耗。

五是废弃物管理。通过回收利用和无害化处理,减少废弃物对环境的影响。

一、汽车制造业绿色供应链概述

(一)可持续发展的定义与重要性

可持续发展这一理念强调经济发展与环境保护、社会进步的协调统一,是全球发展的共同目标。可持续发展的重要性在于,它能够平衡经济增长、环境保护和社会公平,确保人类社会的长期繁荣与稳定。

在企业层面,可持续发展意味着企业在追求经济效益的同时,还要承担环境和社会责任。这不仅有助于提升企业的社会形象和市场竞争力,还能提高企业的风险管理能力,使之应对环境法规和市场需求的变化。

(二)绿色供应链的概念与范围

绿色供应链是指在供应链的各个环节中融入环境保护和资源节约的理念,通过优化资源利用、减少污染排放、提升能源效率等措施,降低供应链对环境的负面影响。绿色供应链管理的范围涵盖了从原材料采购、生产制造、物流运输、产品使用到废弃物处理的整个生命周期。

在绿色供应链管理中,企业不仅要关注自身的环保绩效,还要监督和管理供应链上游和下游的环境保护行为。这就要求企业在选择供应商和合作伙伴时,优先考虑其环境管理能力和绿色认证情况,并通过技术支持和培训,帮助供应商提升环保水平。

(三)绿色供应链管理的具体实践

上海汽车集团股份有限公司(以下简称上汽集团)在绿色供应链管理中采取了多项具体措施,涵盖了绿色设计、绿色采购、绿色制造、绿色物流和废弃物管理等方面。上汽集团通过技术创新和管理优化,提升了供应链的整体环保水平，取得了显著的成效。

1. 绿色设计

在产品设计阶段，上汽集团注重环保材料的选择和轻量化设计，通过优化结构和材料，减少车辆的能耗和排放。例如，在新车型开发过程中，上汽集团采用高强度钢和铝合金材料，既保证了车辆的安全性能，又降低了车辆的重量，提高了燃油经济性。

2. 绿色采购

上汽集团在原材料和零部件采购过程中，优先选择环保材料和供应商。上汽集团建立了严格的供应商评估体系，将环境管理能力作为重要指标，对供应商进行定期审查和评估。对于不符合环保要求的供应商，上汽集团将提供技术支持和培训，帮助其改进环保管理方式。

3. 绿色制造

在生产制造环节，上汽集团通过技术创新和设备升级，提升了生产过程的能源利用效率，减少了污染物的排放。例如，上汽集团在生产线上引入了先进的自动化和智能化设备，优化了生产工艺，减少能源消耗和废气排放。同时，上汽集团还实施了多项节能减排项目，如废水处理、废气净化和固体废物回收利用等，显著提升了生产过程的环保性能。

4. 绿色物流

在物流运输环节，上汽集团通过优化运输方式和路线，减少了运输过程中的碳排放和能源消耗。例如，上汽集团采用多式联运的方式，结合公路、铁路和水路运输，减少了单一运输方式的能源消耗和污染排放。此外，上汽集团还推广使用新能源汽车进行短途运输，进一步减少了物流环节的碳足迹。

5. 废弃物管理

上汽集团在废弃物管理方面采取了多项措施，通过回收利用和无害化处理，减少废弃物对环境的影响。上汽集团建立了完善的废弃物回收体系，将生产过程中的废料和废品进行分类处理，最大程度地回收再利用。

例如，上汽集团通过回收利用废旧零部件和材料，减少了资源浪费和环境污染。同时，还积极开展废弃物减量化和资源化项目，提高废弃物的处理效率和利用价值。

二、上汽集团简介

（一）公司的历史和发展

上汽集团作为中国最大的汽车制造企业之一，拥有悠久的历史和辉煌的发展历程。上汽集团的历史可以追溯到1955年，当时成立了上海汽车装配厂，这是上汽集团的前身。经过几十年的发展，上汽集团从一个地方性的小型装配厂，逐步成长为国内外知名的汽车制造巨头。

1978年，我国实行改革开放政策，上汽集团抓住机遇，开始与国际汽车巨头合作，提升自身的技术水平和管理能力。1985年，上汽集团与德国大众汽车公司合资成立了上海大众汽车有限公司。随后，1997年，上汽集团与美国通用汽车公司合资成立了上海通用汽车有限公司。这些合作不仅带来了先进的技术和管理经验，也为上汽集团的快速发展奠定了坚实的基础。

进入21世纪，上汽集团不断扩大业务规模和提升综合实力。2004年，上汽集团在上海证券交易所成功上市。上市后，上汽集团加快了全球化战略步伐，先后在泰国、印度、印度尼西亚、越南等国家建立了生产基地，并在英国、澳大利亚、南美、中东等地区设立了销售公司。通过这些举措，上汽集团逐步形成了覆盖全球的生产和销售网络。

近年来，上汽集团积极响应国家"双碳"目标，大力开发新能源汽车，推进智能网联技术的研发和应用。2023年，上汽集团新能源汽车和海外市场销量双双突破百万辆，显示出强大的市场竞争力和技术创新能力。目前，上汽集团的整车产品已进入全球100多个国家和地区，为用户提供了高质量的新能源汽车产品，逐步成为全球消费者信赖的品牌。

（二）核心业务领域

上汽集团的核心业务涵盖汽车整车制造、核心零部件生产、汽车金融服务、汽车出行服务等多个领域，形成了全方位、多层次的业务布局。

1. 汽车整车制造

上汽集团在乘用车和商用车领域均有着强大的生产能力和较大的市场份额。在乘用车方面，上汽集团旗下拥有荣威、名爵、大通等自主品牌，以及与大众、通用等国际巨头合资的上汽大众、上汽通用等品牌。在商用车方面，上汽集团通过合资和自主研发，形成了依维柯、红岩等知名品牌，满足不同市场和客户的需求。

2. 核心零部件生产

上汽集团在发动机、变速器、电池、电机等核心零部件领域拥有强大的研发和制造能力。通过自主研发和技术引进，上汽集团掌握了多项核心技术，提升了产品的可靠性和性能。同时，上汽集团还与国际领先的零部件供应商建立了长期合作关系，共同推动技术进步和产品升级。

3. 汽车金融服务

上汽集团旗下的上汽财务公司和上汽通用汽车金融公司提供多样化的金融产品及服务，涵盖汽车贷款、租赁、保险等领域，帮助消费者实现购车梦想，提高资金使用效率。这些金融服务不仅为上汽集团的整车销售提供了有力支持，也提高了客户的品牌忠诚度和满意度。

4. 汽车出行服务

面对共享经济和移动出行的潮流，上汽集团积极布局汽车出行服务，推出了享道出行等品牌，提供网约车、分时租赁、长租等多样化出行服务。通过智能化、便捷化的出行解决方案，上汽集团不断提升用户的出行体验，满足多样化的出行需求。

三、上汽集团绿色供应链战略

（一）战略目标与愿景

上汽集团的绿色供应链战略致力于实现低碳、环保、可持续的发展目标。上汽集团以"引领绿色科技，逐梦精彩出行"为愿景，全面推动绿色供应链管理，致力于减少环境污染、降低碳排放、提高资源利用效率，实现全产业链的绿色转型。

上汽集团的目标是通过一系列绿色供应链管理措施，到2025年实现碳达峰，并在2035年之前实现碳中和。这一目标不仅符合国家的"双碳"目标，也体现了上汽集团作为行业领军企业的社会责任和担当。为了实现这一目标，上汽集团将加大在新能源技术、绿色制造工艺、环保材料等方面的投入，全面提升绿色供应链管理水平。

（二）核心原则

上汽集团的绿色供应链战略基于以下核心原则。

一是环境友好。上汽集团在整个供应链过程中优先选择环保项目和合作伙伴，确保所有生产和运营环节都符合环保标准，减少对环境的负面影响。上汽集团致力于通过技术创新和管理优化，降低生产过程中的碳排放和污染物排放，推动绿色制造和绿色运营。

二是创新驱动。技术创新是上汽集团绿色供应链战略的重要支撑。上汽集团通过持续的技术研发和创新，提升产品和工艺的环保性能。上汽集团不断推出高效、低碳的新能源产品和技术，推动整个行业的绿色转型。

三是可持续发展。上汽集团强调供应链管理的可持续性，确保在经济、社会和环境三个层面上实现长期效益。上汽集团通过优化资源配置、提高能源利用效率、推进循环经济等措施，打造可持续发展的绿色供应链体系。

四是合作共赢。上汽集团注重与供应链上下游企业的合作，通过信息共享和协同管理，共同推动绿色供应链的建设。上汽集团通过建立绿色供应链联盟、供应商协同平台等机制，与合作伙伴分享绿色管理经验和技术，共同提升绿色绩效，实现合作共赢。

（三）战略实施路径

为实现绿色供应链战略的目标和愿景，上汽集团制定了详细的实施路径，涵盖绿色原材料获取、绿色制造和能源管理、绿色物流和包装、废弃物处理和资源循环利用等多个方面。

一是绿色原材料获取。上汽集团在原材料采购环节严格控制环保标准，优先选择低碳、环保的原材料。上汽集团通过与供应商签订绿色采购协议，推动上游企业采用环保材料和绿色工艺。同时，上汽集团还积极参与全球环保标准的制定，推动行业绿色转型。

二是绿色制造和能源管理。上汽集团在生产制造环节全面推广绿色制造技术，优化能源管理体系。上汽集团通过引入先进的生产设备和工艺，减少能源消耗和污染物排放。上汽集团还大力发展清洁能源，推动生产基地使用太阳能、风能等可再生能源，减少碳足迹。

三是绿色物流和包装。上汽集团在物流和包装环节，实施一系列绿色管理措施，提升物流运输和包装的环保性能。上汽集团通过优化物流路线、推广电动物流车、减少包装材料使用等措施，降低物流环节的碳排放和环境污染。

四是废弃物处理和资源循环利用。上汽集团建立了完善的废弃物处理和资源循环利用体系，确保生产过程中产生的废弃物得到有效处理和回收利用。通过实施废弃物分类处理、资源再生利用等措施，减少废弃物排放，促进循环经济的发展。

通过这些实施路径，上汽集团不仅提升了自身的绿色管理水平，还为行业的绿色转型和可持续发展提供了有力支持。上汽集团将继续加大在绿色供应链管理方面的投入力度，通过持续的努力和创新，推动全产业链的绿色转型，为全球可持续发展做出更大的贡献。

四、上汽集团绿色供应链实践

(一) 绿色原材料的获取与使用

上汽集团在绿色生产实践中高度重视绿色原材料的获取与使用,致力于从源头上实现环保与可持续发展。通过建立严格的供应商评估机制和多元化的合作模式,上汽集团确保了原材料的绿色环保性和可持续供应。

为了保障原材料的环保性,上汽集团要求供应商提供 ISO 14001 环境管理体系认证或环保承诺书,并要求制造类量产供应商提供 IATF 16949 认证证书。在选择供应商时,上汽集团不仅考虑其质量、成本和服务能力,还将其环境表现作为重要评估指标。这一评估机制确保了原材料在供应链的每一个环节都符合严格的环保标准。

此外,上汽集团通过与第三方行业协会和组织的合作,获取更加精准的供应商评估信息,以保障供应链的稳定、高效运转。

在绿色原材料的使用方面,上汽集团积极推动新材料和环保技术的研发与应用。例如,在生产过程中,逐步引入和推广低碳材料和可再生资源材料,减少对传统资源的依赖和对环境的影响。上汽集团还在生产基地大力推广循环包装,提高了循环包装利用率,显著减少了废纸板和木材的使用量。

通过这些措施,上汽集团不仅在原材料获取环节实现了绿色环保,还通过技术创新和管理优化,提升了整个供应链的绿色绩效。这些努力不仅符合公司自身的可持续发展目标,也为行业树立了绿色发展的标杆。

上汽集团的绿色原材料获取与使用战略,体现了其在环保和可持续发展方面的长期承诺。通过严格的供应商管理、积极的行业合作和不断的技术创新,上汽集团在推动绿色供应链管理方面取得了显著成效。这些努力不仅提升了上汽集团的环保形象,也为全球汽车产业的绿色转型提供了宝贵的经验。

（二）绿色制造技术与能源管理

在全球日益严峻的环境压力下，上汽集团高度重视绿色制造技术的应用和能源管理的优化。通过技术创新和系统化管理，上汽集团在绿色制造和能源管理领域取得了显著成效，为推动汽车行业的可持续发展树立了榜样。

1. 绿色制造技术的应用

上汽集团通过一系列先进的制造技术和工艺，大幅提升了生产过程的环保性能和资源利用效率，在各生产基地推广应用了多项绿色制造技术，确保将制造过程对环境的影响降至最低。

第一，在生产工艺方面，采用了先进的涂装技术，减少挥发性有机化合物（VOC）的排放。例如，上汽集团在宁波基地涂装车间引入了低温余热回收系统，通过新增热交换设备，将车间热水回水与排烟废气的余热进行热交换，减少了加热前处理工艺热水的蒸汽用量。

第二，上汽集团在空压机系统节能改造方面也取得了显著成果。通过增加鼓风机、引入外界常压空气进行再生吹扫，替代原先的成品压缩气再生模式，乘用车提升了空压系统整体电气比。这种改造不仅降低了能耗，还提升了系统的整体运行效率。

此外，上汽集团还在生产设备的能效改造方面进行了深入探索。例如，上汽通用五菱汽车股份有限公司在青岛基地开展了工艺设备电机变频改造节能项目，通过采购一级能效风机、水泵电机等高效设备，针对工艺需求进行梳理识别，同步实施变频、降频改造，大幅节约用电量，降低了二氧化碳排放量。

2. 能源管理的优化

在能源管理方面，上汽集团通过智能化和数字化手段，实现了能源使用的高效管理和优化。上汽集团建立了完善的能源管理体系，依托智慧能源管理平台，实时监控和优化能源使用情况。

上汽集团在智慧能源建设方面取得了显著进展。上汽集团旗下 2/3 的重点用能企业已经建立了能源监控平台，发挥数据在线监控和生产管理决策管理功能。这种集中动态监控和数字化管理模式不仅提高了能源使用的透明度和管理效率，还为进一步节能降耗提供了科学依据。

3. 绿色制造技术的创新

上汽集团在绿色制造技术的创新方面投入了大量资源，不断提升环保技术水平。上汽集团坚持通过技术创新推动绿色制造技术的发展，力求在行业内保持领先地位。

在电池回收技术方面，上汽集团进行了大量创新探索。上汽集团通过数字化技术，与合作伙伴回收超过500个上汽设计研发的电池及模组，这些元器件经过严格测试后，被用于建设梯次电池储能应用网点。这种创新的回收再利用技术，不仅提高了资源利用率，还减少了电池在生产和使用过程中对环境的影响。

上汽集团还积极探索燃料电池技术的应用。旗下的上海捷氢科技股份有限公司全面掌握了从膜电极、双极板等电堆核心零部件设计到动力系统集成的正向开发技术，并拥有完整的自主知识产权。通过推出大功率、长寿命、高效率的燃料电池电堆产品，上汽集团有效降低了商用车特别是长距离重载商用车的碳排放，为氢能高速建设提供了有力支持。

4. 节能减排项目的实施

上汽集团积极实施各类节能减排项目，通过技术革新和管理提升，持续优化能源使用情况。这些项目包括设备能效提升、工艺流程优化和能源管理系统的升级等。

上汽通用在北盛工厂的节能降耗项目也取得了显著成效。北盛工厂的年度报告显示，这种节能降耗措施不仅提升了工厂的能源利用效率，还显著降低了生产成本。

5. 清洁能源的应用

上汽集团在清洁能源的应用方面也走在行业前列。上汽集团积极探索多种清洁能源的使用途径，通过自建光伏、直接购买绿电、间接购买绿证等方式，不断提高可再生能源的使用比例。

通过以上措施，上汽集团不仅实现了自身的减碳目标，还为整个行业的低碳转型树立了标杆。上汽集团的绿色制造技术和能源管理经验为其他企业提供了宝贵的经验，推动了整个汽车行业的绿色发展。

总之，上汽集团通过绿色制造技术和能源管理的不断创新和优化，实现了节能降耗和环保绩效的显著提升。上汽集团在绿色制造和能源管理方面的成功经验展示了企业在推动可持续发展方面的巨大潜力和责任担当。未来，上汽集团将继续加大在绿色技术创新和能源管理方面的投入力度，力求在全球范围内引领汽车行业的绿色转型和可持续发展。

（三）绿色物流与运输优化

在物流和运输方面，上汽集团致力于绿色化和低碳化的全面实践，旨在通过创新技术和高效管理显著降低能源消耗和碳排放。下面将详细阐述上汽集团在绿色物流与运输优化方面的具体措施和成效。

1. 智能调度系统的优化

为了进一步提升运输效率和减少能源消耗，上汽集团引入了智能调度系统。这一系统通过大数据分析和优化算法，实时监控和调整运输路线和方式，最大限度地减少了不必要的运输距离和空载运行。智能调度系统能够根据物流需求和交通状况，智能选择最优的运输方案，确保物资以最高效、最节能的方式运达目的地。

智能调度系统的应用不仅提高了运输效率，还显著减少了运输过程中的碳排放。通过对运输路线的实时优化，避免了堵车和绕行等情况，降低了燃油消耗、减少了二氧化碳排放量。同时，该系统还能够根据货物类型和运输需求，灵活调配运输工具，实现资源的最优配置和利用。

2. 与供应链合作伙伴的绿色协作

上汽集团深知供应链的绿色转型需要各环节的紧密协作。为此，上汽集团与供应链合作伙伴建立了广泛的合作关系，共同推动物流环节的绿色化。具体措施如下。

一是联合设立回收中心。上汽集团在各主要市场设立了回收中心，方便用户将废旧电池和零部件送回进行回收处理。通过这些回收中心，上汽集团不仅提升了资源的再利用率，还减少了物流过程中的环境负担。这些回收中心配备了先进的回收设备和技术，能够高效、安全地处理各种废旧物资，确保资源的循环利用和环境保护。

二是绿色物流标准的制定。上汽集团与供应链合作伙伴共同制定和实施绿色物流标准，涵盖运输工具的选择、运输路线的优化、货物的包装和装载等各个环节。通过这些标准的实施，确保物流过程的环保性和高效性，推动整个供应链的绿色转型。

三是供应商培训和指导。上汽集团定期对供应链合作伙伴进行环境管理培训和指导，提升其绿色物流管理能力。上汽集团提供技术支持和资金援助，帮助供应商进行环保技术改造和设备升级，确保供应链各环节的环保绩效达标。

3. 环保运输工具的研发和推广

上汽集团在内部物流系统中大力推广电动物流车和电动叉车的使用。这些电动运输工具不仅减少了对传统燃油的依赖，降低了燃油消耗和碳排放，还显著降低了噪声污染，改善了工作环境。具体而言，上汽集团在各大生产基地和仓储中心部署了大量的电动物流车和电动叉车，以实现绿色运输和低碳运营。

电动物流车和电动叉车的使用极大地提升了物流运输的环保性能。这些电动设备由高效锂电池提供动力，具有零排放、低能耗的优势。上汽集团通过与电池供应商合作，确保所用电池具有较长的使用寿命和高效的充电性能，从而提高物流车辆的运行效率和可靠性。

上汽集团不仅在现有物流系统中推广电动物流车和电动叉车，还积极研发和推广其他环保运输工具。例如，上汽集团在电动卡车和氢燃料电池卡车的研发方面取得了显著进展。这些环保运输工具具有零排放、低噪声、高效率的特点，适用于长途运输和大宗货物运输。

通过不断的技术创新和推广应用，上汽集团在环保运输工具的研发和应用方面处于行业领先地位。另外，上汽集团还与相关科研机构和高校合作，共同攻克技术难题，推动环保运输工具的技术进步和市场应用。未来，上汽集团将进一步加大在环保运输工具研发方面的投入，推出更多符合市场需求和环保要求的高性能运输工具。

4. 绿色包装的创新与应用

在物流运输过程中，包装材料的选择和使用对环境的影响也非常重要。上汽集团在绿色包装方面进行了大量创新和实践，推行环保包装材料和减量化包装设计，减少包装废弃物的产生和环境的污染。具体措施包括以下几点。

一是环保包装材料的使用。上汽集团在物流运输中广泛使用可降解塑料、再生纸和可回收包装材料，替代传统的不可降解材料。这些环保材料不仅减少了包装废弃物对环境的影响，还能在使用后进行回收和再利用，进一步降低资源消耗和环境负担。

二是减量化包装设计。上汽集团通过优化包装设计，减少包装材料的使用量，提高包装的空间利用率，降低物流运输的能耗和碳排放。例如，上汽集团在产品包装中采用模块化设计和轻量化材料，减少了包装体积和重量，提高了运输效率。

三是包装循环使用。上汽集团建立了包装器具的循环使用系统，通过器具租赁和共享等模式，提高包装器具的利用率，减少一次性包装材料的使用。上汽集团还对包装器具进行全生命周期管理，确保其在使用过程中的环保性能和经济效益。

5. 综合运输模式的推广

为了进一步提升物流运输的环保性能，上汽集团推行了综合运输模式。通过整合公路、铁路和水路运输，优化运输效率和环保效果。综合运输模式能够充分利用各类运输方式的优势，减少单一运输方式带来的环境影响和资源消耗。

例如，在长途运输中，上汽集团通过铁路和水路运输，减少了公路运输的能耗和排放。在短途运输和城市配送中，上汽集团通过电动物流车和电动自行车等环保运输工具，减少了运输过程中的碳足迹。通过综合运输模式的推广，上汽集团在提升物流效率的同时，实现了更低的环境影响和更高的经济效益。

综上所述，上汽集团在绿色物流与运输优化方面采取了一系列创新和有效的措施，通过电动物流车和电动叉车的应用、智能调度系统的优化、与供应链合作伙伴的绿色协作、环保运输工具的研发和推广、绿色包装的创新与应用，以及综合运输模式的推广，实现了物流运输的绿色化和低碳化。这些措施不仅提升了公司的环境绩效，还增强了市场竞争力，为全球汽车制造业的绿色转型提供了宝贵的经验。

（四）废弃物处理与资源循环利用

上汽集团在废弃物处理与资源循环利用方面采取了一系列系统性和创新性的措施，以确保其生产过程和供应链管理的绿色和可持续性。通过建立完善的废弃物管理体系、实施资源回收与再利用项目，以及致力于零废弃物生产模式，上汽集团在环保和经济效益方面取得了显著成果。

1. 废弃物管理体系

上汽集团在废弃物管理方面建立了完善的管理体系，确保废弃物处理的环保性和高效性。上汽集团成立了环境保护领导小组和工作小组，对废水、废气、固体废弃物、噪声等进行统一管理，应用先进的污染物处理技术，从生产、储存、运输到处置的全流程环节严格管控。

具体来说，上汽集团在每个生产基地都设立了专门的环境管理部门，负责废弃物管理工作的实施和监督。各基地根据公司制定的总体环境目标，制定了具体的减排计划和措施。例如，上汽乘用车宁德基地制定了详细的废水、危废和废气的量化目标，确保各项污染物的排放量达到标准要求。这些目标的设定不仅符合国家和地方的环保法规，还积极响应了国际环保标准的要求。

在废水处理方面，上汽集团采用先进的污水处理技术，确保废水在处理后能够达到排放标准。上汽集团在各个生产基地建立了污水处理站，配备高效的处理设备和监测系统，实时监控污水处理的效果，确保污染物不对环境造成危害。上汽集团还积极推进废水的回用和循环利用，通过技术改造和工艺优化，提高废水的回收率和再利用率。

废气治理也是上汽集团废弃物管理的重点之一。上汽集团在生产过程中严格控制废气的排放，采用高效的废气处理设备和技术，如电除尘、脱硫脱硝等措施，确保废气达标排放。此外，上汽集团还通过优化生产工艺和改进设备，减少废气的产生量。上汽集团在各个生产基地安装了废气在线监测系统，实时监控废气排放情况，及时发现和处理异常情况，确保废气治理的有效性。

对于固体废弃物的管理，上汽集团采取了减量化、资源化和无害化的处理原则。上汽集团在生产过程中通过精益生产和工艺优化，减少固体废弃物的产生量。对于不可避免的固体废弃物，公司积极进行资源回收和再利用。例如，上汽集团在各个生产基地建立了固体废弃物分类收集和处理系统，通过分类收集和处理，提高固体废弃物的资源化利用率。对于无法资源化利用的危险废弃物，上汽集团采用无害化处理技术，确保对环境和人体无害。

在噪声治理方面，上汽集团也采取了积极措施，减少生产过程中噪声对环境和员工的影响。上汽集团在生产设备和工艺上进行了改进，采用低噪声设备和降噪技术，减少噪声污染。此外，上汽集团还在生产基地周围建立了绿化带和隔音墙，有效降低了噪声的传播，将对周边环境的影响降到最低。

2. 资源回收与再利用

在资源回收与再利用方面，上汽集团积极探索和实施多项措施，提高资源利用效率。

上汽集团通过建立逆向回收系统和拓展综合利用场景，提高了资源的回收率和再利用率。例如，上汽集团在多个城市建成运营的梯次电池储能应用网点，有效提高了废旧电池的再利用价值。这些网点通过对废旧电池的拆解、检测和再利用，将符合标准的电池进行再利用，制成储能电池，用于电网调峰、家庭储能等多个场景。

在金属资源的回收和再利用方面，上汽集团也取得了显著成果。通过先进的冶金技术和工艺，将废旧零部件和生产过程中产生的金属废料进行回收和再利用。例如，上汽集团在生产过程中产生的废旧钢材、铝材等金属材料，通过再加工和处理，重新用于生产新的汽车零部件。这不仅减少了金属资源的消耗，还降低了生产成本，提升了经济效益。

上汽集团还积极推进塑料和橡胶等非金属材料的回收利用。例如，通过先进的分离和再加工技术，将在生产过程中产生的废旧塑料件制成再生塑料材料，用于生产新的塑料零部件。对于废旧轮胎和橡胶制品，通过裂解技术，将其分解成可再利用的化学原料，用于生产新的橡胶制品。这些措施不仅提高了资源的利用效率，还减少了废弃物对环境的影响。

3. 零废弃物生产模式

上汽集团致力于实现零废弃物生产模式，通过全面的废弃物管理和资源回收措施，减少生产过程中废弃物的产生。通过精益生产和工艺优化，减少生产过程中的材料浪费和能耗损失。例如，上汽通用北盛工厂通过精益排产和工艺优化，减少了整体制造过程中的能耗和废弃物产生。

上汽集团在实现零废弃物生产模式方面采取了以下具体措施。

一是精益生产。在各个生产基地推行精益生产，通过优化生产流程和工艺，减少材料浪费和能耗损失。例如，上汽集团通过改进生产工艺，提高材料的利用率，减少废料的产生。通过精益排产和智能制造技术的应用，提高生产效率，减少能源消耗。

二是循环经济。积极推行循环经济模式，通过资源的循环利用，实现零废弃物的产生。例如，通过再制造和再利用，上汽集团将在生产过程中产生的废旧零部件和材料重新用于生产新的产品。通过建立资源循环利用体系，提高资源利用效率，减少废弃物的产生和环境污染。

三是废弃物资源化利用。上汽集团通过先进的技术和工艺，将生产过程中产生的废弃物转化为有价值的资源。例如，通过废水回用技术，将处理后的废水用于生产用水，减少了新鲜水资源的消耗。通过废气处理和余热回收技术，将废气中的有害物质和余热回收利用，减少了废气排放和能源浪费。

四是绿色设计。在产品设计阶段，上汽集团就考虑废弃物的减少和资源的回收利用。通过绿色设计理念，优化产品结构和材料选择，提高产品的可回收性和再利用率。例如，上汽集团在汽车设计中采用模块化设计和易拆解结构，提高产品的维修性和可拆解性，减少报废车辆对环境的影响。

五是供应链绿色管理。通过与供应链合作伙伴的紧密协作，共同推动绿色供应链管理。例如，上汽集团在选择和评估供应商时优先选择具有较高环保绩效的供应商，推动供应链上下游企业共同实施绿色管理措施。通过供应链的协同管理，提高整个供应链的环保绩效和资源利用效率。

综上所述，上汽集团在废弃物处理与资源循环利用方面采取了一系列系统性和创新性措施，通过建立完善的废弃物管理体系、实施资源回收与再利用项目，以及致力于零废弃物生产模式，实现了生产过程和供应链管理的绿色和可持续性。这些措施不仅提升了公司的环境绩效和资源利用效率，还促进了整个供应链的绿色转型，为实现可持续发展目标奠定了坚实基础。这些成功经验展示了上汽集团在绿色供应链管理中的领先地位和创新能力，为其他企业提供了宝贵的经验。

五、上汽集团可持续发展绩效评估

上汽集团在实施绿色供应链管理和可持续发展战略中取得了显著成效。通过环境影响评估、经济效益分析和社会效应评价，可以全面了解上汽集团在这些领域的具体成就和实际效果。

（一）环境影响评估

上汽集团在环境影响方面的努力主要集中在减少碳排放、提高能源利用效率、减少污染物排放和保护生态环境等方面。例如，通过一系列环保措施和技术创新，显著降低了对环境的不利影响。

一是减少碳排放。上汽集团积极推进低碳生产和运营，通过使用清洁能源、优化生产工艺和提高能源利用效率等措施，显著减少了碳排放。例如，在生产基地安装了太阳能和风能发电系统，大幅提高了清洁能源的使用比例。通过优化生产工艺，减少了能源消耗和温室气体排放。此外，上汽集团还通过推广电动汽车和新能源汽车，减少了汽车在使用过程中产生的碳排放。

二是提高能源利用效率。上汽集团通过实施节能措施和引入先进的能源管理系统，显著提高了能源利用效率。上汽集团在生产过程中采用高效能的设备和技术，如高效能电动机、节能照明系统和智能控制系统，减少了能源浪费。通过能源管理系统，实时监控和优化能源使用情况，提高了能源利用效率。此外，上汽集团还通过节能改造项目，提高了建筑物和设施的能源效率，减少了能源消耗。

三是减少污染物排放。上汽集团在生产过程中严格控制污染物的排放，通过采用先进的污染物处理技术和设备，确保废水、废气和固体废弃物的排放达到标准要求。例如，上汽集团在各个生产基地建立了污水处理站，配备高效的处理设备和监测系统，确保废水处理后达到排放标准。通过采用电除尘、脱硫脱硝等技术，减少了废气中的有害物质排放。通过分类收集和处理，提高了废弃物的资源化利用率，减少了环境污染。

四是保护生态环境。上汽集团在生产和运营过程中注重保护生态环境，通过植树造林、水资源保护和生物多样性保护等措施，改善了生态环境。例如，上汽集团在生产基地周围建立了绿化带和生态保护区，通过植树造林和生态恢复，改善了当地的生态环境。此外，上汽集团还积极参与水资源保护项目，通过建设污水处理设施和雨水回收系统，提高水资源的利用效率，减少水资源的浪费。

（二）经济效益分析

绿色供应链管理不仅提升了上汽集团的环境绩效，也带来了显著的经济效益。通过节能降耗、资源回收和绿色产品开发，上汽集团在经济效益方面取得了显著成果。

一是节能降耗。上汽集团通过实施节能措施和提高能源利用效率，显著降低了能源成本。上汽集团在生产过程中通过采用高效能设备和技术，减少了能源消耗，降低了生产成本。例如，通过优化生产工艺和提高设备效率，减少了能源浪费，降低了能源成本。此外，上汽集团还通过节能改造项目，提高了建筑物和设施的能源效率，进一步降低了能源成本。

二是资源回收。上汽集团通过实施资源回收和再利用项目，提高了资源利用效率，减少了原材料的采购成本。上汽集团在生产过程中通过回收和再利用废旧零部件和材料，减少了对新材料的依赖，降低了生产成本。

三是绿色产品开发。上汽集团通过开发和推广绿色产品，提升了市场竞争力和品牌形象，带来了显著的经济效益。上汽集团积极推进新能源汽车和电动汽车的研发和生产，通过提供高效、低碳的交通工具，满足市场对绿色产品的需求。绿色产品的推出不仅扩大了公司的市场份额，还提升了品牌形象，吸引了更多关注环保的消费者和合作伙伴。例如，上汽集团推出的电动汽车和混合动力汽车受到了市场的欢迎，销售额和市场占有率显著提高。

上汽集团的绿色供应链管理不仅带来了短期的经济效益，还实现了经济效益的可持续性。通过实施绿色供应链管理，在资源利用、能源消耗和环境保护方面取得了显著成效，提高了企业的长期竞争力和可持续发展能力。绿色供应链管理不仅降低了生产成本，还提高了产品的市场竞争力，带来了长期的经济效益。

（三）社会效应评价

上汽集团在绿色供应链管理和可持续发展方面的努力不仅提升了环境绩效和经济效益，还产生了积极的社会效应。通过推动绿色消费、提高公众环保意识和参与社会公益活动等措施，上汽集团在社会责任履行方面取得了显著成效。

一是推动绿色消费。上汽集团通过推广绿色产品和宣传环保理念，推动了绿色消费和可持续消费。上汽集团在市场推广中强调绿色产品的环保优势和经济效益，吸引了更多消费者选择和支持绿色产品。例如，上汽集团推出的电动汽车和混合动力汽车受到了市场的广泛欢迎，销售额和市场占有率显著提高。绿色产品的推广不仅提高了公司的市场竞争力，还推动了社会向可持续消费的方向转变。

二是提高公众环保意识。上汽集团通过多种渠道和形式，开展环保宣传和教育活动，提高公众的环保意识。例如，上汽集团通过举办环保主题活动、发布环保知识手册和宣传片等方式，向公众宣传环保知识和理念。上汽集团还与教育机构和非政府组织合作，开展环保教育和培训，提高公众的环保意识和技能，推动社会各界对环境保护的关注和支持。

三是参与社会公益活动。上汽集团积极履行社会责任，通过参与和支持各类社会公益和环保项目，推动环境保护和社区建设。例如，上汽集团在全球范围内开展了多项慈善捐助和志愿服务活动，帮助弱势群体改善生活条件，推动社会和谐发展。此外，上汽集团还积极参与全球植树造林和水资源保护项目，通过捐赠、志愿服务等方式，改善了当地的生态环境。社会公益活动不仅提升了企业的社会形象，还增强了员工和公众的环保意识，推动全社会向可持续发展的方向转型。

四是促进社会和谐发展。上汽集团通过实施绿色供应链管理和可持续发展战略，不仅在环境和经济效益方面取得了显著成就，还对社会和谐发展产生了积极影响。通过与政府、非政府组织和社区的合作，共同推动环保和社会公益项目，促进社会和谐发展。例如，与地方政府合作，共同开展环境治理和生态恢复项目,改善了当地的环境质量和生态状况。此外,上汽集团还通过就业机会的创造和技能培训,帮助社区居民提高就业能力和生活水平,推动了社会的和谐发展。

五是提升企业社会责任形象。上汽集团在履行社会责任方面的努力,提升了企业的社会形象和声誉。上汽集团通过透明的信息披露和第三方认证,增强了供应链管理的透明度和公信力。上汽集团定期发布可持续发展报告,向社会公众披露公司的环保措施和社会责任履行情况。通过这些努力,上汽集团不仅赢得了客户和合作伙伴的信任,还提升了企业在国际市场中的竞争力和影响力。

(四)综合评估

通过对上汽集团绿色供应链管理和可持续发展战略的环境影响、经济效益和社会效应的评估可以看出,上汽集团在这些领域取得了显著成就。上汽集团通过一系列系统性和创新性措施,实现了环境保护、经济发展和社会责任履行的协调统一,展示了企业在推动绿色供应链管理和可持续发展方面的巨大潜力和责任。

在环境影响方面,上汽集团通过减少碳排放、提高能源利用效率、减少污染物排放和保护生态环境,显著提升了公司的环境绩效。上汽集团通过使用清洁能源、优化生产工艺和提高能源利用效率等措施,减少了对环境的不利影响,提升了资源利用效率,实现了可持续发展目标。

在经济效益方面,上汽集团通过节能降耗、资源回收和绿色产品开发,取得了显著的经济效益。上汽集团通过实施节能措施和提高能源利用效率,降低了能源成本,提高了资源利用效率,减少了原材料的采购成本。绿色产品的开发和推广,不仅提升了市场竞争力,还带来了显著的经济效益,实现了经济效益的可持续性。

在社会效应方面,上汽集团通过推动绿色消费、提高公众环保意识和参与社会公益活动,取得了较好的社会效应。通过推广绿色产品和宣传环保理念,推动了绿色消费和可持续消费。通过多种渠道和形式的环保宣传和教育活动，提高了公众的环保意识。上汽集团还积极履行社会责任，通过参与和支持各类社会公益和环保项目，推动环境保护和社区建设，促进了社会和谐发展。

综上所述，上汽集团在绿色供应链管理和可持续发展方面的努力和成就，为其他企业提供了宝贵的借鉴和启示，展示了企业在推动绿色供应链管理和可持续发展方面的巨大潜力和责任。通过这些努力，上汽集团不仅能提升自身的环境绩效和市场竞争力，还能为全球可持续发展做出更大贡献，推动整个行业的绿色转型。

六、挑战与应对策略

在推进绿色供应链管理和可持续发展战略的过程中，上汽集团面临着诸多挑战，主要包括技术挑战、市场挑战、政策与法规挑战等。针对这些挑战，上汽集团采取了一系列应对策略和解决方案，以实现绿色供应链管理的目标。

（一）技术挑战

一是绿色技术的研发和应用。绿色技术的研发和应用是实现绿色供应链管理的核心。然而，研发和应用绿色技术需要大量的资金投入和长时间的技术积累。特别是在新能源汽车和电动汽车领域，高效能电池的研发、充电设施的建设及相关配套技术的发展都面临巨大的技术挑战。

二是环保材料和替代技术。环保材料和替代技术的研发和应用也是一个重要的技术挑战。例如，在汽车的制造过程中，传统材料的环保替代品的开发和应用需要克服一系列技术难题。同时，这些新材料在性能、成本和供应链管理方面的挑战也不容忽视。

三是能源管理和节能技术。能源管理和节能技术是实现低碳生产的重要手段。上汽集团在生产过程中需要采用高效能的设备和技术，优化能源使用，提高能源利用效率。然而，这些技术的研发和应用也面临着高成本和技术复杂性问题。

（二）应对技术挑战的策略

一是加大研发投入。上汽集团通过加大在绿色技术研发方面的投入，推动技术创新和突破。上汽集团设立了专门的研发中心和技术实验室，集中力量研究和开发环保技术及产品。通过这些研发中心，上汽集团不断推出高效、低碳的产品，满足市场对绿色产品的需求，提升公司的技术竞争力。

二是加强合作与交流。上汽集团积极与高校、科研机构和其他企业合作，推动产学研结合。通过与高校和科研机构的合作，上汽集团可以利用更多的科研资源和人才，推动绿色技术的研发和应用。同时，上汽集团还通过参与国际环保组织和行业协会的活动，学习和借鉴先进的管理经验和技术，提升自身的技术水平。

三是推广应用新技术。上汽集团积极推广应用新技术，提高生产过程中的能源利用效率和环保性能。例如，上汽集团在生产过程中引入了智能制造技术和自动化生产线，提高了生产效率，减少了资源浪费。通过推广应用新技术，实现了绿色生产的目标，提升了产品的市场竞争力。

（三）市场挑战

一是市场接受度。绿色产品的市场接受度是上汽集团面临的一个重要挑战。尽管绿色产品在环保和节能方面具有显著优势，但由于成本较高，部分消费者对其价格敏感，市场接受度较低。特别是在一些发展中国家和地区，消费者对绿色产品的认知度和接受度还需要进一步提升。

二是市场竞争。随着环保意识的提高和绿色经济的发展，越来越多的企业开始进入绿色市场，市场竞争日益激烈。上汽集团需要在激烈的市场竞争中保持技术领先和市场优势，提高产品的市场占有率。

三是供应链协同。实现绿色供应链管理需要供应链上下游企业的紧密协同。然而，由于供应链各环节的企业在环保意识、技术水平和管理能力方面存在差异，供应链协同面临诸多挑战。上汽集团需要通过有效的供应链管理和协同，推动整个供应链的绿色转型。

（四）应对市场挑战的策略

一是加强市场推广。上汽集团通过加强市场推广和宣传，提升绿色产品的市场接受度。上汽集团通过广告、社交媒体和线下活动等多种渠道，向消费者宣传绿色产品的优势和环保理念，吸引更多消费者选择和支持绿色产品。

二是提高产品竞争力。上汽集团通过技术创新和成本控制，提高绿色产品的市场竞争力。上汽集团通过优化生产工艺和提高生产效率，降低生产成本，提升产品的性价比。同时，通过不断推出高性能、高质量的绿色产品，满足市场需求，提升产品的市场竞争力。

三是推动供应链协同。上汽集团通过建立供应链协同平台和绿色供应链联盟，推动供应链上下游企业的紧密协同。上汽集团通过信息共享和协同管理，提高供应链的透明度和协同效率。通过共同制定和实施绿色标准及规范，推动整个供应链的绿色转型。

（五）政策与法规挑战

一是政策法规的多样性。不同国家和地区的环保政策及法规存在显著差异，这增加了上汽集团全球化运营的复杂性。因此，需要满足不同地区的法规要求，确保供应链的所有环节都符合相关标准。

二是法规变化的快速性。环保政策和法规的快速变化也是公司面临的一个重要挑战。各国政府为了应对气候变化和环境污染，不断出台和修订环保政策和法规。上汽集团需要及时了解和应对这些变化，确保合规性。

三是政策执行的严格性。随着环保意识的提高，各国政府对企业的环保要求和监管也越来越严格。上汽集团需要加强环保管理和合规审查，确保公司在全球范围内的运营符合各国的环保要求。

（六）应对政策与法规挑战的策略

一是建立法规合规团队。上汽集团通过建立专业的法规合规团队，及时监测和研究各国的环保政策和法规，确保公司的运营符合各地的法规要求。合规团队负责制定和实施合规策略,确保公司的全球运营符合环保法规。

二是加强政策沟通。上汽集团通过与各国政府和国际环保组织的合作,加强政策沟通,推动全球环保标准的统一和提升。上汽集团积极参与国际环保政策的制定,通过提供技术支持和经验分享,帮助制定更加科学和合理的环保标准。

三是实施合规审查。上汽集团通过实施严格的合规审查,确保公司在全球范围内的运营符合各国的环保要求。上汽集团定期对各生产基地和供应链进行合规审查,发现并解决合规问题,确保环保合规。

综上所述,上汽集团在绿色供应链管理和可持续发展方面面临诸多挑战,但通过一系列有效的应对策略和解决方案,上汽集团在这些领域取得了显著成效。通过这些努力,上汽集团不仅能提升自身的环境绩效和市场竞争力,还能为全球可持续发展做出更大贡献,推动整个行业的绿色转型。

七、国际比较与合作

(一)国际汽车制造业的绿色实践

国际汽车制造业在推动绿色供应链管理和可持续发展方面已经积累了丰富的经验,并取得了显著成效。许多国际知名汽车制造商,如丰田、大众、宝马、特斯拉等,都在绿色技术创新、能源管理、废弃物处理等方面采取了多种有效措施,形成了各具特色的绿色实践模式。

一是丰田汽车。丰田汽车在绿色供应链管理方面的实践尤为突出。通过推广"丰田生产方式"(TPS),实现了生产过程的高效化和节能减排。丰田在其生产基地广泛应用可再生能源,如太阳能和风能,减少了对化石燃料的依赖。此外,丰田还致力于推广氢燃料电池技术,推出了多款氢燃料电池汽车,推动了新能源汽车的发展。

二是大众汽车。大众汽车在绿色供应链管理方面也有着丰富的经验。大众汽车通过"绿色未来计划",在全球范围内推动绿色制造和低碳生产。大众汽车在其生产过程中广泛应用绿色制造技术和环保材料,减少了生产过程中的能源消耗和污染物排放。此外,大众汽车还通过推广电动汽车和混合动力汽车,推动了新能源汽车市场的发展。

三是宝马集团。宝马集团在绿色供应链管理方面的实践同样值得借鉴。宝马集团在全球范围内推广绿色制造和低碳生产。宝马在其生产基地广泛应用可再生能源,如太阳能和风能,减少了对化石燃料的依赖。此外,宝马还通过推广电动汽车和混合动力汽车,推动了新能源汽车市场的发展。

四是特斯拉。特斯拉作为新能源汽车的领导者,在绿色供应链管理方面也有着突出的表现。特斯拉通过不断创新和研发,推出了一系列高效能电动汽车,推动了新能源汽车市场的快速发展。特斯拉在其生产基地广泛应用可再生能源,如太阳能和风能,减少了对化石燃料的依赖。此外,特斯拉还通过建设超级充电站网络,提升了电动汽车的充电便利性,推动了电动汽车市场的普及。

(二)国际合作与标准对接

在推动绿色供应链管理和可持续发展方面,国际合作与标准对接是重要的途径。通过参与国际环保组织和行业协会的活动,企业可以学习和借鉴先进的管理经验和技术,提升自身的绿色管理水平。

一是参与国际环保组织。积极参与国际环保组织的活动,通过与联合国环境规划署、世界自然基金会等国际组织合作,推动全球环保标准的制定和实施。上汽集团通过参与国际环保组织的活动,学习和借鉴先进的管理经验和技术,提升自身的绿色管理水平。

二是加入行业协会。上汽集团通过加入国际汽车制造行业协会,与全球领先的汽车制造商共同制定和推广绿色标准和规范。上汽集团通过参与行业协会的活动,分享自身的绿色供应链管理经验和最佳实践,推动整个行业的绿色转型。

三是与国际标准对接。上汽集团通过与国际环保组织和行业协会合作，推动全球环保标准的统一和提升。上汽集团通过加入国际标准化工作组，推动绿色供应链管理标准的制定和推广。通过与国际标准对接，上汽集团提升了自身的绿色管理水平，推动了全球环保标准的统一和提升。

综上所述，国际汽车制造业在绿色供应链管理和可持续发展方面积累了丰富的经验，上汽集团通过国际合作与标准对接，学习和借鉴先进的管理经验和技术，提升了自身的绿色管理水平。同时，通过全球绿色供应链管理案例研究，上汽集团可以总结和分享成功经验，为推动全球汽车制造业的绿色转型和可持续发展做出贡献。

八、未来的发展趋势

（一）绿色供应链的未来技术方向

未来，绿色供应链技术将进一步向高效、智能和可持续的方向发展。随着技术进步和环保意识的提升，企业将更加注重绿色技术的研发和应用，以提高供应链的环保性能和运营效率。以下是几个关键的技术方向。

一是物联网和大数据分析。物联网（IoT）和大数据分析将在绿色供应链管理中发挥重要作用。通过将传感器和智能设备应用于供应链的各个环节，企业可以实时监控和优化资源使用、能耗和排放情况。大数据分析则可以帮助企业预测需求、优化库存和运输路线，从而降低资源浪费和碳排放。

二是区块链技术。区块链技术可以提高供应链的透明度和可追溯性。通过区块链，企业可以记录和追踪每个产品的生产、运输和回收过程，确保每个环节都符合环保标准。此外，区块链还能防止假冒伪劣产品，保护品牌声誉。

三是人工智能和机器学习。人工智能（AI）和机器学习技术可以帮助企业优化供应链管理和决策过程。通过 AI 算法，企业可以分析历史数据和实时信息，预测市场需求、优化生产计划和供应链配置，从而提高资源利用效率，减少环境影响。

四是新能源技术。新能源技术的发展将进一步推动绿色供应链的转型。太阳能、风能、氢能等清洁能源的广泛应用，将减少供应链对传统化石燃料的依赖，降低碳排放。同时，新能源车辆和设备的普及将大幅提升物流和运输环节的环保性能。

五是循环经济和废弃物处理技术。循环经济理念将在未来的绿色供应链管理中占据重要地位。企业将通过废弃物处理和资源再利用技术，减少生产过程中的废弃物排放，实现资源的循环利用。例如，先进的废水处理、废气净化和固体废弃物回收技术将显著提升资源利用效率，减少环境污染。

（二）汽车制造业的可持续发展前景

汽车制造业的可持续发展对实现全球环境目标具有重要意义。未来，汽车制造业将在以下几个方面展现出广阔的可持续发展前景。

一是新能源汽车的发展。随着全球对环境保护的重视程度和政策支持力度的加大，新能源汽车市场将迎来快速增长。电动汽车、氢燃料电池汽车和混合动力汽车将成为市场主流，逐步替代传统燃油车，减少温室气体排放和环境污染。

二是智能制造和绿色工厂。智能制造技术的应用将大幅提升汽车制造的效率和环保性能。通过智能工厂和工业互联网技术，企业可以实现生产过程的自动化、数字化和智能化，提高资源利用效率，减少能耗和排放。同时，绿色工厂的建设将进一步推动生产环节的可持续发展。

三是轻量化材料的应用。轻量化材料的应用将成为汽车制造业的重要发展方向。通过采用高强度钢、铝合金、碳纤维等轻量化材料，汽车企业可以减轻车辆重量，提高燃油经济性，降低碳排放。同时，轻量化材料的再生利用也将提升资源利用效率,减少对环境的影响。

四是全球供应链的绿色转型。随着全球化的发展,汽车制造业的供应链将向绿色方向转型。汽车制造企业将通过与全球供应链合作伙伴的紧密协作,推动绿色供应链管理的实施,共同应对环境挑战,实现可持续发展目标。

五是政策和法规的推动。各国政府将通过制定和实施严格的环保政策和法规,推动汽车制造业的可持续发展。例如,碳排放标准、燃油经济性法规、废弃物处理规定等,将促使企业加大环保技术的研发力度和扩大应用范围,提升环境绩效。

(三)上汽集团的绿色发展计划

上汽集团作为中国领先的汽车制造企业,未来将在绿色供应链管理和可持续发展方面继续加大投入力度,致力于实现以下几个发展目标。

一是持续推进新能源技术研发和应用。上汽集团将加大对新能源技术的研发投入力度,推出更多高效、环保的新能源汽车产品。公司计划在未来几年内进一步扩大电动汽车和氢燃料电池汽车的市场份额,减少传统燃油车的生产和销售比例。同时,上汽集团将加快充电基础设施和氢能源供应网络的建设,提升新能源汽车的使用便利性和市场接受度。

二是打造智能绿色工厂。上汽集团将继续推进智能制造技术的应用,建设更多智能绿色工厂。引入先进的自动化设备、工业互联网和大数据分析技术,实现生产过程的智能化和高效化,减少能耗和排放。上汽集团还将加强绿色工厂的建设,采用环保材料和清洁能源,提升工厂的整体环保性能。

三是优化绿色物流和供应链管理。通过智能调度系统、绿色运输工具和循环包装系统,优化物流和供应链管理。上汽集团计划在主要市场设立更多的回收中心,提高废旧电池和零部件的回收率和再利用率。通过与供应链合作伙伴的紧密协作,上汽集团将推动整个供应链的绿色转型,实现资源的高效利用和环境影响的最小化。

四是推动循环经济发展。积极推动循环经济的发展，提升资源的回收和再利用效率。上汽集团将继续采用废弃物处理和资源再利用技术，减少生产过程中的废弃物排放，实现零废弃物生产模式。上汽集团还将加强对废旧电池的回收和再利用，提升电池材料的循环利用率，减少资源浪费。

五是加强国际合作与标准对接。加强与国际环保组织、行业协会和领先企业的合作，推动全球环保标准的制定和实施。

六是提升社会公众的环保意识。通过多种渠道，推动消费者和社会的参与，提升绿色供应链管理的社会影响力。上汽集团将加强对绿色产品的宣传，通过广告、社交媒体和线下活动等方式，向消费者展示其绿色产品的优势。上汽集团还将开展环保教育和公益活动，增强社会公众的环保意识，推动绿色消费和投资。

七是增强企业的社会责任。继续履行企业社会责任，通过参与和支持各类社会公益和环保项目，推动环境保护和社区建设。上汽集团将通过捐赠、志愿服务等方式，积极参与全球植树造林、水资源保护等项目，为改善全球生态环境做出贡献。

上汽集团的成功经验将为其他企业提供宝贵的借鉴和启示，展示企业在推动绿色供应链管理和可持续发展方面的巨大潜力和责任。

九、总结

上汽集团在绿色供应链管理和可持续发展方面取得了显著成就，这不仅展示了企业在环境保护和社会责任方面的担当，也为全球汽车制造业的绿色转型树立了标杆。通过全面的绿色生产实践、先进的资源循环利用技术及有效的环境管理体系，上汽集团实现了显著的环境效益和经济效益，推动了整个行业的可持续发展。在绿色原材料获取、绿色制造技术与能源管理、绿色物流与运输优化、包装创新与减少浪费及废弃物处理与资源循环利用等多个环节，采取了一系列创新举措。这些措施不仅有效降低了生产和运营过程中的资源消耗和污染排放,还显著提高了资源利用效率和市场竞争力。

在绿色原材料获取方面,上汽集团注重从源头上减少对环境的影响。通过严格的供应商筛选和评估机制,确保供应链的上游环节符合环保标准,并积极推动供应商采用绿色技术和工艺。通过与供应商的紧密合作,上汽集团不仅保障了原材料供应的稳定性和可持续性,还推动了整个产业链的绿色转型。

在绿色制造技术与能源管理方面,上汽集团不断优化生产工艺和流程,采用先进的节能设备和环保技术,大幅减少了生产过程中的能源消耗和污染排放。上汽集团通过智能制造和数字化技术,实现了生产过程的自动化和精益化管理,进一步提升了生产效率和资源利用率。同时,上汽集团大力发展清洁能源,增加太阳能、风能等可再生能源的使用比例,逐步实现能源结构的绿色化。

在绿色物流与运输优化方面,上汽集团通过智能调度系统和物流网络优化,有效减少了运输过程中的能源消耗和碳排放。上汽集团广泛应用电动物流车和电动叉车等清洁能源运输工具,推动物流环节的绿色转型。此外,上汽集团还与合作伙伴共同建立回收体系,方便用户将废旧电池和零部件送回进行回收处理,提高资源的再利用率,减少物流过程中对环境产生的负担。

在包装创新与减少浪费方面,上汽集团积极采用环保材料和可降解包装,减少一次性包装的使用量。上汽集团通过优化包装设计,提高包装材料的利用效率,降低了包装废弃物的产生。同时,上汽集团还推广循环包装和共享包装模式,通过包装器具的多次使用和回收,减少资源浪费和环境污染。

在废弃物处理与资源循环利用方面,上汽集团建立了完善的废弃物管理体系,确保废弃物处理的环保性和高效性。上汽集团通过技术创新和工艺优化,提高了废弃物的处理效率和资源回收率。上汽集团还积极探索废旧电池的梯次利用和再生利用，提高电池材料的循环利用率，减少对原生资源的依赖，推动循环经济的发展。

上汽集团通过与供应链上下游企业的紧密合作，推动整个供应链的绿色转型，实现了资源的高效利用和环境影响的最小化。上汽集团积极参与国际环保组织和行业协会的活动，推动全球环保标准的制定和实施，通过国际合作提升自身的绿色管理水平。

未来，上汽集团将继续加大在绿色技术研发和应用方面的投入力度，推动智能制造和绿色工厂的建设，优化绿色物流和供应链管理，发展循环经济，并加强国际合作与标准对接。上汽集团将通过多种渠道推动消费者和社会的参与，提升绿色供应链管理的社会影响力。这些努力不仅将进一步提升上汽集团的环境绩效和经济效益，还将推动整个行业的绿色转型。

具体来说，上汽集团计划在未来几年内，投入更多的资源和资金用于绿色技术的研发和应用。上汽集团将与国内外知名高校和科研机构合作，开展前沿技术研究，实现在新能源汽车、电池技术和智能制造等领域的突破。通过技术创新和产业升级，上汽集团将进一步降低生产成本，提高产品的市场竞争力和环保性能。

在绿色物流方面，上汽集团将继续优化物流网络布局，提升运输效率，降低物流成本和碳排放。上汽集团将推广电动物流车和氢燃料物流车的使用，并探索无人驾驶技术在物流领域的应用，进一步提升物流环节的智能化和绿色化水平。同时，上汽集团将加强与物流合作伙伴的协作，共同建设绿色物流生态系统，推动整个物流行业的可持续发展。

在包装和废弃物管理方面，上汽集团将继续推广环保包装材料和循环包装模式，减少一次性包装的使用量和废弃物的产生。上汽集团将通过技术创新和管理优化，提高废弃物处理的效率和资源回收率，实现废弃物的零填埋和资源的高效循环利用。上汽集团还将加大在废旧电池回收和再利用方面的投入力度，推动电池材料的梯次利用和再生利用，减少对原生资源的依赖，推动循环经济的发展。

上汽集团的绿色供应链管理实践，不仅为自身带来了显著的环境效益和经济效益，也为全球汽车制造业的绿色转型提供了宝贵的经验和启示。通过不断创新和优化，上汽集团将在绿色供应链管理和可持续发展方面继续发挥领导作用，为全球环境保护和可持续发展贡献更多智慧和力量。通过这些努力，上汽集团将进一步巩固其在行业中的领先地位，推动整个行业的绿色转型，实现可持续发展的目标。

第五节　云南白药的绿色制药与可持续发展绩效

云南白药集团股份有限公司（以下简称云南白药）作为中国中药行业的领军企业，致力于将传统中医药文化与现代科技相结合，实现企业的可持续发展。随着全球环保意识的增强，绿色供应链管理和可持续发展已成为企业发展的重要方向。云南白药深刻认识到，只有在生产经营中全面贯彻环保理念，才能在激烈的市场竞争中立于不败之地，同时也为生态环境的保护和人类的健康福祉做出贡献。

在这一背景下，云南白药积极推动绿色供应链管理，通过技术创新和管理优化，减少生产过程中对环境的影响，提高资源利用效率，逐步构建起以绿色生产为核心的可持续发展体系。本节将详细探讨云南白药在绿色供应链管理和可持续发展方面的具体实践和取得的成效，展示公司在这一领域的战略目标、核心原则及实施路径，旨在为其他企业提供借鉴和启示。

一、云南白药简介

（一）公司的历史和发展

云南白药的历史可以追溯到 1902 年，当时著名的彝族医生曲焕章先生汇集了传统民族医药的精华，研制出了云南白药，被称为"万应百宝丹"。1955 年，曲焕章的妻子缪兰英将云南白药的秘方无偿捐献给国家，从此开启了云南白药现代发展的新篇章。

1993 年，云南白药在深圳证券交易所上市，进一步提高了公司的资本实力和市场竞争力。1999 年，云南白药进行了重组，旨在根据市场需求分配资源，建立支持持续发展的系统基础。

2006 年，云南白药的各项绩效指标跃居行业前列，使公司从行业追随者成长为行业领导者。2010 年，云南白药的营业收入首次突破 100 亿元。2011 年，完成了第一阶段的搬迁，总部迁至呈贡新区。

2015 年，云南白药的营业收入超过 200 亿元，随后在 2016—2017 年完成了控股股东的混合所有制改革。2018—2019 年，云南白药完成了合并与整体上市，营业收入超过 300 亿元。在董事会的领导下，云南白药在产品、创新和研发三大支柱的驱动下，启动了迭代升级和创新转型，遵循"守护生命与健康"的企业使命。

2020 年和 2021 年，云南白药继续其高质量发展的战略，并在全球范围内拓展业务。2022 年，云南白药设立了"1+4+1"的战略目标，扩展了在北京、上海、中国香港、海南等地的业务布局。

2023 年，云南白药在外部环境的重大变化中强化了其增长基础，提升了质量和效率，并推动创新达到新高度。

（二）核心业务领域

云南白药的核心业务涵盖医药、健康产品、中药资源等多个领域。作为一家综合性的大健康企业，云南白药不仅专注于传统中药的生产和销售，还在个人护理、原始草药品牌及大健康产品品牌等方面不断扩展。云南白药旗下拥有丰富多样的品牌群，这些品牌帮助公司不断扩大客户群，提升长期品牌价值。

在医药领域，云南白药坚持继承与创新相结合，推动中药融入现代生活。云南白药在药品、健康产品、活性药物成分（API）等领域进行产品创新。其气雾剂、创可贴、云南白药粉和胶囊及牙膏在各自细分市场上稳居全国销量前列。

云南白药通过建立业务集团体系，推动现有业务的扩展。这些业务集团包括医药业务集团、健康产品业务集团、中药资源业务集团和云南药业股份有限公司（负责医药物流业务）。各业务集团各司其职、相互协作，其主要业务已达到行业领先水平。云南白药在昆明、大理、文山、丽江、武定及江苏无锡和安徽合肥设有生产基地，销售渠道覆盖全国。

云南白药以"守护生命与健康"为企业使命，致力于成为领先的综合医药和健康解决方案提供商。云南白药通过创新驱动和数字化转型，战略性地向高质量发展迈进。作为一家国家级制药企业，云南白药在发展过程中始终拥抱使命和责任，与利益相关者共同成长，赋能员工，并以成就回报社会。

展望未来，云南白药将继续坚定不移地坚持长期发展原则，优先考虑产品卓越性、创新和研发，推动内部和外部资源与价值的整合，逐步转型为"综合医药和健康解决方案的提供者"。

综上所述，云南白药凭借其悠久的历史、强大的研发能力和广泛的业务布局，已经成为中国医药和健康产业的领导者之一。云南白药将继续致力于推动中药现代化和国际化，为全球健康事业做出更大的贡献。

二、云南白药的绿色供应链管理概述

作为中国知名的中药企业，云南白药在绿色供应链管理方面进行了大量探索和实践。云南白药通过一系列的绿色管理措施，实现了供应链的环保效益和可持续发展。

在原材料采购方面，严格筛选供应商，确保其符合环保要求。云南白药通过供应商评估和审核机制，对供应商的环保绩效进行定期检查和考核，促使供应商不断提高环保管理水平。此外，云南白药还积极推动绿色原材料的使用，如在药材种植过程中推广有机农业和绿色种植技术，减少农药和化肥的使用，保护生态环境。

在生产环节，云南白药采用了多种环保技术和工艺，降低了生产过程中的资源消耗和污染排放。云南白药引入了先进的废水处理设备和技术，提高了废水的回收利用率，减少了对水资源的浪费。同时，云南白药还通过能源管理系统，对生产过程中的能源使用情况进行实时监控和优化，减少了能源消耗和碳排放。

在物流和包装方面，云南白药积极推进绿色物流和环保包装的应用。云南白药采用了节能型物流车辆和优化运输路线，降低了物流过程中的碳排放。此外，云南白药还在产品包装中广泛使用可降解和可循环利用的材料，减少了包装废弃物的产生。

在产品使用和回收环节，云南白药通过产品设计延长了产品的使用寿命，并建立了完善的回收体系。云南白药积极参与国家和地方的药品回收项目，通过回收和再利用废弃药品，减少了环境污染。

通过这些绿色供应链管理措施，云南白药不仅提升了自身的环境绩效和市场竞争力，还为推动中药行业的可持续发展做出了积极贡献。未来，云南白药将继续深化绿色供应链管理，通过技术创新和管理优化，进一步提升供应链的环保效益，实现企业的可持续发展目标。

三、云南白药的绿色供应链战略

云南白药作为一家有着百年历史的中药企业，一直致力于推动可持续发展和绿色供应链管理。以下详细介绍云南白药在绿色供应链战略方面的具体实践。

（一）战略目标与愿景

云南白药的绿色供应链战略目标是通过优化供应链各个环节的管理，实现资源的高效利用和环境影响的最小化。云南白药秉承"守护生命与健康"的企业愿景，通过绿色创新和可持续实践，推动中药行业的整体转型与升级。

为实现这一目标,云南白药制定了详细的战略规划,涵盖从原材料采购、生产制造到物流运输和废弃物处理等各个环节。云南白药不仅关注自身的环境绩效,还积极推动供应链上下游企业共同践行绿色发展理念,形成完整的绿色产业链。

(二)核心原则

云南白药的绿色供应链战略基于以下核心原则。

一是环境友好。云南白药在供应链的各个环节都严格遵循环保标准,优先选择对环境影响较小的原材料和技术。例如,云南白药在生产过程中采用了多项环保技术,减少废气、废水和固体废弃物的排放。

二是资源高效利用。云南白药通过优化生产工艺和管理流程,提高资源的利用效率,减少资源浪费。另外,云南白药积极推广循环经济理念,通过废弃物的回收和再利用,实现资源的闭环管理。

三是技术创新。云南白药不断加大在绿色技术研发方面的投入力度,通过技术创新提升绿色供应链管理的效率和效果。云南白药与高校和科研机构合作,开展绿色技术的研究和应用,推动整个行业的技术进步。

四是合作共赢。云南白药与供应链上下游企业紧密合作,共同推进绿色供应链管理。云南白药通过提供技术支持和管理培训,帮助供应商提升环境管理水平,实现供应链的整体绿色转型。

五是社会责任。云南白药积极履行社会责任,参与多项社会公益和环保项目,通过企业的实际行动推动社会的可持续发展。另外,通过环保宣传和教育,提高员工和公众的环保意识,倡导绿色消费和绿色生活方式。

通过这些核心原则,云南白药不仅提升了自身的环境绩效,还为行业树立了绿色发展的典范。云南白药希望通过自身的努力,带动更多企业加入绿色供应链管理的行列,共同为可持续发展贡献力量。

四、云南白药的绿色供应链管理实践

（一）绿色生产

1. 绿色原材料获取

云南白药作为一家知名的中药企业，在绿色供应链管理中高度重视原材料的环保性和可持续性。通过自建和合资的方式，积极参与中药材资源的开发和运营，以确保关键资源的可持续供应。例如，云南白药在云南省和其他地区建立了多个中药材种植基地，专注于多种中药材的种植与加工。这种全球化的资源布局不仅保证了原材料的稳定供应，还通过集中管理和优化运营，降低了对环境的影响。

2. 供应商管理

为了确保原材料的环保性和可持续性，云南白药引入了严格的供应商评估机制。云南白药对供应商进行全面的环境绩效评估，将原材料的碳足迹作为重要指标之一，协助供应商优化工艺，减少碳排放。例如，云南白药为供应商提供了技术支持，推动其使用可再生能源，从而在供应链的源头上减少对环境的影响。此外，云南白药还通过定期的培训和交流活动，提升供应商的环保意识和能力，确保整个供应链的环保性能达到高标准。

3. 绿色种植实践

在中药材种植过程中，云南白药进行了多种绿色种植实践，以确保环境友好和可持续性。云南白药通过推广有机种植技术，减少化学农药和化肥的使用，保护土壤和水资源。例如，云南白药在种植过程中采用生物防治技术，通过引入天敌和使用生物农药控制病虫害，减少化学农药的使用。此外，云南白药还积极推进水资源管理，通过节水灌溉技术，提高水资源的利用效率，减少对水资源的浪费。

4. 生物多样性保护

云南白药高度重视生物多样性的保护，尤其是在中药材的种植过程中。云南白药通过建立种质资源库和开展种质资源保护项目，保护珍稀和濒危的中药材资源。例如，云南白药在云南省建立了多个种质资源保护基地，收集和保存了多种珍稀中药材的种质资源，确保这些资源的长期保存和利用。另外，云南白药还与科研机构合作，开展中药材种质资源的研究和保护工作，通过科学手段提升种质资源的保护效果。

5.社会责任与社区发展

在推动绿色原材料获取的过程中，云南白药积极履行社会责任，推动社区发展。云南白药通过"公司+基地+农户"的模式，帮助当地农户发展中药材种植，提高农户收入，促进地方经济发展。例如，云南白药在云南省的多个贫困地区开展了中药材种植项目，通过提供技术支持和市场渠道，帮助当地农户增加收入，改善生活条件。这不仅促进了地方经济的发展，也为中药材的可持续供应提供了保障。

6.技术创新与研发

为了提升中药材种植的环保性和可持续性，云南白药不断进行技术创新和研发。云南白药通过与科研机构和高校合作，开展中药材种植技术的研究，开发适合不同地区和环境的种植技术。例如，云南白药开发了智能化种植管理系统，通过大数据和人工智能技术，对中药材种植进行精准管理，提高种植效率和产品质量。另外，云南白药还通过研发新型环保肥料和农药，减少对环境的影响，提高中药材的品质和产量。

7.政策支持与标准制定

云南白药在绿色原材料获取方面的努力得到了政府的支持和认可。云南白药积极参与国家和地方环保政策的制定，推动中药材种植和加工的标准化和规范化。例如，云南白药参与了多项中药材种植和加工标准的制定，为行业的绿色发展提供了科学依据和规范。这些标准的制定不仅提升了公司的环保形象，也为整个中药行业的绿色发展做出了贡献。

云南白药将继续加大在绿色原材料获取方面的投入，通过技术创新和管理优化，进一步提升供应链的环保性和可持续性。云南白药计划在更多地区推广绿色种植技术和管理模式,扩大中药材种植基地的规模,提高中药材的供应能力。同时,云南白药将继续加强与供应商的合作,通过共同努力,实现整个供应链的绿色转型。另外,云南白药还将进一步参与国家和国际环保政策和标准的制定,推动中药行业的绿色发展,为全球可持续发展做出更大的贡献。

通过这些措施,云南白药不仅保障了原材料的供应链安全,还推动了供应链整体的绿色转型。云南白药在原材料获取环节的严格把控,为实现可持续发展的目标奠定了坚实基础,同时也为全球中药产业的未来发展提供了宝贵的经验和借鉴。

(二)绿色制造和能源管理

云南白药致力于实现绿色制造和高效能源管理,以支持其可持续发展战略。云南白药通过多项措施不断优化生产工艺,提升能源利用效率,减少环境污染。

1. 绿色制造实践

云南白药在其制造过程中高度重视绿色环保理念,采用了一系列技术和管理措施,以减少对环境的影响。云南白药通过引入现代化的生产设备和技术,提升生产效率,同时降低资源消耗和污染排放。云南白药在生产过程中引入了高效能的节能设备,如变频器和高效电机,通过优化工艺流程和设备运行参数,实现了生产过程的节能降耗。

在制造过程中,云南白药注重使用环保材料和可再生资源。云南白药通过用绿色材料替代传统材料,减少了对环境有害物质的使用。例如,云南白药在部分产品的包装材料中使用可降解塑料和再生纸,不仅减少了塑料污染,还降低了对原生资源的依赖。

此外,云南白药积极推进无害化生产工艺的应用。云南白药通过引入无溶剂涂布技术和水性涂料,减少了挥发性有机化合物(VOCs)的排放,降低了对空气质量的影响。这些绿色制造技术的应用不仅提升了产品的环保性能,也增强了公司的市场竞争力。

2. 能源管理措施

在能源管理方面，云南白药建立了系统的能源管理体系，以提升能源利用效率、降低能源消耗。云南白药严格遵守《中华人民共和国节约能源法》等相关法律法规，制定了内部的《能源管理办法》，并在各个生产基地设立了能源管理小组，负责能源使用的监督和管理。

云南白药通过实施一系列节能项目，达到了显著的节能效果。例如，云南白药在文山三七产业园区的标准厂房屋顶建设了分布式光伏电站，减少了对化石能源的使用，减少了二氧化碳、二氧化硫和氮氧化物的排放。此外，云南白药还在雨花工业园区进行蒸汽节能改造，通过优化蒸汽管道和阀门，减少了天然气的消耗，提升了蒸汽利用效率，降低了生产成本。

为了进一步提升能源管理效果，云南白药还建立了能源管理信息系统，通过实时监控和数据分析，优化能源使用情况。例如，通过智能电表和能耗监测系统，实时监测各个生产环节的电力和天然气消耗，及时发现并解决能源浪费问题。通过这些措施，云南白药在能源管理方面取得了显著成效，不断提升能源利用效率。

3. 环境管理体系

云南白药建立了完善的环境管理体系，以确保生产过程中的环境保护工作得以有效实施。云南白药严格遵守《中华人民共和国环境保护法》《中华人民共和国大气污染防治法》《中华人民共和国水污染防治法》和《中华人民共和国噪声污染防治法》等法律法规，制定了《环境保护管理制度》《环境设施管理制度》和《环境保护审批与管理制度》等内部管理制度。云南白药将环境保护责任落实到各个业务单元，并与当地环境保护部门建立了紧密的合作关系，确保环境管理工作的合规性和有效性。

在废水管理方面，云南白药采取了多项措施，确保废水处理达到排放标准。云南白药在生产过程中严格控制废水的产生，通过优化工艺流程和使用环保药剂，减少废水的排放量。同时，云南白药还建设了高效的废水处理设施，采用生物处理、物理化学处理和深度处理等多种技术，确保废水处理后达到国家排放标准。

在废气管理方面,云南白药采用了先进的废气处理技术,减少有害气体的排放。例如,云南白药在生产过程中采用了高效的除尘设备和低氮燃烧技术,减少了烟尘和氮氧化物的排放。云南白药还通过安装挥发性有机化合物(VOCs)治理设备,降低了生产过程中有机废气的排放量。

在固体废物管理方面,云南白药实行严格的分类和处理制度。云南白药对生产过程中产生的危险废物和非危险废物进行分类收集、集中储存,并委托有资质的第三方公司进行处理和处置。云南白药还通过技术改造和工艺优化,减少固体废物的产生量,提高资源的利用效率。

4. 清洁生产审核

云南白药积极开展清洁生产审核,通过系统的审核和评估,不断改进生产工艺,提升清洁生产水平。云南白药通过引入外部专家和第三方机构,定期对生产工艺和环境管理进行审核,识别和评估生产过程中的环境风险和改进机会。通过清洁生产审核,云南白药不断优化生产流程,减少资源消耗和污染排放,提升了清洁生产水平。

未来,云南白药将继续推进绿色制造和能源管理,提升企业的可持续发展能力。云南白药计划进一步加大在绿色技术研发方面的投入,探索和应用更多的绿色制造技术和节能环保设备。同时,云南白药将加强与供应链上下游企业的合作,共同推动绿色供应链管理,实现整个供应链的绿色转型。

在能源管理方面,云南白药将继续优化能源管理体系,提升能源利用效率。云南白药计划在更多的生产基地建设分布式光伏电站,扩大清洁能源的使用比例。云南白药还将通过技术改造和管理优化,进一步减少能源消耗和污染物排放量,实现绿色低碳发展。

总之,云南白药将坚持绿色制造和能源管理的战略,持续提升企业的环境绩效和市场竞争力,为实现可持续发展目标做出更大的贡献。通过不断的努力和创新,云南白药将为推动中医药行业的绿色转型和可持续发展树立标杆。

（三）绿色物流和包装

1. 绿色物流

云南白药在绿色物流方面进行了大量的探索和实践，旨在通过优化物流过程、降低能源消耗和减少碳排放，构建一个环保、高效的物流体系。

第一，云南白药在物流过程中积极采用电动和混合动力车辆，以减少化石燃料的使用和温室气体的排放。云南白药通过与物流供应商合作，逐步替换传统燃油车辆，推广使用电动物流车和混合动力物流车。这不仅大幅降低了物流运输过程中的碳排放，也显著减少了车辆运行中的噪声污染，提高了城市和社区的生活质量。

第二，云南白药在物流管理中引入了先进的智能调度系统。通过大数据分析和优化算法，智能调度系统可以实时监控和调整运输路线及方式，提升运输效率，减少能源消耗。该系统能够根据物流需求和交通状况，智能选择最优的运输方案，避免不必要的空驶和等待，进一步降低碳排放。

第三，云南白药还积极推进冷链物流的绿色转型。云南白药在冷链物流中采用了智能调度和保温策略，优化运输时间和设备使用，降低能耗和碳排放。例如，云南白药采用"冷藏车为主，常温车+保温箱为辅"的运输模式，减少了冷链运输对环境的影响。

2. 绿色包装

在绿色包装方面，云南白药通过多种措施，显著减少了包装材料的使用量和环境影响。

第一，云南白药大力推广轻量化包装材料。云南白药鼓励各业务板块根据自身业务特点，探索包装材料的轻量化设计，提倡广泛应用可回收和可再生材料。在生产过程中，云南白药回收边角余料和包装材料，重新调整产品和包装材料的形状，以减少原材料需求和材料损耗。

第二，云南白药在包装材料的选择上优先考虑环保材料。例如，云南白药在产品包装中广泛使用可降解塑料和再生纸，替代传统的不可降解材料。通过这种方式，云南白药不仅减少了包装废弃物的产生，还降低了对环境的污染。此外，云南白药还通过优化包装设计，减少包装材料的使用量，提高包装的空间利用率，从而降低物流运输的能耗和碳排放。

此外，云南白药还推行循环使用的包装方案。例如，云南白药对牙膏包装盒的使用进行了研究，发现其在使用耐受性上可以重复使用 3～6 次。基于产品规格和包装盒特性，云南白药对促销盒进行了精细分类，以满足生产需求并尽量降低成本。这一措施不仅减少了包装盒的购买量，还有效减少了纸张的使用量。

云南白药还通过改进生产工艺，提高了包装材料的利用效率。例如，云南白药通过改造铝塑复合膜的粒状设备，提高了包装效率，减少了包装材料的消耗。根据市场需求，云南白药将部分产品的方形包装改为条形包装，单位产品节省了超过 15% 的包装材料。

第三，在包装优化方面，云南白药与供应商合作进行了多项尝试，推动包装材料的减重和环保。例如，云南白药与供应商合作，对部分药品包装进行了改造，成功解决了漏液问题，并通过减少封箱带的数量，进一步节省了包装材料的消耗。

通过这些绿色物流和包装措施，云南白药不仅大幅降低了物流和包装环节对环境的影响，还提升了公司的运营效率和经济效益。云南白药的绿色物流和包装实践为其他企业提供了宝贵的经验和借鉴，展示了企业在推动绿色供应链管理和可持续发展方面的巨大潜力和责任。

（四）废弃物处理和资源循环利用

云南白药在废弃物处理和资源循环利用方面采取了一系列有效措施，旨在减少生产过程中产生的废弃物，并提高废弃物的回收利用率。云南白药严格区分危险废物和非危险废物，对其进行分类管理，以确保废弃物处理过程中的环境安全和资源再利用。危险废物包括废弃药品、实验废液等；非危险废物主要包括生产过程中产生的药渣和污泥。

为实现这一目标，云南白药制定了一系列内部管理制度，如《实验室危险废物防治责任制度》和《实验室环境控制程序》，明确并严格执行实验室废弃物处理标准。遵循"统一收集、分类处置、消除隐患"的原则，危险废物由专人管理，建立台账，通过标记和标签改进识别，在指定区域集中存放，分类收集后统一交由第三方处理，以实现废物"减量化、再利用、无害化"的目标。

1. 废水处理

废水管理是云南白药环境管理的重要组成部分。云南白药在生产过程中产生的废水主要来自药品和保健品生产及生活污水。云南白药严格按照国家和地区的管理要求，实施污水排放许可证管理制度，成立专门的污水管理团队，通过设备升级改造和污水回收利用，提高水资源的循环利用率。具体措施包括使用循环水冷却设备，减少自来水的使用；在生产末端设置专门的污水处理罐，通过沉淀、过滤和吸附等方法降低污染物浓度，并按照规定排放污水。此外，云南白药积极与相关企业和单位开展环保技术学习和交流，优化污水处理工艺，降低污染物排放浓度，提升自身污水管理绩效。

2. 废气处理

云南白药在废气处理方面也取得了显著成效。云南白药在生产过程中产生的废气主要包括二氧化硫、氮氧化物和颗粒物。云南白药要求各业务集团为每个废气排放环节配备相应的环保设施，定期检查尾气排放口，在大排放地点安装末端处理设施，并委托专业的第三方公司进行定期检测，确保各类废气排放稳定达标，消除无组织排放。

2023年，云南白药的附属工厂的VOCs排放率和排放浓度均符合《大气污染物综合排放标准》（GB 16297—1996）和《工业企业挥发性有机物排放控制标准》（DB 12/524—2020）的限值要求。通过这些措施，云南白药有效减少了废气排放对环境的影响。

3. 资源循环利用

云南白药积极推动资源的循环利用，特别是在生产过程中产生的固体废弃物方面。云南白药通过多种方式实现资源的再利用和循环利用，减少对原生资源的依赖，降低环境负担。例如，针对生产过程中产生的药渣和污泥，云南白药委托专业第三方进行处理，将其发酵后用于土壤改良和有机肥料的制造。这种处理方式不仅减少了废弃物的堆放压力，还有效利用了废弃物中的有机质，提升了资源利用效率。

此外，云南白药还在包装材料的管理上进行了优化。云南白药鼓励各业务部门根据自身业务特点探索包装材料的轻量化，倡导广泛应用可回收和可再生材料。对于回收生产过程中产生的边角料和包装材料，通过调整产品和包装材料的形状，在不降低产品有效性的前提下，减少原材料需求和材料损耗。

2023 年，云南白药与供应商合作，在包装材料轻量化方面进行了多项尝试。例如，云南白药通过对铝塑复合膜的改造，节省了 2% 的复合膜消耗；通过满足市场需求，将部分方形包装产品改为条形包装，每个产品单位的包装材料节省超过 15%。此外，经过严格测试后，纸箱封箱胶带数量从 4 条减少至 2 条，封箱胶带消耗减少了 50%。

云南白药在废弃物处理和资源循环利用方面取得了显著成效，但仍在不断寻求改进和创新的机会。未来，云南白药将继续加强废弃物管理，提升资源利用效率，推动废弃物处理和资源循环利用的技术进步。

云南白药计划进一步优化废水和废气处理工艺，采用更为先进的处理技术和设备，降低污染物排放浓度，提升环保绩效。同时，云南白药将继续与国内外科研机构和环保组织合作，共同开展环保技术的研发和推广，推动整个行业的绿色发展。

通过持续的努力和创新，云南白药不仅能提升自身的环境绩效，还能为全球环保事业和可持续发展做出更大的贡献。云南白药的成功经验将为其他企业提供宝贵的借鉴和启示，展示企业在推动绿色供应链管理和可持续发展方面的巨大潜力和责任。

综上所述，云南白药在绿色原材料获取、绿色制造和能源管理、绿色物流和包装、废弃物处理和资源循环利用等方面采取了一系列措施，实现了生产过程的绿色化和可持续发展。

五、云南白药的可持续发展绩效评估

（一）环境影响

云南白药通过实施一系列绿色供应链管理措施，显著减少了对环境的负面影响。云南白药积极响应国家"双碳"目标，探索在运营中实现碳中和的可能性。

在废气管理方面，云南白药主要排放的废气包括生产过程中产生的二氧化硫、氮氧化物和颗粒物。云南白药为每个废气排放环节配备了相应的环保设施，并定期检查尾气排放口，确保所有类型的废气排放稳定达标，以消除无组织排放。

在废水管理方面，云南白药主要排放的废水来自制药和保健品生产过程中的废水及生活污水。云南白药严格实施排污许可证管理制度，通过设备升级改造和废水回收，提高了水资源的循环利用率。在生产过程中，使用循环水冷却设备，减少自来水的使用。在生产末端设置专门的污水处理罐，通过沉淀、过滤和吸附降低污染物浓度，确保排放的污水符合规定。

在固体废弃物管理方面，云南白药通过对生产过程中产生的废渣、污泥等进行分类处理和资源化利用，有效减少了固体废弃物的排放。

（二）经济效益

绿色供应链管理不仅提升了云南白药的环境绩效，也带来了显著的经济效益。通过节能措施和使用可再生材料，云南白药在能源和材料成本上实现了大幅节约。例如，2023年，云南白药通过实施节能改造项目和优化能源使用，每年节约了数百万千瓦时的电力，降低了生产成本。

此外，绿色供应链管理还提升了公司的市场竞争力和品牌形象。云南白药的绿色产品在市场上受到广泛欢迎，进一步扩大了公司的市场份额。通过积极参与全球环境保护项目和社会公益活动，云南白药赢得了客户和社会的广泛认可，提升了品牌的美誉度和市场影响力。

通过绿色供应链管理，云南白药不仅降低了生产成本，还提升了产品的市场竞争力。云南白药通过开发高效、低碳的中药产品，赢得了市场的认可和信赖，进一步巩固了在行业中的领先地位。

（三）社会效应

在社会责任履行方面，云南白药同样取得了显著成效。云南白药通过参与全球范围内的环保项目和社会公益活动，推动了环境保护和社区建设。例如，云南白药参与了全球植树造林和水资源保护项目，每年种植超过100万棵树苗，改善了当地的生态环境。

此外，云南白药通过透明的信息披露和第三方审计，增强了供应链管理的透明度和公信力。

云南白药积极履行社会责任，通过开展各种公益活动，促进社区发展和社会进步。例如，云南白药在全球范围内开展了多项慈善捐助和志愿服务活动，帮助弱势群体改善生活条件，推动社会和谐发展。

总之，云南白药通过绿色供应链管理，在环境保护、经济效益和社会责任方面均取得了显著成效。未来，云南白药将继续加大在绿色技术创新和可持续发展方面的投入力度，进一步提升在全球市场中的竞争力和影响力。通过这些努力，云南白药不仅可以实现企业自身的可持续发展，还可以为全球环保事业做出更大的贡献。

六、挑战与应对措施

尽管云南白药在绿色供应链管理方面取得了显著成效，但仍然面临许多挑战。这些挑战主要集中在技术、市场及政策与法规等方面。以下将详细探讨这些挑战，并提出相应的应对措施。

（一）技术挑战

在实现绿色供应链管理的过程中，技术创新是关键。云南白药面临的主要技术挑战包括环保技术的研发和应用，以及现有生产设备的绿色改造。环保技术的研发需要大量的资金投入和专业人才，而现有设备的绿色改造则涉及高额的改造成本和技术瓶颈。

为应对这些技术挑战，云南白药采取了以下措施。

一是加大研发投入力度。云南白药通过设立专项研发基金，支持绿色环保技术的研发与应用。例如，云南白药在中药材种植和加工过程中积极研发并推广绿色种植技术和绿色加工技术，减少农药和化肥的使用，降低环境污染。

二是引进先进技术。通过与国内外科研机构和高校的合作，云南白药引进了多项先进的环保技术，提升生产过程中的绿色化水平。例如，云南白药与云南农业大学合作，推广中药材种植的有机农业技术，提高了中药材的质量和环保性。

三是绿色设备改造。云南白药积极推进生产设备的绿色改造，提升能源利用效率和减少污染物排放。例如，云南白药在生产车间引入了高效节能的制药设备，显著降低了生产过程中的能耗和排放。

（二）市场挑战

随着消费者环保意识的提高，市场对绿色产品的需求不断增长。然而，绿色产品的市场推广仍面临诸多挑战，包括消费者对绿色产品的认知不足、市场竞争激烈等。

为应对市场挑战，云南白药采取了以下措施。

一是加强市场推广。云南白药通过多渠道宣传和推广绿色产品，提高消费者的认知度。例如，云南白药通过电视广告、网络宣传和线下活动等多种形式，向消费者展示绿色产品的优势和环保价值。

二是提升产品质量。云南白药不断提升绿色产品的质量，以满足消费者的高标准需求。云南白药通过严格的质量控制体系，确保每一批次的产品都符合高标准的质量要求,赢得了消费者的信任。

三是市场细分与定位。针对不同的市场需求,云南白药制定了差异化的市场推广策略。云南白药通过市场调研和消费者分析,确定了绿色产品的核心消费群体,并为这些群体提供定制化的产品和服务。

(三) 政策与法规挑战

不同国家和地区的环境法规和标准存在差异,这给云南白药的全球化经营带来了挑战。例如,一些国家的环保法规相对严格,要求企业在生产过程中采用更加环保的技术和设备,一些国家的法规则较为宽松,这增加了企业的管理难度。

为应对政策与法规挑战,云南白药采取了以下措施。

一是建立合规团队。云南白药设立了专门的合规管理团队,负责跟踪和研究各国的环保法规,确保企业的经营活动符合当地法规要求。该团队定期对公司的环保合规情况进行审核和评估,确保企业的各项活动都符合最新的法规标准。

二是加强政策沟通。云南白药积极与各国政府和环保组织沟通,参与环保政策的制定和修订。例如,云南白药通过参加国际环保论坛和行业协会,表达企业在环保方面的诉求和建议,推动环保政策的优化和完善。

三是环保认证。为了提升企业的国际竞争力,云南白药积极申请国际权威环保认证。例如,云南白药获得了 ISO 14001 环境管理体系认证和 ISO 50001 能源管理体系认证,这些认证不仅提升了企业的环保形象,也得到了客户和市场对公司产品的信任。

综上所述,云南白药在绿色供应链管理方面面临着技术、市场和政策与法规等多方面的挑战。通过加大研发投入、加强市场推广、建立合规团队等措施,云南白药在应对这些挑战方面取得了显著成效。未来,随着环保技术的不断进步和市场需求的不断增长,云南白药将在绿色供应链管理方面继续保持领先地位,为全球可持续发展做出更大的贡献。

七、国际比较与合作

（一）与国际绿色实践的对比

云南白药在绿色供应链管理和可持续发展方面的实践已经达到了国际领先水平。云南白药在环境保护、资源利用和社会责任方面的努力不仅符合我国的相关法规和标准，也与国际最佳实践一致。在绿色供应链管理方面，云南白药积极学习和借鉴国际先进经验，并结合自身实际，形成了具有特色的绿色管理模式。

在国际上，许多知名企业如强生、宝洁和葛兰素史克等也在积极推进绿色供应链管理。这些企业通过严格的环境管理体系、绿色采购政策和资源循环利用措施，显著降低了生产过程中对环境的影响。例如，强生公司通过绿色供应链管理，每年减少了大量的二氧化碳排放，并大幅提升了资源利用效率。

与这些国际企业相比，云南白药在绿色供应链管理方面有着独特的优势。首先，云南白药在中药材种植和加工过程中充分利用了云南得天独厚的自然资源，推行生态种植和绿色加工技术，确保了原材料的绿色环保。其次，云南白药在供应链管理中高度重视与供应商的合作，通过严格的供应商评估机制和绿色采购政策，推动整个供应链的绿色转型。最后，云南白药还积极参与全球环保标准的制定，与国际环保组织和行业协会合作，推动绿色标准的统一和提升。

（二）国际合作与交流

云南白药在绿色供应链管理和可持续发展方面，积极开展国际合作与交流。云南白药通过参与国际环保组织的活动，推动全球绿色供应链管理技术的推广和应用。通过这些合作，云南白药不仅提升了国际影响力，也为全球环保事业的发展做出了积极的贡献。

在国际合作方面，云南白药与全球领先的科研机构和企业建立了合作关系，共同开展环保技术研发和应用。例如，云南白药与欧美多家知名高校和研究机构合作,研究和开发绿色技术和产品,推动环保技术的创新和应用。此外,云南白药还通过举办国际会议、参与行业论坛等方式,分享其在绿色供应链管理方面的经验和技术,促进国际间的交流与合作。

通过这些国际合作和交流,云南白药不断提升了自身的绿色管理水平,推动全球绿色供应链管理的发展。云南白药在国际合作中不仅学习和借鉴了先进的管理经验和技术,还将自身的成功经验推广到全球,为其他企业提供了宝贵的借鉴和启示。

八、未来展望

(一)绿色供应链的发展趋势

随着全球对环境保护和可持续发展的日益关注,绿色供应链管理正在成为企业竞争力的重要组成部分。作为中国传统医药行业的领导者,云南白药在绿色供应链管理方面也取得了显著的进步。未来,绿色供应链的发展趋势主要体现在以下几个方面。

1.技术创新

技术创新是绿色供应链管理的核心驱动力。云南白药将加大在绿色技术研发方面的投入力度,通过技术创新,提升产品和生产过程的环保性能。例如,云南白药在其生产过程中引入了多项绿色技术,包括使用环保材料和先进的生产工艺,减少碳排放和资源消耗。云南白药还致力于开发和应用新能源技术,如太阳能和风能,以降低对传统能源的依赖。云南白药将在以下几个方面进行技术创新。

一是新材料研发。开发和应用环保型材料,替代传统的高污染材料。例如,云南白药在其包装材料中使用可降解塑料和再生纸,减少环境污染。

二是智能制造。通过引入智能制造技术,提高生产效率,减少能源和资源的浪费。云南白药通过数字化和自动化技术,实现了生产过程的精细化管理，降低了能耗和排放。

三是清洁能源利用。加大对清洁能源的利用，减少碳足迹。云南白药已经在厂区安装了太阳能发电系统，并计划进一步扩大清洁能源的使用比例。

2. 供应链协同

供应链协同是提升整体绿色绩效的重要手段。云南白药将加强与供应链上下游企业的合作，通过信息共享和协同管理，实现整体绿色绩效的提升。云南白药已经建立了供应商协同平台，通过这一平台，与供应链上的合作伙伴紧密合作，共同提升环保管理水平。云南白药将在以下几个方面加强供应链协同。

一是信息共享。建立供应链信息共享平台，实现供应链各环节的信息透明化，提升协同效率。云南白药通过供应商协同平台，实时共享供应链信息，提升了整体管理效率。

二是绿色标准制定。与供应链上的合作伙伴共同制定和实施绿色标准和规范，推动整个供应链的绿色转型。云南白药通过建立绿色供应链联盟，与合作伙伴共同制定绿色标准，提升了供应链的环保水平。

三是协同研发。与供应链上的合作伙伴共同开展绿色技术的研发和应用，提升整体技术水平。云南白药通过与高校和科研机构的合作，共同开展绿色技术研发，推动了技术创新。

3. 国际合作

国际合作是推动全球环保标准制定和实施的重要途径。云南白药将积极参与国际环保组织和行业协会的活动，通过国际合作，学习和借鉴先进的管理经验和技术，提升自身的绿色管理水平。云南白药积极参与国际环保项目，与全球领先企业和科研机构开展合作，共同推动环保技术的发展和应用。云南白药将在以下几个方面加强国际合作。

一是参与国际标准制定。积极参与国际环保标准的制定和推广，推动全球环保标准的统一和提升。云南白药通过与国际环保组织的合作，参与全球环保标准的制定，为行业发展提供科学合理的指导。

二是国际经验借鉴。学习和借鉴国际先进的环保管理经验和技术，提升自身的绿色管理水平。云南白药通过参与国际环保论坛和展会，展示其在绿色供应链管理方面的成就，提升国际影响力。

三是跨国合作项目。与国际企业和机构开展跨国合作项目，共同推进绿色供应链管理。

4.社会参与

社会参与是提升绿色供应链管理的社会影响力的重要手段。云南白药将通过多种渠道，促进消费者和社会的参与，提升绿色供应链管理的社会影响力。云南白药通过宣传和推广绿色产品和理念，增强社会公众的环保意识，促进绿色消费和投资。

云南白药将在以下几个方面推动社会参与。

一是环保宣传。通过广告、社交媒体和线下活动等方式，向消费者展示其绿色产品的优势，提升社会公众的环保意识。云南白药通过多渠道宣传，吸引更多的消费者选择和支持绿色产品。

二是公众教育。开展环保教育活动，提高公众的环保知识和技能，推动绿色消费和投资。云南白药通过与教育机构和非政府组织合作，传播环保知识，提升公众的环保意识。

三是社区参与。通过参与和支持各类社会公益和环保项目，推动环境保护和社区建设。云南白药通过捐赠、志愿服务等方式，推动环境保护和社区建设，增强社会责任感。

随着全球环保要求的不断提高和消费者环保意识的增强，绿色供应链管理将成为企业竞争力的重要组成部分。企业需要不断进行技术创新，加强供应链协同，参与国际合作，推动社会参与，才能在激烈的市场竞争中保持优势。

云南白药将继续加大在绿色技术研发方面的投入力度，通过技术创新，提升产品和生产过程的环保性能。此外，云南白药将积极参与国际环保组织和行业协会的活动,推动全球环保标准的制定和实施。通过这些努力,云南白药将进一步巩固其在绿色供应链管理方面的领先地位,实现环境效益和经济效益的双赢。

总之,绿色供应链管理的发展趋势为企业提供了新的机遇和挑战。企业需要在技术创新、供应链协同、国际合作和社会参与方面不断努力,才能在绿色转型的道路上走得更远。云南白药作为行业的领导者,将继续在这一领域不断探索和创新,为全球环保事业和可持续发展贡献更多智慧和力量。

(二)云南白药的未来计划

作为中国知名的中药企业,云南白药在绿色供应链管理和可持续发展方面有着明确的目标和规划。未来,云南白药将继续加大在绿色技术创新和研发方面的投入,通过技术进步促进绿色供应链管理的发展。云南白药计划设立更多的绿色技术实验室,集中研究和开发环保技术和产品,提升产品的市场竞争力和环保性能。

此外,云南白药将进一步加强与供应链上下游企业的合作,通过供应链协同,实现绿色绩效的整体提升。云南白药将继续对供应商进行环境管理培训和指导,提升其环境管理能力。通过提供技术支持和资金援助,帮助供应商进行环保技术改造和设备升级,推动整个供应链的绿色转型。

在社会责任方面,云南白药将继续履行企业的社会责任,通过参与和支持各类社会公益和环保项目,推动全球可持续发展。云南白药将通过捐赠、志愿服务等方式,推动环境保护和社区建设。例如,云南白药可以参与全球植树造林、水资源保护等项目,为改善全球生态环境做出贡献。

综上所述,云南白药在绿色供应链管理和可持续发展方面有着明确的战略目标和规划。未来,云南白药将继续加大在技术创新、市场拓展、法规合规和全球化管理等方面的投入力度,通过综合性的应对策略,克服困难,实现绿色供应链管理的长期可持续发展。通过这些努力,云南白药不仅可以提升自身的环境绩效和市场竞争力,还可以为全球可持续发展做出更大贡献,推动整个行业的绿色转型。

九、总结

综上所述,云南白药在绿色供应链管理和可持续发展方面取得了显著成效,展示了其在这些领域的领先地位。通过一系列创新和实践,云南白药不仅实现了自身环境绩效和经济效益的提升,还为行业和社会的可持续发展做出了重要贡献。

云南白药在绿色供应链管理的各个环节,包括绿色原材料获取、绿色制造和能源管理、绿色物流和包装、废弃物处理和资源循环利用,都进行了深入的探索和实践。例如,云南白药通过严格的供应商评估机制,确保原材料的环保性和可持续性;通过技术创新和管理优化,显著提升了能源利用效率和环保水平;在物流和包装环节,积极推广电动物流和环保包装材料;在废弃物处理方面,建立了完善的回收体系和资源循环利用机制。这些措施不仅减少了生产过程中对环境的影响,还有效提升了资源利用效率。

在可持续发展绩效评估方面,云南白药在环境影响、经济效益和社会效应等方面均取得了显著成果。例如,云南白药通过使用可再生能源和优化生产工艺,大幅减少了温室气体的排放;通过绿色供应链管理,节约了大量成本,提高了市场竞争力;在社会责任履行方面,积极参与各类环保项目和社会公益活动,提升了企业的社会形象和员工的环保意识。

尽管面临诸多挑战,如技术创新和成本压力、市场认知度和接受度不高、不同国家和地区的法规差异等,云南白药通过加大研发投入、加强供应链协同、推动国际合作和标准化等措施,逐步克服这些困难,实现绿色供应链管理的持续改进和提升。

未来,云南白药将继续加大在绿色技术创新和研发方面的投入,优化供应链管理，推动国际合作，进一步提升其绿色供应链管理水平和全球影响力。

总的来说，云南白药在绿色供应链管理和可持续发展方面的成功经验为其他企业提供了宝贵的借鉴和启示，展示了企业在推动绿色供应链管理和可持续发展方面的巨大潜力和责任。随着全球对环保和可持续发展的关注不断提升，云南白药有望在这一领域继续保持领先地位，为全球环保事业和可持续发展贡献更多的智慧和力量。

第六章 结　论

第一节　研究成果总结

本书以中国制造业为研究对象，旨在研究绿色供应链管理、企业社会责任、技术创新与制造企业可持续发展绩效之间的关系，推动绿色供应链管理这一研究课题的深入开展，从而将企业的环保活动从被动应对转变为主动面对，实现企业的可持续发展。本书从制造企业绿色供应链管理的角度出发，将企业社会责任与技术创新相结合，探讨和研究绿色供应链管理如何影响企业的可持续发展。通过实证研究，本书发现研究结果与研究假设部分一致，研究假设得到了支持。结果表明：

第一，在绿色供应链管理与企业社会责任的关系中，企业开展的绿色供应链管理实践对企业社会责任具有积极作用。因此，在当前注重可持续发展的环境下，实施绿色供应链管理的企业承担着风险，履行着让利益相关者满意的责任，这些都是通过注重改进内部流程和可持续发展实践来实现的。

第二，绿色供应链管理对技术创新具有积极作用。结果表明，将新的业务模式纳入其流程并注重可持续发展的企业，可以改进其流程、设计新产品，从而提高绩效。显然，这将有助于企业的可持续发展。

第三，企业社会责任对可持续发展绩效有积极影响。通过分析，企业对生产和运输过程的环境监测是实施绿色供应链管理的必要条件。企业遵守环境法规，建立完善的环境管理体系，将显著减少"三废"排放，降低环境事故发生频率。因此，企业的可持续发展绩效将得到显著提升。另外，由于企业在环保方面投入了大量成本，短期内会对经济绩效产生负面影响，但从长远来看，会对企业的可持续发展绩效产生深远而积极的影响。

第四，在技术创新与可持续发展绩效的关系中，p 值显著。通过分析可以发现，技术创新带来了显著的可持续发展绩效，其中对环境绩效的影响最为显著。本书得到的研究结论与 Cingoz 和 Akdogan 的研究结论一致。Cingoz 和 Akdogan（2011）提出了预期的积极绩效结果与技术创新之间的明确联系，认为技术创新是企业在不断变化的商业环境中实现可持续发展的重要工具。

第五，H5 验证了绿色供应链管理对可持续发展绩效的影响，其 p 值显著，说明绿色供应链管理对企业的可持续发展绩效有重大影响，从而使企业的内部环境得到了显著改善。绿色制造和生态设计可以显著提高企业的环境绩效。绿色采购是企业外部绿色供应链管理的范畴，绿色供应商认证、直接投资上下游企业的绿色活动、与供应链成员联合召开绿色改善工作会议等都是企业与供应链成员的绿色合作活动，都能对企业环境绩效产生积极影响。

第六，企业社会责任对技术创新具有积极作用。企业社会责任是技术创新和新产品推出的先决条件。企业社会责任活动反映了企业的利益相关者导向，这种导向比市场导向更广泛，也许更具战略性（Ferrell 等，2010），从而刺激企业创新。

在中介效应的验证中，企业社会责任对绿色供应链管理与可持续发展绩效的关系具有部分中介效应。技术创新作为中介，在绿色供应链管理与可持续发展绩效的关系中起着部分中介作用。

因此，为了不断提高企业的可持续发展绩效和可持续发展能力，企业必须注重环境责任，积极响应政府的环保政策，主动遵守环境法规，树立良好的社会形象。同时，企业必须不断加大科研投入，不断引进先进技术和人才，以增强企业竞争力。

在多组比较分析的验证中，绿色供应链管理、企业社会责任和技术创新对可持续发展绩效的影响在不同行业类型、性质和规模上存在差异。从整体上看，这三个行业存在较大的差异。就 GSCM → SP、GSCM → CSR 和 GSCM → TI 的关系而言，汽车制造业优于电子通信制造和生物制药行业。在企业社会责任和技术创新对可持续发展绩效的影响方面，生物制药行业明显优于汽车行业和电子通信制造业。

大型企业的整体业绩优于中小企业的整体业绩，特别是在技术创新和可持续发展绩效方面，考虑到技术创新初期实施的成本和风险较大，中小企业往往不愿意主动进行技术创新，这需要决策者提供资金支持，以及税收、补贴等具体的优惠政策。

第二节　研究意义

在经济新常态的背景下，降低能源消耗，实现经济、能源、环境的可持续发展已成为中国经济发展中的重要议题（沈玲，2015）。本书从绿色供应链管理的角度出发，以汽车制造、生物制药制造和电子通信制造为研究对象，分析了 GSCM 与可持续发展绩效的关系。

根据研究结果，本书的实际意义如下。

通过分析得出结论，企业环境责任和技术创新在绿色供应链管理与可持续发展绩效的关系中起中介作用。因此，必须提高企业的环境责任意识，加大对企业创新的支持力度。对于政府而言，其作为国家微观调控者在绿色供应链管理实践中的作用至关重要。一是要制定完善的环保制度，督促企业认真履行绿色环保义务；二是要加强绿色环保宣传，唤醒全社会的危机意识，促进全社会"绿色消费"意识的提高，从而为实现绿色供应链管理营造良好的舆论氛围。

考虑到绿色供应链管理初期可能存在的巨大成本和风险，保守的企业往往不愿意积极实施绿色供应链管理，这就需要中国政府提供具体的税收、补贴等优惠政策。

各级地方政府应因地制宜，制定切实可行的环保政策，提高管理人员的环保意识，推行绿色供应链管理实践，鼓励、支持和引导企业通过绿色供应链管理实践实现环境和经济的可持续发展。

第三节　研究的局限性与未来的研究方向

由于时间和条件的限制，本书还存在一定的局限性，因此在今后的研究中还有许多工作要做。

第一，本书的大部分数据都是通过在线调查收集的。数据来源的缺乏使数据的针对性不强，没有分析出国家之间的差异。在未来的研究中，可以考虑特定领域的研究范围，研究不同国家之间的差异，从而更有针对性地研究绿色供应链管理实践与企业绩效之间的关系。

第二，绿色供应链管理实践涉及面很广，本书是根据研究目的来设项的。为了检验本书的结论，在今后的研究中还可以考虑绿色供应链管理实践的其他方面。

第三，本书仅研究了企业社会责任在绿色供应链管理与可持续发展绩效关系中的中介作用，没有研究企业道德责任的中介作用。在未来的研究中，本书可以分析企业道德责任如何调节绿色供应链管理实践与企业绩效之间的关系。

参考文献

[1] Adner R, D Levinthal. Demand Heterogeneity and Technology Evolution: Implications for Product and Process Innovation[J]. Management Science, 2001,47(5): 611-628.

[2] Ageron B, G Angappa, S Alain. Sustainable Supply Management: An Empirical Study[J]. International Journal of Production Economics, 2012, 140(1): 168-182.

[3] Ahn H S, K S Kim. The Effect of Business Performance on Adoption of Green SCM: Focusing on a Mediating Effects of Social Responsibility[J]. Korea Logistics Review, 2015, 25(3): 77-89.

[4] Ahn S H. A Study on the Influence of Technological Entrepreneurship on Technological Innovation and Commercialization: Focusing on the Moderating Effects of Emotional Intelligence[D]. Korea:Kumoh National Institute of Technology Graduate School, 2013.

[5] Ahi P, C Searcy. A Comparative Literature Analysis of Definitions for Green and Sustainable Supply Chain Management[J]. Journal of Cleaner Production, 2013(52): 329-341.

[6] Al-Ghwayeen W S, A B Abdallah. Green Supply Chain Management and Export Performance: The Mediating Role of Environmental Performance[J]. Journal of Manufacturing Technology Management, 2018, 29(7): 1233-1252.

[7] Amabile T M, R Conti, H Coon, et al. Assessing the Work Environment for Creativity[J]. Academy of Management Journal, 1996, 39(5): 1154-1184.

[8] Amaeshi K M, O K Osuji, P Nnodim. Corporate Social Responsibility in Supply Chains of Global Brands: A Boundaryless Responsibility? Clarifications, Exceptions and Implications[J]. Journal of Business Ethics, 2008, 81(1): 223-234.

[9] Amato L H, C H Amato. The Effects of Firm Size and Industry on Corporate Giving[J]. Journal of Business Ethics, 2007, 72(3): 229-241.

[10] Anderson J C, D W Gerbing. Structural Equation Modeling in Practice: A Review and Recommended Two-Step Approach[J]. Psychological Bulletin, 1988, 103(3): 411.

[11] Angell L C, R D Klassen. Integrating Environmental Issues into the Mainstream: An Agenda for Research in Operations Management[J].Journal of Operations Management, 1999, 17(5): 575-598.

[12] Aras G, D Crowther. Corporate Sustainability Reporting: A Study in Disingenuity[J]. Journal of Business Ethics, 2009, 87(1): 279.

[13] Atuahene-Gima K. Market Orientation and Innovation[J]. Journal of Business Research, 1996, 35(2): 93-103.

[14] Awad H, Z M F Al-Zubi, A B Abdallah. A Quantitative Analysis of the Causes of Drug Shortages in Jordan: A Supply Chain Perspective[J]. International Business Research, 2016, 9(6): 53-63.

[15] Bae B R. Strucural Equation Modeling with AMOS 24[D]. Korea: Chonbuk National University, 2015.

[16] Balasubramanian S, V Shukla. Green Supply Chain Management: An Empirical Investigation on the Construction Sector[J]. Supply Chain Management: An International Journal, 2017, 22(1): 58-81.

[17] Baron R M, D A Kenny. The Moderator-Mediator Variable Distinction in Social Psychological Research: Conceptual, Strategic, and Statistical Considerations[J]. Journal of Personality and Social Psychology, 1986, 51(6): 1173.

[18] Batool S, A Butt, B Niazi. Types of Corporate Social Responsibility Practices Across the Industry in Pakistan and Their Effectiveness[J]. Corporate Responsibility and Stakeholding, 2016(24): 225-246.

[19] Beamon B M. Designing the Green Supply Chain[J]. Logistics Information Management, 1999, 12(4): 332-342.

[20] Beamon B M. Environmental and Sustainability Ethics in Supply Chain Management[J].Science and Engineering Ethics, 2005, 11(2): 221-234.

[21] Becker W S, J A Carbo, I M Langella. Beyond Self-Interest: Integrating Social Responsibility and Supply Chain Management with Human Resource Development[J]. Human Resource Development Review, 2010, 9(2): 144-168.

[22] Bernal C J A, N C De, P A J Briones. CSR Strategy in Technology Companies: Its Influence on Performance, Competitiveness and Sustainability[J]. Corporate Social Responsibility and Environmental Management, 2017, 24(2): 96-107.

[23] Bhardwaj B R. Role of Green Policy on Sustainable Supply Chain Management: A Model for Implementing Corporate Social Responsibility (CSR)[J]. Benchmarking: An International Journal, 2016,23(2): 456-468.

[24] Bowen F E, M Rostami, P Steel. Timing is Everything: A Meta-Analysis of the Relationships Between Organizational Performance and Innovation[J]. Journal of Business Research, 2010, 63(11): 1179-1185.

[25] P D Cousins, R C Lamming, A C Faruk. Horses for -113-Courses: Explaining the Gap Between the Theory and Practice of Green Supply[J].Greener Management International, 2002(35): 41-60.

[26] Camisón-Zornoza C, R M S C Lapiedra-Alcamí, M Boronat-Navarro. A Meta-Analysis of Innovation and Organizational Size[J]. Organization Studies, 2004, 25(3): 331-361.

[27] Cao C Z. Research on the Construction of Green logistics System Based on Sustainable Development[J]. Logistics Engineering and Management, 2009, 31(8): 21-23.

[28] Carbone V, V Moatti, V E Vinzi. Mapping Corporate Responsibility and Sustainable Supply Chains: An Exploratory Perspective[J]. Business Strategy and the Environment, 2012, 21(7): 475-494.

[29] Carroll A B. Corporate Social Responsibility: Evolution of a Definitional Construct[J]. Business & Society, 1999, 38(3): 268-295.

[30] Carter C R, D S Rogers. A framework of Sustainable Supply Chain Management: Towards New Theory[J]. International Journal of Physical: Distribution and Logistics Management, 2008, 38(5): 360-387.

[31] Chang E H, R S Chung, Y H Tsai. Effect of Different Application Rates of

Organic Fertilizer on Soil Enzyme Activity and Microbial Population[J]. Soil Science and Plant Nutrition, 2007,53(2):132-140.

[32] Chin T A, H H Tat, Z Sulaiman. Green Supply Chain Management, Environmental Collaboration and Sustainability Performance[J]. Procedia CIRP, 2015(26): 695-699.

[33] Chin W W, B L Marcolin, P R Newsted. A Partial Least Squares Latent Bariable Modeling Approach for Measuring Interaction Effects: Results from a Monte Carlo Simulation Study and an Electronic-Mail Emotion/Adoption Study[J]. Information Systems Research, 2003,14(2): 189-217.

[34] Cingoz A, A A Akdogan. An Empirical Examination of Performance and Image Outcome Expectation as Determinants of Innovative Behavior in the Wworkplace[J]. Procedia-Social and Behavioral Sciences, 2011(24): 847-853.

[35] Collins L. UK R&D Collaboration Venture Takes Innovation Challenge to China[J].Research Technology Management, 2008, 51(4): 2.

[36] Corbett C J, R D Klassen. Extending the Horizons: Environmental Excellence as Key to Improving Operations[J]. Manufacturing and Service Operations Management, 2006, 8(1): 5-22.

[37] Corsten D, J Felde. Exploring the Performance Effects of Key-Supplier Collaboration: An Empirical Investigation Into Swiss Buyer-Supplier Relationships[J]. International Journal of Physical Distribution & Logistics Management, 2005, 35(6): 445-461.

[38] Cramer J, D H A Van, J Jonker. Corporate Social Responsibility: Making Sense Through Thinking and Acting[J]. Business Ethics: A European Review, 2006,15(4): 380-389.

[39] Cruz J M. Dynamics of Supply Chain Networks with Corporate Social Responsibility Through Integrated Environmental Decision-Making[J]. European Journal of Operational Research, 2008, 184(3): 1005-1031.

[40] Cruz J M, T Wakolbinger. Multiperiod Effects of Corporate Social Responsibility on Supply Chain Networks, Transaction Costs, Emissions, and Risk[J]. International Journal of Production Economics, 2008,116(1): 61-74.

[41] Dahlsrud A. How Corporate Social Responsibility is Defined: An Analysis of 37 Definitions[J]. Corporate Social Responsibility and Environmental Management, 2008, 15(1): 1-13.

[42] Damanpour F. Organizational Innovation: A Meta-Analysis of Effects of Determinants and Moderators[J]. Academy of Management Journal, 1991,34(3): 555-590.

[43] S Gopalakrishnan. The Dynamics of the Adoption of Product and Process Innovations in Organizations[J]. Journal of Management Studies, 2001,38(1): 45-65.

[44] W M Evans. Organizational Innovation and Performance: The Problem of Organizational Lag[J]. Administrative Science Quarterly, 1984(29): 392-409.

[45] Q M Walker, C N Avellaneda. Combinative Effects of Innovation Types and Organizational Performance: A Longitudinal Study of Service Organizations[J].Journal of Management Studies, 2009, 46(4): 650-675.

[46] Darnall N, G J Jolley, R Handfield. Environmental Management Systems and Green Supply Chain Management: Complements for Sustainability[J]. Business Strategy and the Environment, 2008,17(1): 30-45.

[47] Dawkins J, S Lewis. CSR in Stakeholder Expectations: And Their Implication for Company Strategy[J]. Journal of Business Ethics, 2003,44(2-3): 185-193.

[48] De Giovanni P, V E Vinzi. Covariance Versus Component-Based Estimations of Performance in Green Supply Chain Management[J]. International Journal of Production Economics, 2012, 135(2): 907-916.

[49] Deif A M. A System Model for Green Manufacturing[J]. International Journal of Cleaner Production, 2011, 19(14): 1553-1559.

[50] Diab S M, F A AL-Bourini, A H Abu-Rumman. The Impact of Green Supply Chain Management Practices on Organizational Performance: A Study of Jordanian Food Industries[J]. Journal of Management and Sustainability, 2015, 5(1): 149-157.

[51] Diabat A, K Govindan. An Analysis of the Drivers Affecting the Implementation of Green Supply Chain Management[J]. Resources, Conservation and Recycling, 2011, 55(6): 659-667.

[52] Donaldson T, T W Dunfee. Ties That Bind in Business Ethics: Social Contracts and Why They Matter[J]. Journal of Banking & Finance, 2002, 26(9): 1853-1865.

[53] Du S, C B Bhattacharya, S Sen. Maximizing Business Returns to Corporate Social Responsibility(CSR): The Role of CSR Communication[J]. International Journal of Management Reviews, 2010, 12(1): 8-19.

[54] Dubey R, A Gunasekaran, T Papadopoulos. Green Supply Chain Management: Theoretical Framework and Further Research Directions[J]. Benchmarking: An International Journal, 2017, 24(1): 184-218.

[55] Duranton G, D Puga. Nursery Cities: Urban Diversity, Process Innovation, and the Life Cycle of Products[J]. American Economic Review, 2001, 91(5): 1454-1477.

[56] Elkington J. Enter the Triple Bottom Line[J]. In the Triple Bottom Line, 2013, 28(4): 23-38.

[57] Elkington J. Cannibals with Forks: The Triple Bottom line of Sustainability[M]. Gabriola Island: New Society Publishers, 1998.

[58] Eltayeb T K, S Zailani, T Ramayah. Green Supply Chain Initiatives Among Certified Companies in Malaysia and Environmental Sustainability: Investigating the Outcomes[J]. Resources, Conservation and Recycling, 2011, 55(5): 495-506.

[59] Enderle G. Global Competition and Corporate Responsibilities of Small and Medium-Sized Enterprises[J]. Business Ethics: A European Review, 2004, 13(1): 50-63.

[60] Ettlie J E, E M Reza. Organizational Integration and Process Innovation[J]. Academy of Management Journal, 1992, 35(4): 795-827.

[61] Falck O, S Heblich. Corporate Social Responsibility: Doing Well by Doing Good[J]. Business Horizons, 2007, 50(3): 247-254.

[62] Feldman S, K Stenner. Perceived Threat and Authoritarianism[J]. Political Psychology, 1997, 18(4): 741-770.

[63] Ferrell O C, T L Gonzalez-Padron, G T M Hult, et al. From Market Orientation to Stakeholder Orientation[J]. Journal of Public Policy & Marketing, 2010,

29(1): 93-96.

[64] Flammer C.Does Corporate Social Responsibility Lead to Superior Financial Performance? A Regression Discontinuity Approach[J]. Management Science, 2015, 61(11): 2549-2568.

[65] Fornell C, D F Larcker. Structural Equation Models with Unobservable Variables and Measurement Error: Algebra and Statistics[J]. Journal of Marketing Research, 1981,18(1): 382-388.

[66] Freeman R, W F Evan. Corporate Governance: A Stakeholder Interpretation[J]. Journal of Behavioral Economics, 1990(19): 337-59.

[67] Galbreath J. Building Corporate Social Responsibility into Strategy[J]. European Business Review, 2009, 21(2): 109-127.

[68] Garver M S, J T Mentzer. Logistics Research Methods: Employing Structural Equation Modeling to Test for Construct Validity[J]. Journal of Business Logistics, 1999, 20(1): 33.

[69] Geffen C A, S Rothenberg.Suppliers and Environmental Innovation: The Automotive Paint Process[J]. International Journal of Operations & Production Management, 2000, 20(2): 166-186.

[70] Geng R, S A Mansouri, E Aktas. The Relationship Between Green Supply Chain Management and Performance: A Meta-Analysis of Empirical Evidences in Asian Emerging Economies[J]. International Journal of Production Economics, 2017(183): 245 -258.

[71] Geyer R, T Jackson. Supply Loops and Their Constraints: The Industrial Ecology of Recycling and Reuse[J]. California Management Review, 2004, 46(2): 55-73.

[72] Gilbert S.Greening Supply Chain: Enhancing Competitiveness Through Green Productivity[J]. Report of the Top Forum on Enhancing Competitiveness through Green Productivity, 2001(5): 1-6.

[73] Giovanni P D. Do Internal and External Environmental Management Contribute to the Triple Bottom Line[J]. International Journal of Operations and Production Management, 2012, 32(3): 265-290.

[74] Gonzalez-Benito J, G Lannelongue, L M Ferreira, et al. The Effect of Green

Purchasing on Purchasing Performance: The Moderating Role Played by Long-Term Relationships and Strategic Integration[J]. Journal of Business & Industrial Marketing, 2016, 31(2): 312-324.

[75] Godfrey R. Ethical Purchasing: Developing the Supply Chain Beyond the Environment[J]. Greener Purchasing: Opportunities and Innovations, 1998, 20(1): 244-251.

[76] Goodland R. The Concept of Environmental Sustainability[J]. Annual Review of Ecology and Systematics, 1995, 26(1): 1-24.

[77] Govindan K, M Kaliyan, D Kannan, et al. Barriers Analysis for Green Supply Chain Management Implementation in Indian Industries Using Analytic Hierarchy Process[J]. International Journal of Production Economics, 2014(147): 555-568.

[78] Green K W, P J Zelbst, V S Bhadauria. Green Supply Chain Management Practices: Impact on Performance[J]. Supply Chain Management: An International Journal, 2012, 17(3): 290-305.

[79] Guadamillas-Gómez F, M J Donate-Manzanares. Ethics and Corporate Social Responsibility Integrated into Knowledge Management and Innovation Technology: A Case Study[J]. Journal of Management Development, 2011, 30(6): 69-581.

[80] Guang S V, K S C Lenny, J Baldwin, et al. Natural Resource Based Green Supply Chain Management[J]. Supply Chain Management: An International Journal, 2012, 17(1): 54-67.

[81] Gunday G, G Ulusoy, K Kilic, et al. Effects of Innovation Types on Firm Performance[J]. International Journal of Production Economics, 2011, 133(2): 662-676.

[82] Gulati M, I Jacobs, A Jooste, et al. The Water-Energy-Food Security Nexus: Challenges and Opportunities for Food Security in South Africa[J]. Aquatic Procedia, 2013(1): 150-164.

[83] M Sarstedt, C M Ringle, J A Mena. An Assessment of the Use of Partial Least Squares Structural Equation Modeling in Marketing Research[J]. Journal of the Academy of Marketing Science, 2012, 40(3): 414-433.

[84] W C Black, B J Babin, R E Anderson, et al. Multivariate Data Analysis[J]. Journal of Cleaner Production, 2000, 8(6): 455-471.

[85] Hamel G, C K Prahalad. Competing for the Future[M]. Boston: Harvard Business School Press, 1994.

[86] Hansen E G, F Grosse-Dunker, R Reichwald. Sustainability Innovation Cube —A Framework to Evaluate Sustainability-Oriented Innovations[J]. International Journal of Innovation Management, 2009, 13(4): 683-713.

[87] Hart S L. A Natural-Resource-Based View of the Firm[J]. Academy of Management Review, 1995, 20(4): 986-1014.

[88] Harwood I, S Humby. Embedding Corporate Responsibility into Supply: A Snapshot of Progress[J]. European Management Journal, 2008, 26(3): 166-174.

[89] Hauser J, G J Tellis, A Griffin. Research on Innovation: A Review and Agenda for Marketing Science[J]. Marketing Science, 2006, 25(6): 687-717.

[90] Henderson R M, K B Clark. Architectural Innovation: The Reconfiguration of Existing Product Technologies and the Failure of Established Firms[J]. Administrative Science Quarterly, 1990(1): 9-30.

[91] Henriques I, P Sadorsky. The Determinants of an Environmentally Responsive Firm: An Empirical Approach[J]. Journal of Environmental Economics and Management, 1996, 30(3): 381-395.

[92] G Fassott. Testing Moderating Effects in PLS Path Models: An Illustration of Available Procedures[J]. In Handbook of Partial Least Squares, Springer, Berlin, Heidelberg, 2010(1): 713-735.

[93] Hervani A A, M M Helms, J Sarkis. Performance Measurement for Green Supply Chain Management[J]. Benchmarking: An International Journal, 2005, 12(4): 330-353.

[94] Hitchcock C. Portable Causal Ddependence: A Tale of Consilience[J]. Philosophy of Science, 2012, 79(5): 942-951.

[95] Hofmann H, C Busse, C Bode. Sustainability-Related Supply Chain Risks: Conceptualization and Management[J]. Business Strategy and the Environment, 2014, 23(3): 160-172.

[96] Hsu C C, T K Choon, H M Zailani, et al. Supply Chain Drivers that Foster the Development of Green Initiatives in an Emerging Economy[J]. International Journal of Operations & Production Management, 2013, 33(6): 656-688.

[97] Hu A H, C W Hsu. Critical Factors for Implementing Green Supply Chain Management Practice: An Empirical Study of Electrical and Electronics Industries in Taiwan[J]. Management Research Review, 2010, 33(6): 586-608.

[98] Jabbour A, F Frascareli, C Jabbour. Green Supply Chain Management and Firms' Performance: Understanding Potential Relationships and the Role of Green Sourcing and Some other Green Practices[J]. Resources, Conservation and Recycling, 2015(104): 366-374.

[99] Jabbour C J C, et al. Green Human Resource Management and Green Supply Chain Management: Linking Two Emerging Agendas[J]. Journal of Cleaner Production, 2016(112): 1824-1833.

[100] Jenkins H. Small Business Champions for Corporate Social Responsibility[J]. Journal of Business Ethics, 2006, 67(3): 241-256.

[101] Jeswit J, S Kara. Carbon Emissions and CES in Manufacturing[J]. CIRP Annals-Manufacturing Technology, 2008, 57(1): 17-20.

[102] Jia F, C L Zuluaga, A Bailey, et al. Sustainable Supply Chain Management in Developing Countries: An Analysis of the Literature[J]. Journal of Cleaner Production, 2018(189): 263-278.

[103] Johnson M P, S Schaltegger. Two Decades of Sustainability Management Tools for SMEs: How Far Have We Come[J]. Journal of Small Business Management, 2016, 54(2): 481-505.

[104] Jovane F, H Yoshikawa, L Alting, et al. The Incoming Global Technological and Industrial Revolution Towards Competitive Sustainable Manufacturing[J]. Cirp Annals, 2008, 57(2): 641-659.

[105] Kafa N, Y Hani, EL Mhamedi. Sustainability Performance Measurement for Green Supply Chain Management[J]. IFAC Proceedings Volumes, 2013, 46(24): 71-78.

[106] Kim D Y, V Kumar, U Kumar. Relationship Between Quality Management Practices and Innovation[J]. Journal of Operations Management, 2012, 30(4):

295-315.

[107] Kim I, H Min. Measuring Supply Chain Efficiency From a Green Perspective[J]. Management Research Review, 2011, 34(11): 1169-1189.

[108] King A A, M J Lenox. Does it Really Pay to be Green? An Empirical Study of Firm Environmental and Financial Performance: An Empirical Study of Firm Environmental and Financial Performance[J]. Journal of Industrial Ecology, 2001, 5(1): 105-116.

[109] Kirchoff J F, W L Tate, D A Mollenkopf. The Impact of Strategic Organizational Orientations on Green Supply Chain Management and Firm Performance[J]. International Journal of Physical Distribution & Logistics Management, 2016, 46(3): 269-292.

[110] Klassen R D, C P McLaughlin. The Impact of Environmental Management on Firm Performance[J]. Management Science, 1996, 42(8): 1199-1214.

[111] Kogg B. Greening a Cotton-Textile Supply Chain: A Case Study of the Transition Towards Organic Production Without a Powerful Force Company[J]. Greener Management International, 2003(43): 53-65.

[112] N Mont. Environmental and Social Responsibility in Supply Chains: The Practise of Choice and Inter-Organisational Management[J]. Ecological Economics, 2012(83): 154-163.

[113] Kolk A, R Tudder. The Effectiveness of Self-Regulation: Corporate Codes of Conduct and Child Labour[J]. European Management Journal, 2002, 20(3): 260-271.

[114] Kong D. Does Corporate Social Responsibility Matter in the Food Industry? Evidence from a Nature Experiment in China[J]. Food Policy, 2012, 37(3): 323-334.

[115] Lamming R, J Hampson. The Environment as a Supply Chain Management Issue[J]. British Journal of Management, 1996(7): 45-62.

[116] Lantos G P. The Boundaries of Strategic Corporate Social Responsibility[J]. Journal of Consumer Marketing, 2001, 18(7): 595-632.

[117] Laosirihongthong T, D Adebanjo, K C Tan. Green Supply Chain Management Practices and Performance[J]. Industrial Management and Data Systems,

2013, 113(8): 1088-1109.

[118] Lassen A H, F Gertsen, J O Riis. The Nexus of Corporate Entrepreneurship and Radical Innovation[J]. Creativity and Innovation Management, 2006,15(4): 359-372.

[119] Laumer S, A Eckhardt, T Weitzel. Electronic Human Resources Management in an E-Business Environment[J]. Journal of Electronic Commerce Research, 2010, 11(4): 240.

[120] Lee S Y, M Kang. Innovation Characteristics and Intention to Adopt Sustainable Facilities Management Practices[J]. Ergonomics, 2013, 56(3): 480-491.

[121] Lee S M, S T Kim, D Choi. Green Supply Chain Management and Organizational Performance[J]. Industrial Management and Data Systems, 2012, 112(8): 1148-1180.

[122] Leuschner R, D S Rogers, F F Charvet. A Meta-Analysis of Supply Chain Integration and Firm Performance[J]. Journal of Supply Chain Management, 2013, 49(2): 34-57.

[123] Levis J. Adoption of Corporate Social Responsibility Codes by Multinational Companies[J]. Journal of Asian Economics, 2006, 17(1): 50-55.

[124] Li M S, B X Li. Evaluation of Sustainable Development Capability of Green Supply Chain Based on Circular Economy[J]. Commercial Research, 2009 (10): 40-42.

[125] Liang F X. Current Status and Development Strategy of China's Green Supply Chain Management System[J]. China's Circulation Economy, 2009 (5): 25-28.

[126] Linton J D, R Klassen, V Jayaraman. Sustainable Supply Chains: An Introduction[J]. Journal of Operations Management, 2007, 25(6): 1075-1082.

[127] Lipton S, E Boyd, L Bero. Conflicts of Interest in Academic Research: Policies, Processes, and Attitudes[J]. Accountability in Research: Policies and Quality Assurance, 2004, 11(2): 83-102.

[128] Liu M. Analysis of Influencing Factors of Green Supply Chain Based on Interpretation Structure Model Method[J]. Science and Technology Management Research, 2011, 31(12): 192-194.

[129] Lou G X. Research of Technological Innovation Collaboration on Supply Chain[D]. Shanghai: Shanghai Jiaotong University, 2009.

[130] Lozano R. A Holistic Perspective on Corporate Sustainability Drivers[J]. Corporate Social Responsibility and Environmental Management, 2015, 22(1): 32-44.

[131] MacKinnon D P, S G West, et al. A Comparison of Methods to Test Mediation and Other Intervening Variable Effects[J]. Psychological Methods, 2002, 7(1): 83.

[132] Maloni M J, M E Brown. Corporate Social Responsibility in the Supply Chain: An Application in the Food Industry[J]. Journal of Business Ethics, 2006, 68(1):35-52.

[133] Mansfield E D, E Reinhardt. Multilateral Determinants of Regionalism: The Effects of GATT/WTO on the Formation of Preferential Trading Arrangements[J]. International Organization, 2003, 57(4): 829-862.

[134] Marsh H W, B Nagengast, A J Morin. Measurement Invariance of Big-Five Factors over the Life Span: ESEM Tests of Gender, Age, Plasticity, Maturity, and La Dolce Vita Effects[J]. Developmental Psychology, 2013, 49(6): 1194.

[135] Martinez C I, A P Soto, M M Palacios. Corporate Social Responsibility and its Effect on Innovation and Firm Performance: An Empirical Research in SMEs[J]. Journal of Cleaner Production, 2017(142): 2374-2383.

[136] Melnyk S A, R P Sroufe, F L Montabon, et al. Green MRP: Identifying the Material and Environmental Impacts of Production Schedules[J]. International Journal of Production Research, 2002, 39(8): 1559-1573.

[137] Min H, W P Galle. Green Purchasing Strategies: Trends and Implications[J]. Journal of Supply Chain Management, 1997, 33(3): 10-17.

[138] Moon J, X Shen. CSR in China Research: Salience, Focus and Nature[J]. Journal of Business Ethics, 2010, 94(4): 613-629.

[139] Morsing M, M Schultz. Stakeholder Communication Strategies.[J] In Strategic CSR communication, 2006(2): 135-160.

[140] Narasimhan R, J R Carter. Linking Business Unit and Material Sourcing Strategies[J]. Journal of Business Logistics, 1998, 19(2): 155-171.

[141] Ninlawan C, P Seksan, K Tossapol, et al. The Implementation of Green Supply Chain Management Practices in Electronics Industry[J]. Lecture Notes in Engineering & Computer Science, 2010,1(2182):29-48.

[142] Nordqvist M, L Melin. Entrepreneurial Families and Family Firms[J]. Entrepreneurship and Regional Development, 2010, 22(3-4): 211-239.

[143] Noronha C, S Tou, M I Cynthia, et al. Corporate Social Responsibility Reporting in China: An Overview and Comparison with Major Trends[J]. Corporate Social Responsibility and Environmental Management, 2013, 20(1): 29-42.

[144] Ogrizek M. The Effect of Corporate Social Responsibility on the Branding of Financial Services[J]. Journal of Financial Services Marketing, 2002, 6(3): 215-228.

[145] Olugu E U, K Y Wong, A M Shaharoun. Development of Key Performance Measures for the Automobile Green Supply Chain[J]. Resources, Conservation and Recycling, 2011, 55(6): 567-579.

[146] Olson M E, C L Thorlakson, L Deselliers, et al. Giardia and Cryptosporidium in Canadian Farm Animals[J]. Veterinary Parasitology, 1997, 68(4): 375-381.

[147] Pal U. Identifying the Path to Successful Green Manufacturing[J]. Jom Journal of the Minerals, 2002, 54(5): 25-25.

[148] Panwar N, S Sharma, A K Singh. A Survey on 5G: The Next Generation- of Mobile Communication[J]. Physical Communication, 2016(18): 64-84.

[149] Paulraj A. Understanding the Relationships Between Internal Resources and Capabilities, Sustainable Supply Management and Organizational Sustainability[J]. Journal of Supply Chain Management, 2011, 47(1): 19-37.

[150] Pedersen E R. Making Corporate Social Responsibility(CSR) Operable: How Companies Translate Stakeholder Dialogue into Practice[J]. Business and Society Review, 2006, 111(2): 137-163.

[151] Ramasamy B, M Yeung. Chinese Consumers' Perception of Corporate Social Responsibility(CSR)[J]. Journal of Business Ethics, 2009, 88(1): 119-132.

[152] Rao P. Greening the Supply Chain: A New Initiative in South East Asia[J].

International Journal of Operations & Production Management, 2022, 22(6): 632-655.

[153] D Holt. Do Green Supply Chains Lead to Competitiveness and Economic Performance[J]. International Journal of Operations and Production Management, 2005, 25(9): 898-916.

[154] Roberts S. Supply Chain Specific? Understanding the Patchy Success of Ethical Sourcing Initiatives[J]. Journal of Business Ethics, 2003, 44(2-3): 159-170.

[155] Rosi B, T Cvahte, B Jereb. The Influence of Corporate Social Responsibility on Supply Chain Management[J]. Business Logistics in Modern Management, 2013(13): 41-47.

[156] Rothenberg S. Sustainability Through Servicizing[J]. MIT Sloan Management Review, 2007, 48(2): 83.

[157] Salam M A. Green Procurement Adoption in Manufacturing Supply Chain[J]. Proceedings of the 9th Asia Pacific Industrial Engineering and Management Systems Conference, 2008(12): 1253-1260.

[158] Sarkis J. Manufacturing's Role in Corporate Environmental Sustainability[J]. International Journal of Operations & Production Management, 2001, 21(6): 666-686.

[159] Sarkis J, Q Zhu, K H Lai. An Organizational Theoretic Review of Green Supply Chain Management Literature[J]. International Journal of Production Economics, 2011, 130(1): 1-15.

[160] Schreiber J B, A Nora, F K Stage, et al. Reporting Structural Equation Modeling and Confirmatory Factor Analysis Results: A review[J]. The Journal of educational research, 2006, 99(6): 323-338.

[161] Schrettle S, A Hinz, R M Scherrer, et al. Turning Sustainability into Action: Explaining Firms Sustainability Efforts and Their Impact on Firm Performance[J]. International Journal of Production Economics, 2014(147): 73-84.

[162] Seuring S, M Müller. From a Literature Review to a Conceptual Framework for Sustainable Supply Chain Management[J]. Journal of Cleaner Production,

2008, 16(15): 1699-1710.

[163] Shen L. An Empirical Study of the Impact of Supply Chain Green Practice on Firm Performance[D]. BeiJing:University of Foreign Economics and Trade, 2015.

[164] Shi V, S C Lenny, J Baldwin, et al. Natural Resource Based Green Supply Chain Management[J]. Supply Chain Management: An International Journal, 2012, 17(1): 54-67.

[165] Smith D, S Menon, K Sivakumar. Online Peer and Editorial Recommendations, Trust, and Choice in Virtual Markets[J]. Journal of Interactive Marketing, 2005, 19(3): 15-37.

[166] Sok P, A O'Cass. Achieving Superior Innovation-Based Performance Outcomes in SMEs Through Innovation Resource-Capability Complementarity[J]. Industrial Marketing Management, 2011, 40(8): 1285-1293.

[167] Soosay C A, P W Hyland, M Ferrer. Supply Chain Collaboration: Capabilities for Continuous Innovation[J]. Supply Chain Management: An International Journal, 2008, 13(2): 160-169.

[168] Spangenberg J H. Reconciling Sustainability and Growth: Criteria, Indicators, Policies[J]. Sustainable development, 2004, 12(2): 74-86.

[169] Srivastava S K. Green Supply Chain Management: A State of the Art Literature Review[J]. International Journal of Management Reviews, 2007, 9(1): 53-80.

[170] Subramanian A, S Nilakanta. Organizational Innovativeness: Exploring the Relationship Between Organizational Determinants of Innovation, Types of Innovations, and Measures of Organizational Performance[J]. Omega, 1996, 24(6): 631-647.

[171] Subramaninam M, M A Youndt. The Influence of Intellectual Capital on the Types of Innovations Capabilities[J]. Academy of Management Journal, 2005, 48(3): 450- 463.

[172] Surroca J, J A Tribo, S Waddock. Corporate Responsibility and Financial Performance: The Role of Intangible Resources[J]. Strategic Management Journal, 2010, 35(4): 463-90.

参考文献

[173] Swanson D L. Addressing a Theoretical Problem by Reorienting the Corporate Social Performance Model[J]. Academy of Management Review, 1995, 20(1): 43-64.

[174] Swink M. Building Collaborative Technological Innovation Capability[J]. Research-Technology Management, 2006, 49(2): 37-47.

[175] Teixeira A A, C J C Jabbour, A B L Jabbour. Relationship Between Green Management and Environmental Training in Companies Located in Brazil: A Theoretical Framework and Case Studies[J]. International Journal of Production Economics, 2012, 140(1): 318-329.

[176] Tenenhaus M, V E Vinzi, Y M Chatelin, et al. PLS Path Modeling[J]. Computational Statistics & Data Analysis, 2005, 48(1): 159-205.

[177] Tian Z, R Wang, W Yang. Consumer Responses to Corporate Social Responsibility in China[J]. Journal of Business Ethics, 2011, 101(2):197-212.

[178] Tsai W H, W C Chou, W Hsu. The Sustainability Balanced Scorecard as a Framework for Selecting Socially Responsible Investment: An Effective MCDM Model[J]. Journal of the Operational Research Society, 2009, 60(10): 1396-1410.

[179] Vachon S, R D Klassen. Green Project Partnership in the Supply Chain: The Case of the Package Printing Industry[J]. Journal of Cleaner Production, 2006(14):661-671.

[180] Valdez J L, V D Gallardo, E E Ramos. CSR and the Supply Chain: Effects on the Results of SMEs[J]. Sustainability, 2018, 10(7): 23-56.

[181] Veleva V, M Ellenbecker. Indicators of Sustainable Production: Framework and Methodology[J]. Journal of Cleaner Production, 2001, 9(6): 519-549.

[182] Villanueva R, J L Garc'a, W Adame. Green Supply Chain Management; A Competitive Advantage[J]. Proceedings of the International Congress on Logistics & Supply Chain, 2013(10):1-5.

[183] Wagner C S, L Leydesdorff. Network Structure, Self-Organization, and the Growth of International Collaboration in Science[J]. Research policy, 2005, 34(10): 1608-1618.

[184] Walker H, N Jones. Sustainable Supply Chain Management Across the UK

Private Sector[J]. Supply Chain Management: An International Journal, 2012, 17(1): 15-28.

[185] Walls J L, P Berrone, P H Phan. Corporate Governance and Environmental Performance: Is There Really a Link[J]. Strategic Management Journal, 2012, 33(8): 885-913.

[186] Wang J, V Chaudhri. Corporate Social Responsibility Engagement and Communication by Chinese Companies[J]. Public Relations Review, 2009, 35(3): 247-250.

[187] Wickham C R. Mobilizing Islam: Religion, Activism, and Political Change in Egypt[M]. Columbia:Columbia University Press, 2002.

[188] Wong C Y, C W Wong, S Boon. Integrating Environmental Management into Supply Chains: A Systematic Literature Review and Theoretical Framework[J]. International Journal of Physical Distribution & Logistics Management, 2015, 45(2): 43-68.

[189] Wu G C, J H Ding, P S Chen. The Effects of GSCM Drivers and Institutional Pressures on GSCM Practices in Taiwan's Textile and Apparel Industry[J]. International Journal of Production Economics, 2012, 135(2): 618-636.

[190] Yan Y. Green Supply Chain Management Based on Corporate Sustainable Development Strategy[J]. Business Culture, 2010(10): 38-39.

[191] Yang M G, P Hong, S B Modi. Impact of Lean Manufacturing and Environmental Management on Business Performance: An Empirical Study of Manufacturing Firms[J]. International Journal of Production Economics, 2011, 129(2): 251-261.

[192] Ye F, J Zhang. Green Supply Chain Management Drivers, Green Design and Performance Relationship[J]. Science Research, 2010, 28(8): 1230-1239.

[193] Yin J, Y Zhang. Institutional Dynamics and Corporate Social Responsibility in an Emerging Country Context: Evidence from China[J]. Journal of Business Ethics, 2012, 111(2): 301-316.

[194] Yusuf Y Y, A Gunasekaran, A Musa,et al.The UK Oil and Gas Supply Chains: an Empirical Analysis of Adoption of Sustainable Measures and Performance Outcomes[J]. International Journal of Production Economics, 2013, 146(2):

501-514.

[195] Younis H, B Sundarakani, P Vel. The Impact of Implementing Green Supply Chain Management Practices on Corporate Performance[J]. Competitiveness Review, 2016, 26(3): 216-245.

[196] Zhang Y H. Research on the Core Competitiveness of Enterprise Green Supply Chain Strategy Based on RBV Perspective[J]. Journal of Hubei University of Economics: Humanities and Social Sciences Edition, 2009, 6(6): 53-54.

[197] Zheng H D. Corporate Social Responsibility: From a Single Perspective to a Collaborative Perspective[J]. Journal of Zhejiang University, 2007 (2): 79-87.

[198] Zhu Q H. Empirical Research on Green Supply Chain Management Dynamics/ Pressure Impact Model[J]. Journal of Dalian University of Technology, 2009(2): 6-12.

[199] Y J Dou. Green Supply Chain Management Game Model Based on Government Subsidy Analysis[J]. Journal of Management Science, 2011, 14(6): 86-95.

[200] Zhu Q, J Sarkis. Relationships Between Operational Practices and Performance Among Early Adopters of Green Supply Chain Management Practices in Chinese Manufacturing Enterprises[J]. Journal of Operations Management, 2004, 22(3): 265-89.

[201] J Sarkis, Y Geng. Green Supply Chain Management in China: Pressure, Practices and Performance[J]. International Journal of Operations and Production Management, 2005, 25(5): 449-468.

[202] K H Lai. Confirmation of a Measurement Model for Green Supply Chain Management Practices Implementation[J]. International Journal of Production Economics, 2008, 111(2): 261-273.

[203] Zhu Q H, Y Qu. Statistical Analysis of Green Supply Chain Management Practices of Chinese Manufacturing Enterprises[J]. Management Science, 2005, 18(2): 2-7.

[204] Zhu Q, Y Geng, T Fujita, et al. Green Supply Chain Management in Leading Manufacturers: Case Studies in Japanese Large Companies[J]. Management Research Review, 2010, 33(4): 380-392.

[205] Y Feng, S B Choi. The Role of Customer Relational Governance in Environmental and Economic Performance Improvement Through Green Supply Chain Management[J]. Journal of Cleaner Production, 2017(155): 46-53.